JOHN F. KENNEDY
肯尼迪大传

金泽灿◎主编

华中科技大学出版社
http://www.hustp.com
中国·武汉

图书在版编目（CIP）数据

肯尼迪大传/金泽灿主编. —— 武汉：华中科技大学出版社，2020.6
ISBN 978-7-5680-6220-6

Ⅰ.①肯… Ⅱ.①金… Ⅲ.①肯尼迪(Kennedy, John Fitzgerald 1917–1963)–传记 Ⅳ.①K837.127=533

中国版本图书馆CIP数据核字（2020）第079417号

肯尼迪大传
Kennidi Dazhuan

金泽灿　主编

责任编辑：沈剑锋
封面设计：胡椒书衣
责任校对：刘　竣
责任监印：朱　玢

出版发行：华中科技大学出版社(中国·武汉)　　电　话：(027) 81321913
　　　　　武汉市东湖新技术开发区华工科技园　　邮　编：430223
印　　刷：北京艺辉印刷有限公司
开　　本：710mm×1000mm　1／16
印　　张：20
字　　数：297千字
版　　次：2020年6月第1版第1次印刷
定　　价：45.00元

本书若有印装质量问题，请向出版社营销中心调换
全国免费服务热线：400-6679-118　竭诚为您服务
版权所有　侵权必究

【前言】

美国第35任总统约翰·菲茨杰拉德·肯尼迪于1917年5月29日出生在马萨诸塞州波士顿比尔斯大街。他的父亲老约瑟夫·肯尼迪是金融巨子，也是民主党坚定的后台。为了实现肯尼迪家族的终极政治目标，老约瑟夫把当选美国总统作为培养孩子的基本方向。约翰·肯尼迪和他的哥哥小约瑟夫一样，从小就受到良好的教育，后来还读了哈佛大学和斯坦福大学。

起初，肯尼迪家族对小约瑟夫寄望最高，而约翰·肯尼迪也不气馁，始终紧跟着哥哥的步伐前进。在第二次世界大战中，他和哥哥都加入了美国海军，后来，小约瑟夫在执行任务时不幸牺牲，约翰·肯尼迪也在对日作战中负了伤。小约瑟夫去世后，肯尼迪家族把希望转而寄托在了约翰·肯尼迪身上，使他不得不投身于自己并不太喜欢的政治。29岁那年，肯尼迪当选为州议员，随后三次连任。1960年，他参加总统竞选，提出"新边疆"的竞选口号，倡导在科学技术、经济发展、战争与和平等各个领域开拓新天地。最终，43岁的他击败共和党人尼克松，成为美国历史上第二年轻的总统，也是第一个罗马天主教总统。

肯尼迪执政时，正是国际政治舞台风云变幻之际，他一上任就不得不面对美国入侵古巴在猪湾惨败的事实，接踵而来的还有柏林危机、国内金融危机、古巴导弹危机、美苏太空争霸……与此同时，肯尼迪还干涉刚果事务，出兵越南，开启了长达10年之久的美越战争。尽管困难重重，但肯尼迪没有丝毫的胆怯和退缩，反而显露出勃勃雄心和顽强的斗志。他积极推进"新边疆"计划，在内政方面，实行双重利率的有限廉价货币政策，采纳"新经济学"的减税主张，实行长期赤字财政政策；修改农业计划，对贫困地区实行财政补贴；改革税收制度，减税重点扶持中小企业，促进了美国经济的复苏和发展；号召美国人民反对苛政、贫困、疾病，改善城市住房条件，为老年人提供良好的医疗保健；发展教育事业，反对种族歧视，推动民权运动；大力改组白宫，扩大总统权力，重用学者、教授，组建智囊团。在国际事务方面，他推行称霸世界的全球战略，将大规模报复战略转变为灵活反应战略；建立"和平队"；组织"争取进步联盟"，加强对拉美的控制；与苏联签订《部分禁止核试验条约》；制订并实施太空探索和登月计划……作为美国新一代领导人，肯尼迪执政虽然只有短短1000余天，却政绩卓著，深得美国人民的爱戴，成为当时美国精神的象征。

"一切为了胜利。"这是肯尼迪家族的格言。为了胜利，肯尼迪放弃个人兴趣，义无反顾地投身政坛，以罗斯福为楷模，战胜了疾病，战胜了对手，战胜了敌人，战胜了困难和挫折。家族格言不仅把他塑造成了卓越的政治家，也把他塑造成了一个有着高尚的信仰和优良品格的人——具有远见卓识，行事果断，一旦下定决心就会马上行动；具有感召力，善于与人合作，包括与对手合作，并尽可能以最有效率的方法得到最好的结果；意志坚定，作风顽强，注重细节，逻辑清晰，在实施计划时强而有力，从不半途而废。肯尼迪个性鲜明，且有不少可爱可敬的地方：热心肠，有责任心；平易近人，潇洒，富有男人魅力；脾气好，风趣幽默，在社交场合十分老练；情趣高雅，不接受任何粗鄙的事物；观察力敏锐，能体察到他人的需要并竭力提供帮助。

当然，肯尼迪的性格也具有多面性：自恋，受宿命论影响较大；如同所有追求冒险的人一样，有时不计后果；敏感，偶尔爆粗口并且风流成性，一副花花公子的做派。他性格的多面性在政治上也有明显体现：一方面极力推行人权平等，一方面又维护资产阶级的利益；一方面对金钱政治十分反感，一方面又不得不向父亲和朋友妥协，接受麦卡锡之流的金钱政治交易；一方面主张维护美国在处理国际事务中的地位，不惜与苏联争夺霸权，一方面又不希望动用武力，而是依靠美国（包括他自己）自身的魅力来引领全球……也正是因为这样奇怪的组合，使得肯尼迪的形象有血有肉，更加丰满生动。

半个世纪以来，有关肯尼迪及其悲剧的著作不可胜数，人们对于肯尼迪及其家族传奇的探究从未停止。本书以肯尼迪的人生轨迹为主线，生动地向读者揭示在权力和荣耀的背后，其鲜为人知的辛酸、防不胜防的政治阴谋、纵横交错的党派黑幕，以及挥之不去的神秘"诅咒"，同时还原了肯尼迪或被遗忘，或被掩藏，或被歪曲的桃色新闻和婚姻闹剧，真实再现了他那传奇的一生及其思想和精神面貌，使读者看到一个全新、立体的肯尼迪形象，并且从中获得深刻的人生借鉴。

目　录
Contents

第一章　快速崛起的政治家族 ················· 1

    1. 来自爱尔兰的两大家族 ······················· 1

    2. 体弱多病的少年 ····························· 9

    3. 一起成长的"捣蛋双雄" ····················· 15

第二章　青春燃烧的岁月 ····················· 23

    1. 魅力四射的"坏小子" ······················· 23

    2. 花花公子的政治追求 ······················· 27

    3. 伦敦的历练 ······························· 34

第三章　为有牺牲多壮志 ····················· 49

    1. 野心与失算 ······························· 49

2. 挥泪斩情丝 ·· 56
　　3. 在战争中成长 ·· 63
　　4. 弟承兄业 ·· 70

第四章　初入政坛显锋芒 ·································· 76

　　1. 当选众议院议员 ·· 76
　　2. 打造参议员新形象 ······································ 81
　　3. 风华绝代：杰奎琳 ······································ 92

第五章　平步青云终有时 ·································· 102

　　1. 连任国会参议员 ·· 102
　　2. 最年轻的总统候选人 ···································· 111
　　3. 化被动为主动 ·· 119

第六章　一着不慎惹风波 ·································· 129

　　1. 白宫的新主人 ·· 129
　　2. 内阁班子和新政 ·· 137
　　3. "猪湾事件"受挫 ·· 144

第七章　重振经济出大招 ·································· 155

　　1. 经济拯救计划 ·· 155
　　2. 力反通货膨胀 ·· 162

3. 扶助企业与新税法 …………………………… 170

第八章　巅峰博弈与和平 …………………………… 180

　　1. 对外援助与和平队 …………………………… 180

　　2. 从"遏制"到"和平战略" …………………………… 188

　　3. 柏林危机：我是一个柏林人 …………………………… 193

　　4. 该死的越南泥淖 …………………………… 202

第九章　民权与种族风暴 …………………………… 209

　　1. 反对种族隔离 …………………………… 209

　　2. 坚决维护平等权利原则 …………………………… 216

　　3. 肯尼迪宣言与民权法案 …………………………… 225

第十章　星际璀璨争霸主 …………………………… 234

　　1. 宏大的太空计划 …………………………… 234

　　2. 古巴导弹危机 …………………………… 245

第十一章　事业未竟留憾事 …………………………… 260

　　1. 宗教与教育难题 …………………………… 260

　　2. 强化国防根基 …………………………… 268

　　3. 核试验与谈判 …………………………… 274

第十二章　没有完结的尾声 ……………………………… 283

1. 剪不断理还乱：家事与情史 ……………………………… 283
2. 与死神相会于达拉斯 ……………………………………… 293
3. 多余的一声悲叹 …………………………………………… 300

第一章　快速崛起的政治家族

1. 来自爱尔兰的两大家族

在世人公认的美国四大政治家族中，肯尼迪家族可以说是非常具有传奇色彩的。

尽管肯尼迪家族的人都不太愿意提及他们是来自爱尔兰的移民，但他们的先祖的的确确是大西洋彼岸的爱尔兰人，生活在爱尔兰岛威克斯福德，家境并不富裕。这个家族中数代人都是从事农业生产，种植以土豆、红薯为主的农作物及咖啡；只有极少部分不甘心靠泥土吃饭的人，才到海边从事多少有些冒险的渔猎活计。帕特里克·肯尼迪就是这个家族的一员，一个经常为吃穿犯愁的小伙子。有时候他也去附近城堡干些手工活，挣点工钱补贴家用。如果不是一场灾难降临，也许帕特里克会像当地的农民一样平平淡淡地终了一生。

从1846年开始，爱尔兰的命运随着逐渐枯萎的土豆叶子一起凋零了，土豆霜霉病使爱尔兰出现了大饥荒，但爱尔兰的土地所有者却将农场改为牧场，以便向英格兰提供足够的肉食，这更加重了饥馑的严重程度。爱尔兰人向外迁移的速度和数量急剧增加，人们称之为"难民流"。这场天灾人祸给帕特里克的命运带来了转折。

爱尔兰被称誉为"翡翠绿岛"，实际上耕地很少。在农村人口占多数的地区，获得更多土地的可能性几乎为零。当时，爱尔兰的人口呈爆炸性增长，农村人口几乎翻了一番。而在英国残酷的土地制度下，圈地运动又非常普遍。地主和商业农场主将土地紧紧掌握在自己手中，将土地由耕地转为牧场。地主用牲畜来替代人工，收回了租给佃户的土地。另外，爱尔兰缺乏城市和工业，农村人到城镇就业的机会稀少，这样一来，被夺去土地的乡村贫苦农民没有其他选择，只能逃离这座快要"沉没"的孤岛，迁移到国外。

1848年，即大饥荒发生后的第三年，刚满26岁的帕特里克实在熬不下去了，决心随"大流"乘坐令人窒息的"棺材船"，漂洋过海迁徙他乡。在海上度过了二十几个难熬的日夜后，他踏上了北美洲的土地——大西洋东岸新英格兰地区最大的城市波士顿。

波士顿由来自英国的清教徒移民于1630年9月创建，是美国北部开发较早的地区。作为海港城市，它很早就成为英国北美殖民地的四大经济中心之一，海外贸易发达，主要向欧洲出口朗姆酒、鱼、食盐和烟草。19世纪中叶，波士顿的制造业发展迅猛，又成为美国最大的制造业中心之一。与爱尔兰封闭的古城堡相比，这里的一切都是开放的，帕特里克第一次感觉自己真正置身于一个崭新的城市。他对新的生活满怀憧憬，准备不顾一切地抓住上帝赐予的每一个机会。

然而，爱尔兰人在这里只能以极低的工资去做那些最卑微、最危险的工作。他们开凿运河、挖埋地下水管、铺设铁路、清理房屋、在纺织工厂里做工奴；他们做码头搬运工、铁匠和农场工人。帕特里克因为之前在爱尔兰做过一些手工活，很快在波士顿的一个制桶厂找到了工作，主要制作马车板和威士忌酒桶。他发现要找到一条快速脱贫致富的路子十分困难，只能凭勤劳刻苦尽量多挣点钱，并靠节衣缩食留点积蓄。

帕特里克有着凯尔特人[①]的特点：倔强、勇武、自信，兼具包容与幽默之风。这使他在爱尔兰人占很大比例的波士顿拥有不错的人缘，很

---

① 凯尔特人：在罗马帝国时期与日耳曼人、斯拉夫人一起被罗马人并称为欧洲的三大蛮族，也是现今欧洲人的代表民族之一。分布在西欧，现今爱尔兰人、苏格兰人、威尔士人、英格兰的康沃尔人和法国的布列塔尼人，都属于凯尔特人，其中以爱尔兰人、苏格兰人、威尔士人为代表，他们中许多人在学术和科学领域以及艺术和工艺领域颇有建树。

快在这个城镇站稳了脚跟，两年后娶了一个名叫布里奇特·墨菲的女子为妻。婚后五六年间，他们生育了3个孩子，都是女孩，分别叫作玛丽、约翰娜、玛格丽特。1858年，他们的第四个孩子出生。这次是个男孩，帕特里克喜不自禁，给孩子取名为约瑟夫·帕特里克·肯尼迪（约瑟夫一世）。不幸的是，帕特里克在儿子出生这一年染上霍乱，不治身亡，年仅36岁。他在自己向往的这片热土上，度过了非常艰难的十个春秋，只留下一个又一个未了的心愿。尽管他没有留下任何照片和文献，但是，可以肯定的是，他为这个家族的发展打下了根基。因此有人说"他是第一个到达美洲的肯尼迪家族成员，也是最后一个死于匿名的肯尼迪家族成员"。

帕特里克去世后，37岁的布里奇特为了抚养年幼的孩子们，开了一家杂货店，她勤劳肯干，经营有方，生意日渐红火。不过，在肯尼迪家族史中，关于布里奇特及其三个女儿的记载很少，而她的儿子约瑟夫·帕特里克·肯尼迪则被当作肯尼迪家族在北美洲奋斗兴家的第一人。

由于帕特里克去世，这个家族似乎割断了与爱尔兰的所有联系，但在约瑟夫一世身上的"爱尔兰血统"——更确切地说是"凯尔特血统"得到了充分体现。约瑟夫一世和父亲一样，坚毅、乐观、幽默。跟其他凯尔特人一样，他一旦喜好什么，往往会达到狂热的地步，比如饮酒，对威士忌"不加掺兑地饮用"；也有人评价他们"除去坦率和天性狂热之外，还极其轻浮，大言不惭"，"胜利时傲气凌人，而失败时又垂头丧气"。

约瑟夫到底经历了一个怎样的自我奋斗过程，人们并不太清楚，因为在美国，人们更看重结果。人们只知道约瑟夫一世14岁就辍学去波士顿海港码头干装卸工。这种卖体力的活收入微薄，他不得不一分一厘地积攒本钱，因为他准备开一家酒店，并借此在商界开创一番事业，然后再进入政界。他的这一愿望在19世纪80年代初就开始付诸实施——他在波士顿草市广场买下了一个酒馆，从装卸工变成了小老板。三四年后，他又在码头自己曾经做装卸工的地方开了一家酒吧，他知道那里的人辛苦劳动一天后都想到酒吧里泡泡，这间酒吧就是专门为劳工提供方便的，生意十分红火。但约瑟夫一世并不满足，针对上层社会交际都有饮酒的习惯，他在马弗里克酒店买下了第三个酒吧。这是专门为上层人士提供服务的，而他也因此在上层社会有了点名气。

1884年，志向非凡的约瑟夫一世在小有经济实力后开始进军政界，他的最终目标是当选美国总统。他在这一年如愿以偿地当选为马萨诸塞州下议院议员，从而踏上了政坛的第一个台阶。他深知美国社会的政治体制为家族政治打开了方便之门，其中，精英政治和金钱政治模式又造就了家族政治。所以，他用大把的钱来为自己的仕途铺路，为了实现终极目标，往往不计成本。他在州下议院连续五次谋得了一年期的任职，然后又在州参议院三次谋得了两年期的任职。

"金钱是美国政治的母乳。"在当时的竞选体制下，没有金钱作为后盾，没有良好的家族背景，没有大财团的支持，要问鼎高位简直是不可能的。约瑟夫一世只能算是中产阶层，他需要经济上更大的助力，而且他已到了而立之年，正好可以通过联姻一举两得。1887年，约瑟夫一世迎娶了来自布罗克顿郊区中产阶级富裕家庭的玛丽·奥古斯塔·希基为妻。希基的父亲是一个成功的商人，哥哥是一个少尉警察，她本人则是拥有哈佛大学医学学位的医师，也是殡仪馆的殡仪员。这个中产阶层家庭加入了约瑟夫一世的宏伟计划中，开始向政坛的更高一阶攀登。希基坚定了约瑟夫一世进入上层社会的决心。

1888年9月6日，约瑟夫夫妇的长子在马萨诸塞州海恩尼斯出生。按照英格兰的某些习俗，这个长子被赐予父名，取名为约瑟夫·帕特里克·乔·肯尼迪（约瑟夫二世，人们通常称他"乔"）。在当时的美国，长子继承制已经被废除很久了，但是后辈承袭长辈的名字仍很常见，不仅父母、祖父母的名字会赐给晚辈，甚至外祖父母的名字也会出现在晚辈的姓名中。当然，这有一个基本前提，那就是这个长辈值得后人纪念或身份地位受人尊崇。由此可以推知，约瑟夫一世当时已经具有一定的社会地位，对肯尼迪政治家族来说，他无疑是重要的奠基人。

约瑟夫一世在长子六七岁的时候退出了州议会，于1895年在任免办公室担任选举委员和罢免委员，成了波士顿第二选区的幕后老板，也成了民主党非官方智囊团的成员。在这一年的大选中，约瑟夫一世在斯科利广场附近昆西饭店8号厅房里的豪华午餐会上，与来自查尔斯敦和南区、北区的另外三个权力经纪人，为波士顿当地和州里的职位挑选候选人、分配赞助资金。这些人甚至可以决定州长和州议员的命运。

约瑟夫一世在攀登经济制高点方面是争取在30岁前成为百万富翁。那么到哪儿去挣钱呢？他有自己的想法："如果你想挣钱，必须弄清钱在哪里。"因此，他入股银行，进入金融业，还拥有一家煤炭公司和哥伦比亚银行信托公司的大量股份。20世纪20年代，他又投资美国股市，并在1930年世界经济危机前一年套现，赚了很多钱。但是，他不希望自己的孩子经商。他把自己在政治方面的远大目标作为培养儿子的基本方向，希望他在政界超过自己，迈向美国政治权力的巅峰。波士顿市市长詹姆斯·迈克尔·柯利嘲讽地称他们是"雕花玻璃"爱尔兰人或者"爱尔兰第一家庭"。这恰恰是约瑟夫二世最不愿意听到的话，他从不对儿孙们提及爱尔兰，甚至对亲生的三个孩子也从不谈起在爱尔兰的那些先祖。所以，他的子孙对肯尼迪家族史知之甚少，甚至对他的两个女儿的经历，几乎没有什么文字记载。

约瑟夫二世在优越的环境里长大，政治世家的下一代受到上一代潜移默化的影响，使他自小对政治产生了很大的兴趣。他还对小霍雷肖·阿尔杰[①]的著作很感兴趣，梦想着像书中所写的故事那样"从赤贫到暴富"。他从波士顿拉丁语学校毕业后，又进入哈佛大学学习。他在哈佛大学就开始学做生意，获利可观。1912年毕业后从事银行相关工作，25岁时成为哥伦比亚银行信托公司的总裁。

---

① 小霍雷肖·阿尔杰：美国儿童小说作家，作品有130部左右，大都是讲穷孩子如何通过勤奋和诚实获得财富和社会成功。

约瑟夫二世通常被视为肯尼迪政治家族的真正缔造者。他的父亲约瑟夫一世的政治野心曾遭到前波士顿市市长詹姆斯·迈克尔·柯利的嘲笑，而约瑟夫二世却娶了詹姆斯·迈克尔·柯利的继任约翰·菲茨杰拉德市长的女儿。菲茨杰拉德家族与肯尼迪家族相比，无论是地位名望还是经济实力，都有过之而无不及。

菲茨杰拉德家族也来自爱尔兰，其北美始祖叫托马斯·菲茨杰拉德，原是爱尔兰的一个小农场主，同样是那场大饥荒迫使他逃离了爱尔兰。大约是1854年，菲茨杰拉德来到北美洲的著名城市波士顿。作为一个地道的农民，他在这座新兴城市里找不到合适的工作，于是跑到了波士顿以西40公里的阿克顿小镇。小镇附近有几个农场，来这里做工的大都是在大城市生活不下去的人。这里的生活水平很低，一些卖苦力的劳动者收入微薄，居住条件也极差。菲茨杰拉德当过农场主，不愿意加入他们中间，但他知道这些生活在底层的人需要什么，于是从波士顿采购了一些生活必需品到阿克顿来卖，从中赚取一点差价。

有了更多的本钱后，菲茨杰拉德返回波士顿，在北区开了一家杂货铺。北区很长一段时间都被人们称为"难民区"，下层劳动者居住在贫民窟里，这里环境脏乱恶劣，污染严重，疾病流行。作为一个精明的爱尔兰人，菲茨杰拉德又从中发现了商机：生活在这里的人即使手里有点钱，也没有干净的地方可住。于是，他在这里盖了一家小店，入住价格便宜，但店里卫生整洁，几乎每天都客满为患。仅一年时间，他就发了财。

1857年，菲茨杰拉德娶了一位名叫罗莎娜·考克斯的女子为妻。罗莎娜出生于商人之家，属于中产阶层。婚后，夫妇俩生育了12个孩子（有9个长大成人）。他们志同道合，都非常具有商业眼光。他们买下了波士顿北区的所有贫民窟木屋，将它们修整一新，然后租给那些劳工居住。这项生意让他们能几十年坐享其成。毫无疑问，托马斯·菲茨杰拉德和罗莎娜·考克斯是菲茨杰拉德家族事业的开创者，他们为子孙后代成为"雕花玻璃"（高大上）阶层铺平了道路。

经济上有了保障之后，他们开始把重心转移到对孩子的教育上，全力支持他们走上仕途。在9个孩子中，排行第四的约翰·菲茨杰拉德刚到入学年纪就被送进贵族拉丁学校读书，以优异成绩毕业后又进入波士顿学院学习。由于他在"德智体"及社交方面都表现良好，人们亲切地称他"约翰尼·菲茨"。1884年，菲茨进入了哈佛大学医学院，但入学第二年便因父亲去世而放弃了学业。凭着出色的交际能力，他很快在海关谋得了一份差事。他还积极参与市里的政治活动，被民主党北区选区负责人之一马修·基尼看中，做了秘书。随后，他通过这个平台在1891年波士顿市议会竞选中当选为议员。

菲茨跻身政界后，大撒银子，资助公益事业，赢得了渴望满足每一个选民需求的精明议会议员的名声。1894年，31岁的菲茨瞄准了波士顿第九区的唯一一个国会议员席位。由于他在经济大萧条中提出火炬游行及在公共计划方面的承诺带来了前所未有的大转折，因而赢得了选民的信任，最后战胜强有力的竞争对手——马萨诸塞州议员亨利·卡伯特·洛奇①，当选为国会议员。

菲茨仕途平坦，与他的妻子出身富豪家庭不无关系。他的妻子叫玛丽·约瑟芬·汉农，是他的远房表妹。二人的联姻可以说是珠联璧合，让菲茨在仕途上获得了其他人无法企及的助力，仕途顺风顺水。他们的婚姻生活也很和谐，先后生育了6个孩子：3个儿子、3个女儿。最大的孩子生于1890年夏天，名叫罗斯·伊丽莎白·菲茨杰拉德。她从小受到良好的教育，并过着上层生活。大约7岁那年，她跟父亲一起去白宫，威廉·麦金莱②总统热情招待他们，并亲手送给她一枝康乃馨。她

---

① 亨利·卡伯特·洛奇：美国政治领袖，马萨诸塞州联邦参议员，在美西战争以后的30年里对美国外交有着深刻影响，在这段时间里，很少有他不支持的条约能在参议院获得通过，伍德罗·威尔逊总统加入国际联盟的倡议就是被他否决的。

② 威廉·麦金莱（1843—1901）：美国第25任总统，先后当过律师、县检察官、众议员和州长。在总统任期内，他采取提高关税和稳定货币的政策，加上其他措施，使美国经济有了很大起色，获得了"繁荣总统"的美名。对外发动过美西战争。在布法罗被无政府主义者刺杀，是美国立国后被刺身亡的第三位总统。

成人后嫁给了约瑟夫二世,背后还有一段小插曲。

当时,菲茨和约瑟夫一世都是波士顿政界的头面人物,如果要竞选同一个职位,难免会成为对手。1907年,菲茨参加竞选波士顿市市长,他年仅17岁的女儿罗斯为父亲摇旗呐喊,参加了"各种政治和社会活动",成为波士顿圣心修女会学校的名人。约瑟夫一世作为市里竞选活动的幕后老板,坚决反对菲茨当选市长。但是菲茨非常强势,尽管内部纷争激烈,他与一位棘手的共和党人进行了一场针锋相对的斗争,但他还是赢得了最后的胜利。菲茨就任市长的第二天就去了约瑟夫一世的办公室,表示对他的反对并不介意,希望不要因此影响两人之间的友好关系。约瑟夫一世被菲茨的诚恳大度所感动,此后一直非常支持菲茨的工作,两大家族的关系也越来越密切。

不过,约瑟夫二世和罗斯从相恋到走进婚姻的殿堂,经历了一段漫长而曲折的过程。大约在1906年夏天,约瑟夫二世与罗斯的恋情就被公开了。当时,罗斯正为父亲竞选波士顿市市长做宣传,约瑟夫二世对这个小女孩印象深刻,觉得她不仅容貌娇美,而且才智过人,其全身心的投入和卓越的社交技能让人折服。无论是在谈吐、好奇心、跳舞、体育能力,还是耐力,甚至吸引记者的能力方面,都跟她父亲一样出众。而罗斯则认为约瑟夫二世是一个很有抱负和责任感的有为青年,值得与之交往。二人交往数日就坠入情网。

但是,罗斯的父母认为,肯尼迪家族虽然已经进入"雕花玻璃"阶层,但与那些来自英格兰的贵族阶层相比仍有所欠缺,追求罗斯的贵族子弟不计其数,她完全可以十里挑一甚至百里挑一,不应该被这个具有爱尔兰血统的懵懂少年迷住。为了割断他们之间迅速萌生的缕缕情丝,菲茨把女儿送进了荷兰的圣心修女会学校,两个年轻人差不多有两年没有见面。1909年夏天,罗斯回到家后,进入纽约曼哈顿维尔的圣心修女会学校学习。当时约瑟夫二世正好在纽约读书,两人旧情重燃,而且比先前更为炽烈。菲茨刚当选为市长,反对二人来往的情绪更加激烈,他不许罗斯与约瑟夫二世一起参加舞会,也不允许约瑟夫二世走进自己的家。他对女儿寄予厚望,指望她在上层社会有更加稳固的地位和声望,还指望她通过与贵族阶层联姻来进一步提升他的政治地位。可是,不管菲茨怎么反对,都没能将这对志趣相投的年轻人分开。

1914 年,菲茨市长第二任期即将结束之际,传出了他与卖香烟的漂亮女孩的绯闻,无论出于什么原因和目的,这意味着菲茨这个市长很难再当下去了。这时菲茨回头想想,觉得肯尼迪家族比菲茨杰拉德家族也差不了太多,既然女儿这么多年一直坚持,他再反对下去也没有意义。于是,他与约瑟夫商议给他们订婚。这年 6 月,约瑟夫二世与罗斯订婚,4 个月后举行了结婚典礼。这场持续 9 年的恋情终于有了圆满的结果。

2. 体弱多病的少年

婚后,约瑟夫二世和罗斯搬到波士顿比尔斯大街一条名为布鲁克莱恩的林荫街,住进了一幢舒适的二层半小楼。这一带的居民都是天主教徒,而且大多属于中下阶层,所以他们这样的家庭很招人羡慕和嫉妒。

1915 年 7 月 25 日,他们的第一个孩子在马萨诸塞湾楠塔斯克特海滩别墅出生了,取名为约瑟夫·帕特里克·肯尼迪,即约瑟夫三世,通常写作约瑟夫·P. 肯尼迪。孩子的外公菲茨很想用他的名字为孩子取名,但被约瑟夫二世婉言谢绝了。自约瑟夫三世出生后,人们便把约瑟夫二世称为老约瑟夫或者老乔,把约瑟夫三世称为小约瑟夫或者小乔。此时约瑟夫一世依然健在(三代约瑟夫同堂),肯尼迪家族在波士顿杰夫里斯区已经成为令人羡慕的对象。直到 1929 年,约瑟夫一世才去世。

1917 年 5 月 28 日,老约瑟夫夫妇的次子在波士顿比尔斯大街的家中出生。这一次,菲茨再次要求以他的名字为外孙取名,而且决不妥协。老约瑟夫再无话可说,便给孩子取名为约翰·菲茨杰拉德·肯尼迪,通常写为约翰·F. 肯尼迪,但人们口头称呼他为杰克(昵称"JFK")。他就是本书的主人公,后来当选为美国第 35 届总统。这一天对老约瑟夫来说可以说是双喜临门,他不仅得了个儿子,还被选进了马萨诸塞电气公司董事会，成为这家公司最年轻的董事。

约翰·F. 肯尼迪出生的时候，第一次世界大战尚未结束，美国是协约国中的最大获利者。老约瑟夫离开银行后，被任命为马萨诸塞州昆西市的伯利恒钢铁公司富勒河造船厂的总经理助理，在商界的实力迅速上升。这并不是因为他那 1.5 万美元的年薪，而是因为他在这个大企业里缔结了紧密的商务关系和积累了经验，为迎接更大机会的到来铺平了道路。随后，老约瑟夫进入波士顿著名的海登斯通公司做了股票经纪人。他从美国的经济现状中发现了金融冒险投资的可行性，将"内部"信息转化为有原则的投机，在金融行业干了五六年就赚到 200 万美元，实现了他的第一个奋斗目标。

在婚后的 17 年里，老约瑟夫夫妇一共生育了 4 男 5 女。除了前面说的 2 个儿子，其余 7 个子女是：长女罗斯玛丽·肯尼迪，被人们称为孤独的耀目美人，生于 1918 年 9 月 13 日；次女凯瑟琳·阿格尼丝·肯尼迪，生于 1920 年 2 月 20 日；三女尤妮斯·玛丽·肯尼迪，生于 1921 年 7 月 10 日；四女帕特里夏·肯尼迪，生于 1924 年 5 月 6 日；三子罗伯特·P. 肯尼迪，生于 1925 年 11 月 20 日；五女琼（简）·安·肯尼迪，生于 1928 年 2 月 20 日；四子爱德华·肯尼迪（泰迪），生于 1932 年 2 月 22 日。

对于子女教育，老约瑟夫夫妇的想法完全一致。他们有一个长久的梦：总统之梦。这个家族中一定要有人成为美国总统。老约瑟夫有一次在教堂里祈祷时曾发誓：我已登上了财富的新高峰，我要让儿子登上权力的最高峰。所以，小约瑟夫和约翰·肯尼迪童年时期就被灌输了强烈的"美国"意识和"万般皆下品，唯有做官高"的思想。尽管后来孩子一个接一个地出生，老约瑟夫却依然坚持他高标准的育人目标不变。夫妇俩以最严格的家教为荣，希望每个孩子都能循规蹈矩，完美无缺，并成为政界精英。

约翰·肯尼迪 3 岁时，患上了严重的猩红热，在医院一躺就是几个月，后来靠一支强心剂勉强摆脱了死神的纠缠。可是，在病愈的半年里，他总会患上其他幼儿容易患的病症：水痘、支气管炎、风疹、麻疹、百日咳等，常常需要静卧养病，因此他总是一个人待着，无聊时只能靠读书打发时间。他的妹妹罗斯玛丽长得挺漂亮，但似乎有点智障，后来做手术，结果变成了一个白痴。老约瑟夫的传记《父亲的罪恶》的作者罗纳德·凯斯勒在书中说："老乔领导下的家庭不像个家庭，更像个足球队，他既是教练，又是经纪人，还是裁判。罗斯的工作则是对孩子们喋喋不休。他们对孩子们干涉的目的只有一个，那就是让孩子们不惜任何代价取得每一项竞赛的胜利。"

约翰·肯尼迪对此深感苦恼，因为他认为自己是几个男孩中最羸弱的一个，很难达到父母的要求。有一次他打网球划破膝盖，因伤口感染而住院近一个月。还有一次，他运动后流汗感冒了，也足足卧床休息了一个多礼拜。他还特别容易流血，而且血液中就像有各种毒素一样，他最小的弟弟泰迪曾取笑他说："蚊子吸了约翰·肯尼迪的血，立刻就死了。"但约翰·肯尼迪的个性十分要强，凡事都不轻易认输，因此他要承受肉体和精神的双重折磨。

老约瑟夫喜欢自己的大家庭，希望自己和罗斯都成为公众关注的对象。他很享受自己有能力养活这么一个大家庭本身所传递的信息。但他过于严苛和专制，时刻关注和监督孩子们的发展，把竞争意识和必胜信念植入孩子们的大脑深处。母亲罗斯则更像一个传教士，她不仅自己信奉天主教，还要求全家人必须坚守天主教教义。她对孩子们的教育是呆板僵化的，缺乏母亲的温柔和慈爱，与其说是母亲，不如说是管家。肯尼迪家族的一位保姆说："肯尼迪女士从来没有说过她爱自己的孩子们，她要的只是孩子们对她的尊敬。"也许是因为约翰·肯尼迪从小体弱多病，罗斯对他的关照比其他孩子多。后来，罗斯回忆说，二儿子喜欢读探险故事、人物传记和历史类图书。

约翰·肯尼迪4岁的时候，进入了爱德华奉献学校预备班（学前班），但他几乎没怎么上课，因为体质实在太差了。而且，他很不喜欢学校的老师亲他抱他，甚至对母亲罗斯亲热的拥抱也十分反感。据心理学家分析，生长在这样的家庭中的孩子最容易得自恋症。自恋症研究的权威人士奥托·柯恩伯格列举了一些冷漠父母的形象，其中就包括罗斯。或许正是因为母亲始终以一副拒人于千里之外的姿态示人，才导致约翰·肯尼迪长大后依然处理不好他跟女性的关系——不喜欢别人拥抱他，却又总是渴望最亲密的身体接触。

1923年，老约瑟夫离开海登斯通公司，组建了自己的影视娱乐公司。他买下了马萨诸塞州的一些影院，然后又收购了英国人拥有的一家好莱坞制片公司，在电影界混得风生水起，经常在纽约和洛杉矶之间来回跑。通过股票交易和电影行业，他又赚了数百万美元。为了方便工作，他把家搬到了纽约曼哈顿郊外的布朗克斯。

1924年，7岁的约翰·肯尼迪进入德克斯特私立学校，他的哥哥小约瑟夫同时进入该校学习。但对这两个孩子来说，除了基础知识外，家庭教育的影响远远大于学校对他们的影响。老约瑟夫始终把追求财富和权势放在第一位，他要赶超卡内基、范德比尔特①和洛克菲勒家族，希望比他们更有钱；要赶超亚当斯、罗斯福和塔夫脱家族，希望在政治上更有名望和权力。但罗斯在教会学校所受的是严格的正统教育，她希望孩子们也能继承那些优良传统，而不会像暴发户那样太看重金钱。她希望获得更多财富，但内心里又瞧不起商界新贵，像她的父亲那样希望孩子们具备英格兰贵族的素养，她认真遵守当时的社会习俗。在这个问题上，她与丈夫出现了分歧，也影响到了孩子们。

老约瑟夫其实也遵守传统规则，但他并非是一个古板的循规蹈矩者，很多时候，他以自己的超凡脱俗为荣。他的很多想法都是超前的，更具有冒险精神。为了满足他对财富的欲望，他们又搬了一次家，进入纽约市区。他把小约瑟夫送进了乔特寄宿学校，以便在接受学校更好的文化知识教育的同时，获得更强的生存能力。约翰·肯尼迪则因身体原因，于1930年被母亲送进距纽约90英里②的康涅狄格州新米尔福德的

---

① 范德比尔特家族：美国最富有的家族之一，创始人为科尼利尔斯·范德比尔特，因经营铁路和水上运输致富。

② 1英里≈1.61千米。

坎特伯雷学校。不过，真正的原因是这所学校更信奉天主教，几乎所有老师和学生都来自天主教家庭。还有一个原因是老约瑟夫在办影视娱乐公司的时候，跟一位叫葛洛丽亚·斯旺森的演员打得火热，罗斯已经和丈夫分居了一段时间。为了维系婚姻，保证孩子们的身心健康，老约瑟夫在这一年彻底切断了与葛洛丽亚的关系，并与妻子签订了一个协议：她和孩子们要定期到美国各地和国外旅游，以便让她从繁重枯燥的家庭工作中解脱出来，享受一个贵妇人应该享受的高品位生活。

坎特伯雷学校共有 14 名天主教老师，92 名学生。学生的学习成绩都比较好，该校 1930 年有 21 名毕业生报考了大学，其中 1 人考上了哈佛大学，7 人考上了普林斯顿大学和耶鲁大学。这所学校对学生的生活也照顾得很好，但对刚满 13 岁的约翰·肯尼迪来说，独自生活还是不太容易，他不得不正视眼前的困难。他的最初记忆是那不勒斯大道的房子和这所公立学校有着天壤之别：一边是衣来伸手饭来张口，甚至是洗漱之类都有人帮忙；外祖父常带着他和小约瑟夫观看红袜队的比赛，在波士顿的大众公园划船，或者参加一些竞选演讲。一边是凡事自己动手，有时衣服也得自己动手洗，而且一些事情要在规定的时间内完成。他不得不接受人生中的第一次考验和挑战。

让约翰·肯尼迪感到不满的是，这所学校跟其他学校开设的科目并没有多大差别，为什么母亲要舍近求远，让他来这里受苦。他不想离家这么远，丝毫不觉得新学校有什么值得炫耀的地方。每天晚上，他多么希望母亲为他读书中的故事，比如《山羊》和《小红狐狸》等，讲述动物大家庭中的一个动物"卷入一系列简单却激动人心的探险经历"；或者自己读一些辛巴达、小飞侠彼得·潘和黑神驹等的探险故事。可是，这些都不现实，他最多只能自己看看《亚瑟王与圆桌骑士》之类的书。不过，他也没有耽误学习，他的英语、数学、历史学得还不错，只是拉丁文和科学一直给他扯后腿。他给母亲写信说："我有点担心自己的成绩。校长说我开头很好，但接着就开始下滑了。我很苦恼。"他很想与哥哥竞争，以证明他在坎特伯雷学校比哥哥在乔特寄宿学校学得好。而小约瑟夫也很好强,更像老约瑟夫的性格。约翰·肯尼迪后来说:"他总是谈论他,'乔橄榄球打得比我好,乔跳舞比我跳得好,乔的学习成绩提高了'。乔简直在各个方面都给我蒙上了一层阴影。"兄弟俩的紧张关系持续了很长一段时间。

约翰·肯尼迪虽然体质不好,却很喜爱运动,非常积极地参加各种活动,尽管很多时候把自己弄得伤痕累累,但他依旧乐此不疲。他写信告诉一个亲戚说"游泳池棒极了",在所有的运动里,游泳是他唯一值得骄傲的。他也很喜欢橄榄球、篮球,但这些激烈的运动项目并不适合他,或许打高尔夫球对他更有利。

由于学校与外界基本隔绝,而且学生大多是高傲的贵族子弟,约翰·肯尼迪很少与他们交往,他深感孤独,这对他性格的养成也起了不良作用。一天早晨,约翰·肯尼迪听一个传教士在做弥撒时讲有关印度的话题,他认为这是自己听过的"最有意思的讲话之一"。他觉得自己被"隔绝"了,便写信给父亲说:"请帮我寄一些《文学文摘》,因为我在过了很长时间之后才听说市场不景气;或者寄一份报纸来。请给我寄一些关于高尔夫球的东西。"

渐渐地,约翰·肯尼迪适应了学校的生活。因为没有了跟哥哥竞争的压力,他的学习成绩开始下滑。老约瑟夫非常担心约翰·肯尼迪羸弱的身体会影响他的学业,决定让他转入乔特寄宿学校,小约瑟夫在那里可以照顾他。但是,乔特寄宿学校的校长沃德尔·圣约翰说,乔特中学与坎特伯雷学校的教学内容不尽相同,所以约翰·肯尼迪最好是读完整个学期后再转学。因此,约翰·肯尼迪不得不继续一个人待在坎特伯雷学校,继续与孤独为伴。在该校的最后几个月里,他的健康状况越来越糟,他常常感到"头晕""乏力",看书、听课注意力难以集中,体重直线下滑,几周内就减轻了五六斤。老约瑟夫只得把他送到海边的公寓去疗养,并且第一次单独与儿子度过了复活节。

约翰·肯尼迪返校后,决心下功夫把耽误的功课补回来,于是加倍努力学习。可是,他的身体状况不允许他这样做,回校不到两周,他就因急性阑尾炎被送进了医院，医生给他做手术切除了阑尾。术后他需要回家休息一段时间。坎特伯雷学校日志中有这样的描述："杰克在坎特伯雷（学校）期间可能非常想家，他给家里写了大量的信。5月份的时候，他因阑尾炎而离开学校，再也没有回来。"

时间一晃又过去了一个多月，约翰·肯尼迪到6月底才完全康复，这一学期差不多结束了。为了完成该学期的课程，老约瑟夫给他请了家庭教师。生活上有人照顾，学习上又有老师辅导，约翰·肯尼迪终于在家里完成了所有课业，并通过了坎特伯雷学校的学期考试。若干年后，他总结说："我们所欠缺的，是较量困难的斗志，以及把握光阴的自觉性。"

3. 一起成长的"捣蛋双雄"

老约瑟夫能子承父志使肯尼迪家族迅速崛起，很大程度上取决他的超前意识和敢于打破传统的勇气。但家族产业发展没几年，美国又出现了严重的经济危机。生意不好做了，但孩子们学业的决不能荒废。他把更多的精力投到了为子女开拓成功之路上。

而约翰·肯尼迪在不断的成长中，也逐渐树立起了家族荣誉感和财富观念。不过，他对金钱故意抱着满不在乎的态度，花钱大手大脚，在很多场合讲究排场。他出门甚至不用带钱，一些店家仍然乐意为他服务，然后他父亲的财务助理就会一家一家地去帮他付账。肯尼迪参加乔特中学的入学考试都不用去学校，而是由学校寄来考试试卷，答题后再寄回学校。1931年7月，肯尼迪的考卷寄到了乔特中学，学校对他的考卷进行评分，除了拉丁文不及格，英语、代数都得了高分，智商119分。但一门不及格就不能录取，老约瑟夫只得与学校协商，让肯尼迪补考。

暑假期间，肯尼迪没有了玩耍的时间，不得不为拉丁文考试做准备。经过一个多月的刻苦努力，在10月初的补考中，他以良等成绩通过考试，被乔特中学录取为三年级学生。

除了搞特殊化外，肯尼迪家族的孩子的自我放纵也经常被媒体曝光。比如，1931年夏天，肯尼迪的哥哥小约瑟夫开着劳斯莱斯，带着管乐队、军乐队以及60辆花车，去机场迎接拉塞尔·博德曼——一个创造了当时最长时间不着陆飞行纪录的飞行员，被公认为飞行英雄。一路上，小约瑟夫载着拉塞尔及其副驾驶员游行，声势浩大，出尽了风头。因为在乔特中学有这样一个霸气的哥哥，所以肯尼迪在进入该校之前就已经是知名人物。尽管乔特中学对天主教存有偏见，但肯尼迪还是很快适应了那里的生活。得益于祖上的遗传基因，他越来越具备凯尔特民族的性格特征：坚韧、机智、幽默兼具，很能调动气氛，深得同学们的喜爱。

但是，圣约翰校长对肯尼迪的一些放纵行为不太满意，经常告诫孩子们，遵守校规、维护秩序是作为学生应该履行的义务。可是，肯尼迪不觉得自己必须按照约束其他人的寻常规则来生活，他不受某个地点和时间限制，总是吃饭迟到、上课迟到，按照自己的节奏行事，走没有人走的路。有时他还一个接一个地搞恶作剧。最出格的一次是，他把一张和真人差不多大小的性感女明星梅·韦斯特的纸样藏在被窝里，把负责打扫宿舍卫生的女工吓得连话都说不出来，连校警也被惊动了。他在家里养成了邋遢、丢三落四的习惯，女佣们都抱怨说："他在地板上丢下一大堆湿毛巾，角落里是乱七八糟的领带，床中央是翻得底朝天的衣柜抽屉，他如果急急忙忙找什么东西，就把里面的东西全部倒出来。"这种不良习惯也被他带到学校里来了。学生宿舍的管理员经常批评他说，"他就是干什么都杂乱无章的典型"。这与校规及校长的教诲背道而驰。

由于"调皮大王"肯尼迪在学生中造成了不良影响，学校不得不对他严加管教，他在口头上多次表示要克制自己、严守校规，可过后依然毛病一大堆。他并不是一定要跟学校作对，而是因为他的潜意识里，"我行我素"比"循规蹈矩"的成分要多得多。这给他的心理造成了不小的压力。

在学习方面，他也遇到了麻烦。因为与哥哥相比，他几乎没有一样能赶得上。小约瑟夫于1933年以优异的成绩毕业，并获得了哈佛奖杯，这对小约瑟夫及肯尼迪家族而言是莫大的荣誉。但肯尼迪却因此产生了自卑感，因为一份医院病历提醒他："杰克的眼睛、耳朵、牙齿、膝盖、脊椎，从头顶到脚尖都需要注意。"他的学习成绩永远比不上哥哥，他活在哥哥的阴影下，无法让父母和其他人像认可哥哥那样来认可自己。

肯尼迪的学习成绩的确令人沮丧，以至圣约翰校长写信给老约瑟夫说："其实杰克也对自己的成绩很苦恼，他想学好，但注意力不够集中，稳定性不够好。不过，以他的能力，完全可以更好的。"课外辅导老师莱巴恩克专门为肯尼迪制订了课外学习计划，并每天监督他背拉丁文和法语单词，甚至和他一起做代数题。但肯尼迪的成绩并没有因此而提高，他"很用心"地做每一道题，却做得一塌糊涂；而且他的"忘性"很大，刚做过的题转眼间又忘了，甚至经常忘记带课本或文具。119分的智商可不算低，也不是他的记忆力不好，而是他根本没用心。

辅导老师也拿他没辙了，很无奈地说："每次见到他第一件事就是想训他一顿，可是这样做对他来说毫无用处。而他那副笑嘻嘻的样子，让人无法再生气。他很有亲和力，很受同学喜欢，也能轻松将老师的愤怒消弭于无形。老师又能拿他怎么办呢？"所幸，肯尼迪并没有因此而自暴自弃，他想方设法摆脱孤独，融入同学中。

老约瑟夫夫妇对肯尼迪在学习方面的平庸表现并不是很在意，因为他们更感兴趣的并不是孩子们在那里能够受到良好的文化教育，而是为了让孩子有机会接触到这个国家的权力大亨，或者至少接触到美国最有影响力的家族的子弟，尤其是要结识像戴蒙德·吉姆·布雷迪、安德鲁·卡内基、吉姆·菲斯克、杰伊·古尔德[1]、J. P. 摩根、约翰·D. 洛克菲勒等大家族的成员。肯尼迪在交际方面的表现弥补了他在文化学习上的不足，使他在同龄人中有着相当高的人气和威信。

---

[1] 杰伊·古尔德：绰号"海盗大亨"，19世纪美国铁路和电报系统无可争议的巨头，"镀金时代"股票市场的操纵者。在1869年对黄金市场的狙击导致了被称为"黑色星期五"的大恐慌。

肯尼迪知道父母对自己的期望是什么，但是，加入特权圈子代表着既令他着迷又叫他生厌的毕生职责。乔特中学可以说是考进名牌大学的预科学校；反过来说，如果不能从乔特中学毕业，那就失去了进入高等学校的机会。就在他正为此事犯愁时，他遇到了一生的挚友兰姆·比林斯。

兰姆·比林斯来自宾夕法尼亚州，他的名字实际上叫柯克·勒莫安·比林斯，但肯尼迪和肯尼迪家族的成员更乐于称呼他为"兰姆"。认识兰姆时肯尼迪16岁、兰姆17岁，两人一见如故，第一次长谈就通宵达旦，一夜未眠。第二天，肯尼迪就向学校提出申请，让兰姆做他的室友。从此，二人的"亲密日子"开始了。他们一起上课读书、下课玩乐，甚至恶作剧也是一起谋划，一起实施，几乎形影不离。体育馆经常被他们搞得臭气熏天，人们赐给他们一个绰号叫"捣蛋双雄"。

考虑到"捣蛋双雄"在一起"威力"太大，校长试图将他们分开，当所有努力都失败后，他无可奈何地在报告中写道："这两个捣蛋大王的屁股是拴在一块的。鬼知道他们下一次将会搞什么名堂！"

后来有人对他们的关系做过一些分析，比如大卫·米凯利斯在他的《至交》一书中这样讲述："对兰姆·比林斯来说，肯尼迪是他在学校生活最为开心的一部分。杰克最懂怎样调动气氛，哪怕是班里那些对各种活动十分消极的同学也能被他带动起来，他高昂的情绪相当有感染力。而对杰克来说，每次捣乱都有比林斯做帮凶。比林斯是他除了家庭成员以外最亲密的朋友。他跟比林斯在一起感到快乐。比林斯非常乐于探索，这与杰克的好奇心相得益彰，他们可以说是最坚固的同盟。"但这位作家讲述的只是表面现象，而这种现象在中学生中是很常见的。

还有人分析认为，肯尼迪和兰姆是"同志"（同性恋）关系。因为他们共同的好友都知道，兰姆做事往往要看肯尼迪的"脸色"，就像女人依赖自己的丈夫一样，而肯尼迪也享受这种被依赖的感觉。同时，兰姆把那位叫拉尔夫·霍顿的室友视为"第三者"，因为肯尼迪对霍顿也比较好，而在兰姆看来，霍顿显得"碍手碍脚"。但有人提供证据反驳说，兰姆曾明确表示喜欢肯尼迪，并亲口告诉过肯尼迪自己有同性恋倾向，这让肯尼迪大吃一惊，肯尼迪不顾情面地当场拒绝。肯尼迪严肃声明自己是"百分百的异性恋者"。如果他们真有同性恋倾向，那么他们三人之中肯定会有一个在第一时间搬出宿舍，但他们谁也没有这么做，几年里相安无事，是亲密无间的好同学、好室友。

后来还有人指出，自从肯尼迪和兰姆混在一起，他们的糜烂生活就开始了。他们都还是涉世未深的懵懂少年，和女人没有过亲密的接触。有一次，肯尼迪听室友霍顿说纽约哈莱姆有一家妓院，花3美元就能享受特殊服务。兰姆似乎对女人没多大兴趣，不愿意去，但最后还是被肯尼迪说服了。他们看上了同一个女人，而且都染了病——一种很容易在乱性生活中被感染的淋病。他们为此忍受了很长一段时间不敢对外诉说的折磨。可是，肯尼迪此后对性问题越来越有探究的兴趣。1934年6月，肯尼迪在写给兰姆的一封信中说："今天一个金发碧眼的小妞给我灌肠了。那可真是廉价快感的高峰。"

这种自嘲自伤的口吻，以及他们此后多年的通信，不仅反映了肯尼迪不具有同性恋倾向，而且揭示了他年少纵欲的根源：由于从小百病缠身，他预测自己的生命不能长久，于是通过纵欲来缓解心理压力。对此，兰姆起了很大的调节作用，并给了肯尼迪很多帮助。兰姆体魄强健，很少患病。自从与多病的肯尼迪结识后，他就陪伴肯尼迪经历种种疾病，照顾肯尼迪比罗斯照顾得还要体贴周到。罗斯说，"兰姆就像一只保护欲强烈的母鸡，悉心照料着杰克"。曾与肯尼迪朝夕相处的同学维达尔评论道："没有比林斯，肯尼迪绝对撑不下来。"他们共同的好友皮茨也说："比林斯为肯尼迪带来心理上莫大的安慰，因此他才没有一蹶不振。比林斯喜欢肯尼迪，对他寄予厚望，乐意随时效劳。"而兰姆后来在回忆中也总是对肯尼迪大唱赞歌："杰克意志坚强，我很少听他抱怨，不管他的状况如何糟糕。他疾病缠身却满不在乎，他经历的每一种我都如数家珍。我们曾经开玩笑说，如果给他写传记，就应该叫《约翰·肯尼迪：一个医学奇迹》。人世间可能发生的随便一种病，都能在肯尼迪身上找到，而且其中大多是一般人无法承受的。"

整个学生时代，兰姆几乎每天都给肯尼迪擦鞋子，对肯尼迪显示出一种媚态。他把自己当成一个勤恳的仆人，而且是心甘情愿的，这让肯尼迪有了贵族子弟的享受，心理上有一种满足感，所以他对兰姆特别好，两人时刻黏在一起，时间长了，他们一起度假便成了惯例。他对待兰姆就像对待自己的家人一样，以至于每次过节的时候，老约瑟夫都会直接问他："想必你还打算带某人跟我们一起过圣诞吧？"

肯尼迪家族的成员大都习惯了兰姆，甚至连非常传统的罗斯也很喜欢兰姆，把兰姆当作家族中的一员。刚开始那一年，罗斯早早便嘱咐儿子，她只准备和家人在一起，并明令禁止肯尼迪带朋友回来，但肯尼迪硬说要给她一个惊喜，而这个所谓的"惊喜"正是兰姆。后来罗斯发现兰姆还挺讨人喜欢。此后，一连几个夏天，兰姆都是与肯尼迪家族的人一起在海厄尼斯港避暑，冬天则一同在棕榈滩度假。

在肯尼迪家族成员中，三女儿尤妮斯·玛丽·肯尼迪明眸善睐、能说会道，从小就接受了法语、舞蹈、钢琴和声乐的私人课程，是女孩中的佼佼者。她跟兰姆的关系也不错。与之相比，兰姆似乎更喜欢爱德华·肯尼迪（泰迪），后来，爱德华在一次采访中说："我5岁的时候才知道，原来兰姆不是我亲哥哥。兰姆在我们家出入很频繁，衣柜里挂满了他的衣服，比杰克的还要多。"

从深层意思上讲，肯尼迪和兰姆的行为，完全是在以他们的方式反抗学校的规矩，并间接地反抗父母的家长式权威。

跟每个有叛逆心理和行为的少年一样，他们想要更多的自由，想要证实自己的存在，想要更多支配别人而不是被别人支配的权力。老约瑟夫在影视圈摸爬滚打多年，对同性恋有一定了解，但他对少年的叛逆心理和行为认识不足，认为儿子与女性的混乱关系，只是少年对性问题的无知和好奇。他多次向妻子和朋友表示："种种迹象表明我的儿子是异性恋者。"他还公开对外声明："我儿子欲望强烈，如果他跟哪个姑娘好上了，把女人的肚子搞大，那我们家可就出丑了，因为枢机主教是反对流产的。兰姆至少能给肯尼迪带去些许慰藉。如果肯尼迪与兰姆在一起，那这浑小子就不会做出太出格的事。他能管住我儿子。"可是，当老约瑟夫看见肯尼迪和兰姆的行为过分亲密时，还是免不了有些担心。他丝毫没有从青少年成长的必经过程去想，也没有正确引导他们，他更愿意相信自己在家族中的权威及对孩子们的影响力。

不管怎样，兰姆对肯尼迪的帮助，及对肯尼迪家族的影响是毋庸置疑的。

首先，兰姆甘愿为奴为肯尼迪树立自信心，使他渐渐从哥哥的阴影里走出来。兰姆在乔特中学时留了一级，这样他才能跟肯尼迪同时毕业。他自己多次向同学表示，要跟随肯尼迪一辈子。他的室友霍顿在若干年后接受采访时说："兰姆做了一辈子奴隶，他的委曲求全让我们吃惊。从中学到大学，兰姆都给肯尼迪洗衣服，大冷天出门为他买比萨。肯尼迪如果稍感腰酸背痛，兰姆就免费给他按摩。"大学毕业后不久，肯尼迪加入美国海军，兰姆则申请加入救护队。这个救护队离肯尼迪较远，所以兰姆不久便转到海军护卫队，以便能跟肯尼迪多见几次面。美国宣布参加"二战"后，他们还是被分开了，只能靠书信保持密切联系。到1960年肯尼迪竞选总统的时候，兰姆终于有了为肯尼迪服务的机会。他为肯尼迪四处奔走拉选票，赢得了威斯康星州和西弗吉尼亚州的多数选票；在民主党大会上，他还诱使民主党人背弃了林登·贝恩斯·约翰逊[①]，为肯尼迪竞选立下了汗马功劳。肯尼迪就任总统后，兰姆作为"第一朋友"进入白宫继续为总统服务，几乎替代了总统的生活秘书。他们待在一起的时间甚至比肯尼迪跟妻子在一起的时间都要多。

其次，兰姆为肯尼迪的身心健康提供了别人无可替代的帮助。在这方面，他的作用甚至超过了肯尼迪的母亲罗斯。

最后，兰姆对肯尼迪的性格养成产生了很大影响。他们对生活充满激情和憧憬，乐观幽默，顽皮却坚韧、机敏，敢于打破常规，具有进取

[①] 林登·贝恩斯·约翰逊（1908—1973）：美国第36任总统，曾任全国青年总署得克萨斯州公署署长、美国众议员、参议院民主党多数派领袖。在总统任期内提出了"新政""公平施政""新边疆"等改革计划。

精神。兰姆对女人没有太大兴趣，这一点对肯尼迪过度乱情起到了纠偏作用。更重要的是，兰姆的忠诚直接影响到肯尼迪对自己家族的忠诚，有两件小事足以说明这一点。

一次，在佛罗里达州棕榈滩别墅，肯尼迪的女朋友在出去看电影前向老约瑟夫道晚安。老约瑟夫对这个女孩有成见，便故意挑拨她和肯尼迪的关系说："你干吗不找个活的？"肯尼迪的女友对老约瑟夫不顾儿子的情面感到非常气恼："凭什么这样恶毒地说杰克的身体？"她为了讨好肯尼迪，说了一句指责老约瑟夫的话。可是，肯尼迪却维护自己的父亲，至少表面上表现出不憎恨父亲因为他的健康而偶尔产生的敌意。他向女友严正警告："所有人都想贬低他，但是有了他，事情才有可能。"

还有一次是在游船上，小约瑟夫和肯尼迪发生了争执，肯尼迪的一个朋友过来帮腔，他知道肯尼迪对哥哥一向有敌意。结果肯尼迪恼羞成怒地大声嚷道："闭嘴，少管闲事！我是在跟哥哥说话，不是跟你！"

这两件事告诉了肯尼迪的朋友，不管你跟他的关系有多密切，也不要当着他的面讲一些对肯尼迪家族和这个家族成员不中听的话，否则就请准备好听他大声呵斥。

兰姆可以说对每一个他认识的肯尼迪家族成员都产生过某些影响。1981年，兰姆因病去世，他在遗嘱中把自己的公寓留给了小泰迪（爱德华·肯尼迪之子），他的悼词也由小泰迪宣读，其中有这样一段话：

他深知我们每个人的苦楚，那些常人根本难以忍受的痛苦。没有他，我们无所适从。很大程度上，兰姆就是我的慈父，也是我毕生的挚友。

肯尼迪的三妹尤妮斯在葬礼结束后感叹道："我相信上帝知道，所谓天堂，就是上帝、兰姆、杰克和泰迪彼此相亲相爱。"

第二章　青春燃烧的岁月

1. 魅力四射的"坏小子"

在乔特中学，肯尼迪的学习成绩出现了偏科，对于自己感兴趣的英语和历史，他的成绩优秀，而他很难掌握语法的语言课则成绩一般。由于拉丁语和法语的成绩太差，他不得不多次参加补习和补考，这样才能升级。当然，肯尼迪在学习上还算是用功的，某些科目成绩不好，主要是兴趣使然。另外，他对自己的健康问题非常敏感，得花费不少精力去战胜或者忽略这些问题。

母亲罗斯一直为儿子的身体担心，也担心儿子会因为健康问题而不够勤奋。她对老约瑟夫说："同样让我们忧心的是在他不感兴趣的课程上缺乏好学的动力……乔特中学有一整套非常规矩的制度、传统和期望，男孩应当去适应它，如果不能适应，学校是不予'宽容'的。可是肯尼迪却不能或者不愿意遵守，他在很大程度上做自己希望做的事情，而不是学校希望他做的事情。"老约瑟夫只得敦促大儿子小约瑟夫竭尽全力鼓励和带动肯尼迪认真对待学习。

中学期间，肯尼迪突然对时事产生了兴趣，他获得相关信息的渠道比任何同学都多，连校长也承认"顽皮大王却是那时对信息掌握得最好的男孩"。他对信息的准确记忆也很出色，能够回答当地流行电台竞猜节目《请给信息》中60%的问题，而校长只能答对10%。同时，他开始对政治人物及其著述感兴趣，尤其对温斯顿·丘吉尔的著作入迷，深陷其中。所以，他在这些方面的功课也特别好。加上他那不错的口才和交际才能，到第三年的时候，他被大家公认为"最有可能获得成功的学生"。

但是，肯尼迪并没有因此而改掉调皮捣蛋的恶习。在乔特中学的最后一年，他变本加厉地违反校规，校方几乎到了忍无可忍的地步，校长直接骂他是"无赖"。但肯尼迪丝毫不给校方面子，与兰姆和另外几个好朋友组建了"无赖俱乐部"，其宗旨就是更加有效地对抗学校的制度，一起反抗校长和校规的"压迫"。这个组织的号召力更让校方心惊，因为一些即将毕业和刚刚入校的学生都加入其中，校方几乎失去了控制力。圣约翰校长只得亲自出面与这个组织的头儿肯尼迪谈判，但并没有取得满意的结果。之后，校长开出了一个 13 人的活跃分子名单，准备将他们"驱逐出去"。然而，这一举措不仅没有起到震慑作用，反而促使各种类似的俱乐部如雨后春笋般陆续冒了出来。

面对这股强大的浪潮，校方感到很难堪，校长把这些俱乐部描绘成"一群自私自利、贪图享受、愚昧无知到了极点的人，他们反对学校里勤奋持重的多数人，无论是老师还是孩子们"，并给"无赖俱乐部"成员的家长发电报，要求家长们严加管束，否则将对这些孩子坚决予以开除。家长们虽然不了解具体情况，但能感觉到事情的严重性。

肯尼迪的父亲第一时间赶到学校，向校方了解情况并道歉。老约瑟夫对校长说："他似乎没有一点责任感。他的放荡不羁和满不在乎的态度，对他未来的发展没有好处。"圣约翰校长对老约瑟夫这个天主教徒向来抱有成见，像他这样又有钱又有名的人，总是摆出不可一世的高傲姿态，于是借机奚落了他一番。其他学生的家长也纷纷赶到学校，向校长道歉、作保证。校长认为时机已经成熟，便当众宣布解散"无赖俱乐部"，对学生的处罚则推迟到复活节后，以观后效。

老约瑟夫虽然受了校长的气，但他并没有责怪儿子，反而对肯尼迪更加有信心了，因为他觉得儿子具备一种特殊的才能——感召力，这正是他希望看到的，他完全相信"杰克有能力成为人类的伟大领袖"。同样，因为这种才能和领袖气质，肯尼迪在学校受到大多数男孩的喜欢，而且圣约翰校长也觉得"杰克聪明伶俐，思想独特性强，那是一个比小约瑟夫更难控制的头脑……"他逐渐承认，肯尼迪在赢得大多数人的欢心方面有一种取胜之道："在任何一所学校，他都可能违反一些规矩而逃脱惩罚，仅凭他的微笑就能做到。他是一个很招人喜欢的人，非常可爱。"

老约瑟夫发现肯尼迪正在按照自己设计的路线走后，心情舒畅起来，开始把注意力从小约瑟夫身上分出一部分放到肯尼迪身上。由此可见，老约瑟夫虽然是一个要求苛刻、固执己见的高压型人物，几乎主宰着身边的所有人、所有事，但他通过"无赖俱乐部事件"看到了年轻人对自由、对独立的渴求，在他们身上看到了未来的可能。所以，只要孩子们不偏离他设计的发展方向，他都不会反对。罗斯称这次事件为"杰克生活的转折点"，是"父子关系上的一个重要时刻"。这可以视为肯尼迪政治活动的重要开端。

"无赖俱乐部事件"之后，肯尼迪与父母又进行了几次有效沟通，不仅为父子俩日后和睦相处奠定了基础，也使肯尼迪的学习态度发生了巨大的变化。最后一学期，肯尼迪在110人的班里排第65名。

为了从乔特中学顺利毕业，肯尼迪下了一番苦功夫。他忍受病痛，每天学习13个小时，并且用近2个小时锻炼身体。1935年初夏，肯尼迪从乔特中学毕业，他的成绩是：英国史77分、英语75分、物理74分，虽然都只达到"及格"标准，但无论对学校还对他自己来说都是值得庆幸的，因为学校总算将这位影响很大的"坏小子"送出了校门，而肯尼迪也觉得自己终于摆脱了束缚，逃出了牢笼。

肯尼迪对于考上哈佛大学充满信心，他有把握通过自己的考试成绩来证明一切，而且他的推荐人都是很有影响力的人物。他的父亲曾是哈佛大学的名人、他的哥哥小约瑟夫是哈佛大学当红名人，还有罗斯福政府的福利行政长官哈里·霍普金斯[①]先生、著名记者赫伯特·贝亚德·斯

---

① 哈里·霍普金斯：美国政治家、民主党人，曾任美国商务部长。他是美国总统富兰克林·罗斯福的顾问之一，也是新政的主要设计者之一，参与组建并领导了公共事业振兴署。"二战"期间是罗斯福的首席外交顾问，参与和英国、苏联之间的所有重大战略决策，实际上是白宫的第二号人物，有"影子总统"之称。

沃普先生，他们都看好肯尼迪，但这反而激发了肯尼迪的叛逆精神，他不想生活在父亲和哥哥的阴影下，准备与密友兰姆一起报考普林斯顿大学。

这次，老约瑟夫没有任何犹豫就同意了儿子的计划。肯尼迪考完试后，老约瑟夫考虑到他的身体状况，决定去欧洲旅行，首选之地是英格兰。肯尼迪勉强答应，但在旅途中却一直提不起游览兴趣。于是，老约瑟夫让他进入伦敦政治经济学院学习了几个月，感受一下伦敦上层社会的生活。肯尼迪在拉斯基门下学习经济课程，似乎也没找到什么感觉，他更加想念他的朋友们了，同时也担心能否被普林斯顿大学录取。事实上，一向自由散漫的他不想被英格兰正规大学的规矩所束缚，希望这次"旅行"尽快结束。

恰在此时，英国与德国、意大利的关系进一步恶化，希特勒不顾《凡尔赛和约》①的规定，修改了德国征兵法，同时把军队开到了莱茵非军事区②。意大利则在北非进行扩张，入侵位于东非高原上的埃塞俄比亚。在第一次意大利－埃塞俄比亚战争结束后，英、法、意都与埃塞俄比亚签有协议，但意大利撕毁协议，挑起了第二次意埃战争。欧洲和东非上空硝烟弥漫，英国被卷进莱茵兰地区的战争中。这成为肯尼迪回家的最好理由，加上他又一次疾病发作，家人都为他的身体健康和安全担忧，继续留在英国显然不太合适。因此，1935 年秋，肯尼迪如愿踏上了归程。

肯尼迪回国后，老约瑟夫走后门让他在 11 月初进入普林斯顿大学插班学习。肯尼迪又和好友兰姆团聚了，并且在同一个宿舍，他们都很开心。寝室里还有一位室友，连续几个周末，他们三人乘坐车程 90 分钟的小火车去纽约，尽情享受精彩的夜生活，给枯燥乏味的校园生活增

---

① 《凡尔赛和约》：全称《协约国和参战各国对德和约》，是第一次世界大战后，战胜国（协约国）对战败国（同盟国）的和约，主要目的是削弱德国的势力。

② 莱茵非军事区：指莱茵河以东 50 公里，是"一战"后《凡尔赛和约》里的内容。规定莱茵河以东 50 公里内德国不得驻军设防，就是所谓的莱茵非军事区。

添一点调料。

在普林斯顿大学仅待了不到两个月,肯尼迪又犯病了,被送进了波士顿的彼得·本特·布莱根医院。他住院两个多月,医生仍不能确诊,这让他深感恐惧。他给兰姆写信说:"他们给我做了瓦色尔曼检测,发现我没得梅毒。……除了白血病,什么都没检查出来!……我昨天偷看了我的治疗单,发现他们已经在预备我的后事了。"医生无法制定治疗方案,也没有什么特效药物,于是建议他去南方夏凉冬暖的海滨疗养。

肯尼迪接受了医生的建议,去了佛罗里达棕榈滩休养。圣诞节期间及之后,他大部分时间都卧病在床。当他一个人静静地望着大海的时候,心想,这或许是神的指引,不让他在普林斯顿大学过封闭式的清苦生活,在学校里"大家都讨厌犹太人和天主教徒,校园里到处都是长老教会的小教堂"。相对而言,哈佛大学有更多的自由和自主发展的空间,"哈佛才是我的归属"。主意拿定后,他准备重新申请哈佛大学。

直到1936年4月,肯尼迪的病情才开始好转。他转到亚利桑那州塔克森的农场休养。春暖花开的时节,空气中弥漫着沁人心脾的芬芳。肯尼迪在这里享受着舒适的慢节奏生活,身体恢复较快,并且有兴趣翻翻书本了。他19岁生日这一天,父亲送给他一件非常特别的礼物——一位好莱坞名媛,这大大激发了他对生活的激情,心情大好。他写信告诉兰姆说:"我很快就可以重返校园了,但因病耽误了太多时间,恐怕要留级,这样就不能每天与你在一起享受快乐的时光了。与其如此,不如去哈佛大学。"

2. 花花公子的政治追求

1936年7月,肯尼迪向哈佛大学递交了申请,并希望能赶上秋季学期的学习。

他对进入哈佛大学很有信心,但对自己的身体却没有多少信心,为此他每天都祈祷,希望得到神的保佑。他向哈佛大学递交申请三天后,就收到了入学通知书。1936年9月，肯尼迪到哈佛大学报到，正式成为哈佛大学的学生。

兜兜转转，还是回到了父亲为他设计好的发展轨道，他不得不再次生活在哥哥小约瑟夫的阴影之下。在哈佛大学头两年，肯尼迪对大学基础课程的学习表现得心不在焉，因而成绩平平。英语、法语、历史等科目的成绩都在B和C之间，即使是他最感兴趣的政府课程，成绩也只是B。如果把他与小约瑟夫相比，前者属于灌木，横向发展；后者属于乔木，显得高大许多。其实，小约瑟夫的学习成绩也不是特别优秀，他最值得骄傲的是体育，并且还是学生会的代表和温斯洛普馆委员会主席。他在校橄榄球队算得上一号人物，他的指导老师肯·加尔布雷思评价说："小约瑟夫潇洒帅气，举止端庄又不失幽默。"不过，他的同学不怎么喜欢他，因为他"很强势，有时还会欺负人"。

与小约瑟夫不同，肯尼迪之所以能成为学校的风云人物，主要是靠他特有的亲和力。在老师和同学的心目中，他是一个既迷人又时而显得有些傲慢的年轻人，其俊朗的外表、灿烂的微笑，以及风趣幽默、真诚坦率的个性，让人们一眼就喜欢上了他。尤其是他对女性的吸引力，简直超乎人们的想象。有人说他只要有时间，就会出现在美女如云的社交舞会中。寻欢作乐几乎占据了这位花花公子的所有时间，甚至可以说是他的"天职"和"义务"。虽然这样说未免有些夸张，但足以证明肯尼迪的交际才能和自身的魅力。

温斯洛普馆总监曾在1937年审批过肯尼迪要求从韦尔德馆调到温斯洛普馆的申请，几十年后他都还记得肯尼迪是一个"讨人喜欢的男孩"，是韦尔德馆"最有人缘"的学生之一，也是"他们班里最受欢迎的"学生之一。他"英俊、合群，喜欢各种娱乐，对社交生活十分投入，对女性温柔多情"。肯尼迪的同学约翰·肯尼思·加尔布雷思[①]后

[①] 约翰·肯尼思·加尔布雷思：美国经济学家、政治家，新制度学派的领军人物。在新政和"二战"期间，在政府担任多种重要职务。1949—1975年重返哈佛大学任教，热心于公共事务，担任肯尼迪总统的顾问及美国驻印度大使。

来回忆大学生活时也这样说。

其实，肯尼迪在人缘方面的特长及对女性的吸引力早在1934年就被发掘出来。那年夏天有个女孩对他"有意思"，肯尼迪告诉兰姆说，在科德角的邻居女孩从克里夫兰打来电话，询问他的身体状况，以及是否愿意同她交往。他回答说："我恐怕无能为力。"他回绝这位女孩后显得很得意，并在兰姆面前吹嘘说："这不可能是因为我长得帅，一定是我的个性缘故。"兰姆知道肯尼迪喜欢和女孩子甚至妇女混在一起，女孩子主动与他交往可能确有其事，但他才不相信肯尼迪会回绝这样的请求。他们在一起的时候，他从来没有见过肯尼迪回绝过任何人，哪怕是令其讨厌的女人。

肯尼迪转到哈佛大学以后，仍时常写信给兰姆，与他分享自己在哈佛大学的快乐生活。"我在这里快活极了。"他给兰姆的信中总是少不了这句话，还自我夸耀说，"我现在是一个非常出名的'花花公子'。"他说得有点夸张，但他在大学一年级的时候的确征服了不少女孩，他把自己的私密事情无一遗漏地告诉兰姆，并叮嘱说："请为所有这一切保守秘密，我希望现在我已经保守住了自己的秘密。"在此期间，他得过一场不可告人的小病，他忍着痛痒，不肯去看医生，以免"东窗事发"。有一天，兰姆把肯尼迪写给自己的所有信件拿出来通读了一遍，发现没有一封信不是"肮脏的"，于是他将这些信件分类整理，分别归入"肮脏""很肮脏"和"不太肮脏"三类中。他知道，信中所包含的不仅仅是一个精力旺盛的男孩的成人仪式。"他对女孩很感兴趣，非常感兴趣。"这也体现了肯尼迪的本性和天赋，"在这个方面取得成功"远远超出了他的哥哥——也许他只是想证明这一点。

在大学一年级即将结束的时候，肯尼迪写信告诉兰姆："我现在可以自由自在、随心所欲地去泡妞，这是往正确方向走出的一步。"他的小病已经痊愈，不久，他去参加了一个婚庆招待会。宴会上，"约翰兄弟在那里如鱼得水，因为他发现了多蒂·伯恩斯和米西·格里尔两个漂亮的姑娘，她们都急于知道马琳·黛德丽怎么会觉得他是她遇到过的最迷人、最有魅力的年轻男子"。"我的乖乖，那可是廉价快感的高峰。"这让肯尼迪在给兰姆的信中又有了吹嘘的资本。

普林斯顿大学距离哈佛大学不太远，因此兰姆也经常来看望肯尼迪。每次肯尼迪都带着兰姆去参加宴会或者舞会，但兰姆非常不乐意围着那些放纵女人的石榴裙转，也经常提醒肯尼迪注意节制。有一次，兰姆打击肯尼迪说，他之所以能轻易获得女性的青睐，是因为人人都知道他父亲是约瑟夫·P.乔·肯尼迪。为了验证兰姆的这种说法是错误的，肯尼迪特意弄来了一辆劳斯莱斯，让兰姆冒充他，而他则冒充兰姆，两人展开一场女性追逐比赛，结果肯尼迪大获全胜。"那天晚上，我们两人竞争得非常激烈，想看看谁表现得更好。"兰姆回忆说。肯尼迪对结果非常满意，有些沾沾自喜。兰姆也不得不承认，肯尼迪有一种与生俱来的亲和力。

当然，肯尼迪追求的不只是一个花花公子的放荡生活，按他自己的说法，生活除了享受自由和快乐外，还要有品位。更具体地说，就是像英格兰上层社会的贵族们那样享受生活。他同时也认识到，在青春燃烧的岁月里，要真正享受美好的生活，没有健康的体魄是办不到的。因此，他不得不像哥哥那样，把体育锻炼放在与课业学习同等重要的位置。他分出一半的娱乐时间去参加各类体育运动，以提高身体素质。在橄榄球队、拳击队、游泳队，都能找到他的身影。他还经常参加烟民和年度表演委员会的活动，第二学年则开始忙着参加大学橄榄球队、游泳队、斯皮快艇俱乐部。他非常看重在自己挑选的这些活动中获胜，是一个强硬的竞争者。他的橄榄球教练回忆说："他的所有参与都是来真的，而且从来不会半途而废。"游泳训练每天要占用课余时间3个小时左右。体育竞赛给他带来了一些痛快淋漓的时刻：他在大学一年级的游泳队所向披靡，在大学二年级指挥帆船队参加大学锦标赛并取得了高分。同时，他还参与了《红色哈佛》编辑部的活动，并得到了很多人的喜爱。他在学校的知名度已不亚于哥哥，并且在校外比哥哥更受人青睐。老约瑟夫也对他的种种突出表现表示称赞。

哈佛大学校长詹姆斯·布赖恩特·科南特①虽然一向强调"英才教育",不让学生死啃书本,而应多接触社会,但他还是觉得肯尼迪的"外向"发展超出了他的想象。因为他主张大学应当更多地注重英才们的学识和秉性,而不是学生的社会出身和名望,而肯尼迪十分看重学业所能给他带来的社会地位,而不是学业所能提供给他的知识和技能。哈佛主宰大学本科生生活的竟然是社会上的势利行为。所以校长对肯尼迪没有什么好感,认为他是"不务正业"。

老约瑟夫则不以为然,当时他刚当上美国海事委员会的主席,仕途平顺。他希望肯尼迪能沿着他设计的发展轨道走下去,决定在暑期安排肯尼迪去欧洲旅行,以进一步开阔视野,增长社会知识。肯尼迪喜不自禁,第一次对父亲的安排表示满意。1937年夏,肯尼迪带着好友兰姆愉快地踏上了旅途。一路上,兰姆像奴仆一样照顾着他。因为兰姆手头拮据,为了节省路费,肯尼迪同意了兰姆全程住小旅店的请求,这对过惯了奢侈生活的肯尼迪来说显然美中不足。他后来回忆说:"我们吃得很凑合,小旅店一晚也就40美分。"但两个知心朋友能一起饱览欧洲的大好风光,品味旅程的苦与乐,也是一种有益而难得的人生经历。

旅途中,兰姆把一切都安排得妥妥帖帖。他们在一个月里开着用"华盛顿"号轮船横跨大西洋运来的旅行车四处游览。法国是第一站,他们几乎没有落下任何一处建筑奇观及河岸、田园风光。他们途经勒阿弗尔、鲁昂、巴黎、凡尔赛、沙特尔、奥尔良、昂布瓦斯、昂古莱姆、圣让-德吕兹、卢尔德、图卢兹、卡尔卡松、戛纳、比亚里茨,最后到达马赛,还特意参观了第一次世界大战的遗址。肯尼迪很喜欢和沿途遇到的陌生人交谈,以了解一般民众对自己国家及政策的看法。他们在欧洲广袤的大地上受到欧洲文化的熏陶,从中获得了精神上的满足。

---

① 詹姆斯·布赖恩特·科南特(1893—1978):美国科学家、教育家,担任过哈佛大学化学系教授、系主任、校长,美国国防研究委员会主席、科学研究和发展办公室副主任。二战后担任过美国原子能委员会总顾问委员会委员、美国教育协会教育政策委员会主席等职。强调学校应培养大量的科学家和工程师,为工业和国防提供力量。后任美国驻西德高级专员和大使。

肯尼迪的法语说得不是很好，但他还是不断地跟法国人谈论时事。他"用儿童式的法语同法国农民交谈"，探询罗斯福政府新政下美国和欧洲的发展情况，以及在欧洲，纳粹德国和法西斯意大利是否让人们担忧会再一次爆发欧洲战争。他还了解了法国的历史和当时的政治形势。法国人告诉肯尼迪，他们不喜欢莱昂·布鲁姆总理，因为他从法国人那里拿走钱交给别人——这对法国人来说实在是太糟糕了。而法国人对罗斯福的看法是，他管理国家的方式在法国这样的国家不会奏效，这个国家似乎缺乏全面看待问题的能力。

这次旅行令他们大开眼界，极大地加深了肯尼迪对国际关系、国际事务的兴趣。对于欧洲未来发展等问题，肯尼迪认为，西班牙内战是英国、法国、意大利、德国和苏联之间民族争斗的一个集中表现，而英国最不希望地中海成为"一座法西斯湖"。近期不会有战争，因为为了防备德国，不仅英国表明了立场，法国也做好了充分准备。很显然，德国和意大利之间的联盟关系不能持久，但是，英国或者其他国家在各自的利益方面能走多远，仍是一个未知数。由于相互之间你争我夺的几个国家彼此水火不容，欧洲迟早会再次爆发一场战争。就各国的政治形势来讲，"法西斯主义适合德国和意大利，共产主义适合苏联，民主适合美国和英国"。

旅行期间，肯尼迪还读了几本当代国际和政治史书籍，比如约翰·根室①的著作《欧洲内幕》，这本书使他受益匪浅，尤其是书中关于西班牙内战的描述，让他感触良多。肯尼迪是一个很有主见的人，他写了一些有关法国国王弗朗索瓦一世②和启蒙哲学家卢梭的文章，以全新的视角看待欧洲政局，而不是在那些"外国人"问题上屈从成见。他在日记中记载了这两个月的海外旅行生活，大部分是评论公共事件和

---

① 约翰·根室：美国《芝加哥每日新闻报》著名记者，一生游历颇广，走访了很多国家，采访过政治、社会、商业领袖等各阶层的人，以写揭示世界各大洲社会政治的"内幕书"而闻名。代表作品有《亚洲内幕》《非洲内幕》《美国内幕》等。

② 弗朗索瓦一世：法国瓦卢瓦王朝国王，又称骑士国王，被视为开明的君主、多情的男子和文艺的庇护者，是法国历史上最著名也最受爱戴的国王之一。在他统治时期，法国繁荣的文化达到了一个高潮。

一些国家特点的内容。最终的结论是，欧洲正处于动荡变化之中，这个大陆的政治未来扑朔迷离。他把自己想象成《纽约时报》驻欧洲某个大城市的记者，探讨当前形势，向美国孤立主义①者描绘一个他们视而不见的世界。但他的心中也充满了疑虑：意大利与埃塞俄比亚的战争结局会如何？莱茵地区军事力量的微妙变化预示着什么？没有德、意两国的支持，佛朗哥②能否打赢西班牙内战？利益不同的德国和意大利能保持联盟关系吗？对于这些问题，肯尼迪准备回校后作进一步探讨。

1937年9月，肯尼迪和兰姆返回美国。分手的时候，兰姆依依不舍，抱着肯尼迪泣不成声，"再见"两个字始终没有说出口。

肯尼迪回校后，对政府课（政治）、历史课苦心钻研，希望能给自己带来切合实际的助力。一个花花公子为什么突然对政治、历史感兴趣了呢？说"突然"似乎不太准确，因为在1937年3月，他的大学一年级导师注意到，肯尼迪"正计划在政界工作，他已经在国外（英国）花时间学习过。他的父亲就在做这种工作"。除了理论学习，肯尼迪开始参与校园政治实践。他做的第一件事就是参加哈佛大学"终极俱乐部"的选举。这个俱乐部跟"权力"有关，是古老的具有排他性的男性社团，会员享有俱乐部的人脉和特权，只要成为"终极俱乐部"的一员就能得到上层社会的认可，即承认精英人才的政治和经济地位。一句话概括之，"优秀的他们理应统治世界"。

这个俱乐部有八个分部，每个分部的成员都不超过10人。这些成员出身高贵、家庭富有，在某些方面也特别优秀。当年老约瑟夫多次努力想加入该俱乐部，但都未能如愿，他总是因为他的爱尔兰血统和天主教信仰而遭到拒绝。小约瑟夫虽然被父亲寄予厚望，但也未能获准加

---

① 孤立主义：一种外交政策，通常由防务和经济两方面政策组成。在防务上采取不干涉原则，即除自卫战争外不主动卷入任何外部军事冲突；在经济文化上，通过立法最大限度地限制与国外的贸易和文化交流。

② 佛朗哥（1892—1975）：西班牙内战期间推翻民主共和国的民族主义军队领袖，西班牙国家元首、大元帅、首相，西班牙长枪党党魁。1936年发动西班牙内战，自1939年到1975年独裁统治西班牙长达30多年。

入。在其他方面，小约瑟夫都非常优秀，对政治和公共事务也有着浓厚的兴趣，他能很快引用他父亲的话作为自己的信念来源。"我成了美国总统以后，会带上你跟我一起进白宫。"这是他的口头禅。小约瑟夫在校园里赢得过很多社团的选举，比如温斯洛普馆委员会主席、学生会班代表、班级日的迎宾员和班级照片集的负责人等，唯有这个"终极俱乐部"没有让他迈过门槛。

肯尼迪在中学和大学一年级一直生活在哥哥的阴影之下，到大学二年级快结束的时候，肯尼迪开始时来运转。"终极俱乐部"的主席是小约瑟夫的同学，他非常欣赏肯尼迪，并且认为俱乐部不应该有信仰偏见，于是同意了肯尼迪的申请。1937年12月初，肯尼迪正式加入"终极俱乐部"，这对肯尼迪来说，无疑是他能在政治上超越哥哥的明证。而对肯尼迪家族来说，则是迄今为止获得的最高荣誉。老约瑟夫为此还专门到学校向肯尼迪表示祝贺。

此后，肯尼迪一直都对公共事务怀有浓厚的兴趣。竞选学生会席位失败，更加激发了他的斗志，他更加努力学习经济学、英语、历史和政府（政治）课程，潜心研究政治领导风范以及具有影响力的人们是如何改变世界的。他发现在这方面，他或许有天赋才能。

3. 伦敦的历练

肯尼迪加入哈佛大学"终极俱乐部"没几天，老约瑟夫接到了一纸新的任命——罗斯福总统任命他为驻英国大使。这些年来，老约瑟夫在政治上一直支持罗斯福，罗斯福竞选总统的时候，他出钱出力为罗斯福摇旗呐喊。他相信，在美国经历了经济萧条之后，只有像罗斯福这样智慧、干练、胸怀宽广的人，才能担起重振美国经济的重任。老约瑟夫不只是为了自己更好地赚钱，他还有更高的政治目标，期望罗斯福帮助自己进入美国政坛，但罗斯福总统在第一个任期内并没有重用他。

随着年纪的增长，尽管老约瑟夫对自己竞选总统已不抱希望，但他仍在尽最大努力为小约瑟夫或者其他儿子打好政治基础。为了靠上罗斯福这棵大树，他不计成本，不择手段，可谓费尽心机。1935年，他请人帮他"写"了一本关于总统竞选的书《我支持罗斯福》。他给了代笔记者一大笔钱，花了三个月时间才完成，然后他把书寄给自己的偶像罗斯福总统。不知道罗斯福看过这本书没有，但他很快回了信："书不错，我很高兴。"关于书的评价虽然只有短短7个字，但老约瑟夫却如获至宝，把字放大装裱好挂在家里，向所有来访的客人炫耀。

美国总统富兰克林·罗斯福

罗斯福谋求总统连任时，老约瑟夫更加卖力，不仅为罗斯福提供资金，还多次陪罗斯福去竞选旅行。他希望罗斯福能任命他为财政部部长，但罗斯福总统没有让这位"老朋友"如愿以偿，只任命他为新成立的证券管理委员会主席。1937年3月，罗斯福又任命老约瑟夫担任新设立的美国海事委员会主席，这才使老约瑟夫的沮丧情绪有所好转。

老约瑟夫在担任证券管理委员会主席期间政绩并不突出，倒是为自己谋得了不少好处。两年里，他在马里兰州租用了占地760亩的豪华住宅，距华盛顿半个小时车程。这套豪宅是芝加哥千万富翁塞缪尔·克隆普·马丁三世建造的，共有33个房间，每个房间的装修不亚于英国贵族的豪宅。美国上层社会都在模仿英格兰贵族的方式生活。这栋豪宅最大的特色恐怕是健全的娱乐功能，其中，带有几张台球桌和三张乒乓球案子的娱乐室、能容纳100人的影剧院，以及一个大型室外游泳池及客用浴室，都是现代设施。

20岁的肯尼迪每次走进这栋豪宅，都有一种享受英国贵族生活的感觉。在这里，他听说了父亲的不少风流韵事。有一次，他向朋友描述了老约瑟夫如何在一天夜里试图跟他妹妹的一个朋友上床，老约瑟夫一边开始脱睡袍，一边对她悄声说："这将是你终生难忘的一件事。"

当然，这种事情不能让肯尼迪的母亲知道。罗斯是一个贞洁、传统的女性，她的生活中没有一点带色情的东西，哪怕只是一句玩笑话，也会让她显露愠怒之色。在她的屋檐下，无论是丈夫还是孩子们，任何不忠行为都是无法宽恕的。因此，老约瑟夫征服女性的"不洁故事"大都发生在棕榈滩和海恩尼斯港的别墅里。

棕榈滩位于佛罗里达州东南部，在美国一直扮演着超级富有的角色，因为这里是美国最有名的亿万富豪区和度假胜地。老约瑟夫几乎每年夏季都会在这里度过几周甚至更长时间，而对旅游没有太大兴趣的罗斯则很少来这里。让人们不理解的是，孩子们在家庭冲突中并没有站到罗斯一边，反而同情父亲，为他的艳遇大开方便之门。他们不仅接受父亲在棕榈滩和海恩尼斯港的拈花惹草，还在很多方面给予成全。有一次，老约瑟夫带着肯尼迪和他的三妹到棕榈滩避暑，他对同来的女客大献殷勤，展现出他征服女性的各种高招。这时，肯尼迪就会带着俏皮的微笑，对来到棕榈滩别墅的女客人们说："一定要锁好卧室的门，主席先生有半夜闲逛的习惯。"

在海恩尼斯港，这类事情更为常见。这个小镇位于波士顿南边，距纽约大概一个半小时车程，从哈佛大学去只需坐几站公交车。小镇最迷人的地方就是阳光、沙滩、海水、海风、比基尼、腹肌、大长腿……海恩尼斯港是肯尼迪经常光顾之地。那些追求浪漫生活的人都心向往之，希望能在这里享受一段美好时光。但是，享受显然需要花钱，所以到这里来的人大多是有钱有地位的人以及那些能攀上有钱人的漂亮女孩。放荡不羁、享有特权的贵族和上层精英，有权从自己宠爱的对象那里追求并获得自己想要的东西，甚至因此让对方感激涕零。

肯尼迪家族在海恩尼斯港建有别墅，无论是老约瑟夫还是小约瑟夫和肯尼迪，都在这里有过艳遇。在一次晚餐聚会上，肯尼迪问著名作曲家威廉·沃尔顿，参加聚会的名流中有多少女人跟他上过床。当沃尔顿告诉给他"一个真实数字"后，肯尼迪惊讶地说："我太羡慕你了！"沃尔顿诙谐地说："你瞧，我到这里比你早。"肯尼迪也戏谑道："我要奋起直追。"

肯尼迪就是在这样的环境里长大，他所接触到的人都认为他们是在享受上层社会的生活，所以肯尼迪的潜意识已经把自己当成了贵族中的一员。

关于父亲被任命为驻英大使的消息，肯尼迪是 1937 年年底在《财富》杂志上得知的。该杂志还透露了一些细节：尽管大使的任命遭到了很多人的反对，但老约瑟夫精明的商业头脑为他积累了不少人脉，其中不乏位高权重者，因此反对无效。而且，罗斯福认为，通过选择一位自我奋斗起家的美籍爱尔兰人作为自己的使节，自己就不会成为英国保守政府及其对希特勒德国的绥靖政策的俘虏。而对老约瑟夫来说，无论总统出于什么政治目的，该任命都给肯尼迪家族带来了不同寻常的声望和新的机遇。因此，他几乎不假思索地接受了这项任命，成为美国历史上第一位担任外交大使的天主教徒。罗斯说："任命刚刚提出，乔就立刻接受了。那是他多年来一直盼望的任命。"之前，罗斯福准备任命老约瑟夫为商业部部长，老约瑟夫不便拒绝，但对罗斯福的儿子詹姆斯[①]表

---

① 詹姆斯：美国政治家，富兰克林·罗斯福之子，曾任迈阿密市市长。多次在国际会议上充当其父的私人秘书和助手，并以总统代表的身份视察中东和远东。"二战"时任陆战队第二步兵营参谋长，参与吉尔伯特群岛袭击战，因作战勇敢获得海军十字勋章；还率部参加了瓜岛作战，在太平洋战争后期任几个参谋部的情报官。1954 年在加利福尼亚当选国会议员。

示:"伦敦是我最想去的地方,也是我唯一打算去的地方。"

内务部部长哈罗德·伊克斯①心存疑惑:商业部部长从某种意义上讲比驻外大使更实惠,老约瑟夫为什么会那样讲?白宫的总统顾问托马斯·科克伦向他解释说:"你不理解爱尔兰人,伦敦对他来说,一直是一扇关闭的大门。作为美国大使,所有的大门都将向肯尼迪家族敞开。"因此,老约瑟夫认为,总统任命他为美国驻英国大使,对他多年的努力可能是最好的回报。他志得意满,准备立刻走马上任。他对随行的一个助手说:"我们不要带太多的行李。此去是要让肯尼迪家族登上《社会名人录》。做完这件事后,我们就可以回来了。"

出于这样的目的,老约瑟夫把长子小约瑟夫带去了英国。此时小约瑟夫大学毕业刚参加工作,让他去伦敦锻炼锻炼不仅对他的政治前途会有助益,而且对肯尼迪家族奋斗目标的最终实现也极有意义。肯尼迪此时在读大学三年级,他和母亲罗斯及弟弟妹妹都没有随行。肯尼迪偏爱国际形势和历史,对其他课程很不上心,因此不可避免地偏科了,其他科的成绩都不怎么样。他最大的愿望是能从哈佛大学顺利毕业。

很快,老约瑟夫和小约瑟夫开始了在伦敦的生活。因为美国上层社会的名流们都在向英国贵族学习,仿佛他们的根仍扎在大不列颠岛上。小约瑟夫随父亲乘船到达英国伦敦后,并没有马上参加工作,而是在伦敦政治经济学院继续学习。老约瑟夫一直对长子寄予厚望,几乎所有人都认为他是想把这个儿子推上美国政坛的巅峰。

此时欧洲的局势变幻莫测,种种迹象表明,帝国列强新的争霸战正在酝酿之中。这不仅考验小约瑟夫的政治才能,还将考验他的战略眼光。对于从未在政治实践中取得过成功的小约瑟夫来说,要走的路实在是太长了。而且,小约瑟夫脾气暴躁、骄傲自大、争强好胜,人缘不是太好,尤其不受英国上流社会女士的欢迎。他所能结交的大都是伦敦中

---

① 哈罗德·伊克斯(1874—1952):美国社会活动家,曾任美国内政部部长,兼任公共工程管理局局长,协助罗斯福施行"新政"。"二战"期间,兼任战时固体燃料供应署署长,实际掌管石油和煤炭生产。战后因与哈里·杜鲁门发生龃龉而辞职。

下层的女性，包括舞女、模特、演员。那时的知名演员虽受人追捧，但她们的社会地位却不是很高。不过，与年轻女性相比，小约瑟夫更愿意结交那些成熟的已婚妇女，因为她们不会给他带来因怀孕或者因要求结婚而造成的烦恼。更确切地说，他结交的目的只是相互利用，并不准备承担任何责任。

老约瑟夫对儿子不成熟的做法感到着急，决定亲自引导他。在征服女人方面，他十分老到，可以说无往而不胜。老约瑟夫把儿子带进圣詹姆斯宫，并充当儿子的介绍人，希望他能结交到对政治前途真正有帮助的人，而不是那些冲着肯尼迪家族名望而来的女人。只有经常出入圣詹姆斯宫或进过白金汉宫，肯尼迪家族才算真正进入英国的上层社会。

1938年7月，肯尼迪和母亲及弟弟妹妹也来到了伦敦，一家人团聚了，这也意味着肯尼迪家族的人脉将会因为社交高手肯尼迪的到来而大增。肯尼迪一边利用暑假在美国使馆工作，一边为家族广泛结交朋友。社交应酬让他感到其乐无穷，也让他的才能得到了最大限度的发挥，他受到了英国贵族的热情欢迎和肯定。老约瑟夫则带领家人频繁地参加派对，自己也举行派对。

1939年，老约瑟夫举办的一场春日派对竟邀请到300位宾客。客人们通过富丽堂皇的走廊，进入二楼的法式舞厅。这里的布置和乐队都是法式的，可口的香槟摆放在随手可取的各个地方。在这次舞会上，老约瑟夫向客人们隆重介绍了他的两个女儿——长女罗斯玛丽和次女凯瑟琳（基克）。罗斯玛丽过去一直被人们称为孤独的耀目美人，但她的脑子有点问题。在这次舞会上，她在众多客人面前出了点洋相。这促使老约瑟夫下决心为女儿做一次开颅手术，结果不仅没有把女儿的脑子治好，反而把她变成了一个没有脑子的痴美人。令他欣慰的是，次女凯瑟琳在舞会上大出风头，让客人和新闻界感到惊艳，媒体还将她评为"1938年年度新秀"。

这次舞会，老约瑟夫一家最大的收获是认识了政界新秀帕梅拉·迪格比①。当时她在民主党中的地位还不是很高，但不久她就嫁给了英国首相温斯顿·丘吉尔的儿子伦道夫·丘吉尔。之后再提到这个名字，英美社交界、外交界几乎人人皆知。她被公认为交际之花，是一个让人无法抗拒的危险女人，性感撩人、手段高超。她的出现不仅让小约瑟夫开窍了，也让自命不凡的肯尼迪自叹弗如。

老约瑟夫费了一番心思，把帕梅拉变成了肯尼迪家族的朋友，他甚至想把她变成更亲密的人，小约瑟夫也想把她变成自己的妻子，但他们的企图都没有得逞。帕梅拉在一次宴会上曾幽默地对他们说："我认识德国的希特勒，有一次我站在他身边，他竟然对我熟视无睹！"精明的大使当然知道，她对肯尼迪家族的财富和地位也熟视无睹，毫不动心。不过，她还是给肯尼迪家族进入上层社会产生了一定影响。

老约瑟夫和小约瑟夫只得继续物色他们认为很重要的对象。已经开窍的小约瑟夫列出了一份很长的"女友名单"，其中既有上层贵妇，也有中下层职业女性。其中大部分有利用价值，只有极个别人有点感情因素，他从不曾在一个女人身上过度投入。

小约瑟夫最中意的是黛博拉·蔻儿②，她是英格兰的一名二线演员，被称为"娴静的英国玫瑰"。但让小约瑟夫想不到的是，她竟然主动甩了他，这使他受到了不小的打击。同样，老约瑟夫也遭到了一位演员的冷遇。她叫玛琳·黛德丽③，因扮演德国电影《蓝天使》中的劳拉而成名。老约瑟夫也是第一次有这样的遭遇。不过，后来玛琳又反过来向大使请求为她主演的电影融资。

8 月，老约瑟夫带领家人前往法国南部戛纳附近的一幢别墅暂住，

---

① 帕梅拉·哈里曼：英国上流社会的著名交际花，英裔美国外交家、政治活动家，20世纪末美国民主党的女老板，曾任美国驻法国大使。她的第一任丈夫是英国前首相丘吉尔的儿子，第三任丈夫威廉·埃夫里尔·哈里曼曾任美国驻外大使、美国商务部部长和纽约州州长。

② 黛博拉·蔻儿：英国女演员，代表作有《国王与我》《乱世忠魂》《金玉盟》《黑水仙》《暴君焚城录》，曾获第66届奥斯卡终身成就奖。

③ 玛琳·黛德丽：德裔美国演员兼歌手，是好莱坞20世纪二三十年代唯一可以与葛丽泰·嘉宝分庭抗礼的女明星。她演唱过的英文版《莉莉玛莲》是"二战"中美、德士兵最喜爱的歌曲。1999年被美国电影学会选为百年来最伟大的银幕女影星第九名。

在那里与英国王室成员交往甚欢。他还经常举办各种活动，比如茶会、舞会、帆船比赛和赛马。暑期一晃就过去了，肯尼迪担心不能按时返校学习，便向学校申请了半年的假期。对他来说，欧洲贵族的生活格调跟他父亲的大同小异。他完全相信在个人享乐和公众形象之间不一定存在矛盾。在此期间，他读了戴维·塞西尔写的《年轻的墨尔本》一书，其中描写了一些年轻的英国贵族一方面为了女王和国家表现出英雄壮举，一方面私下里沉湎于毫无节制的放纵之中。肯尼迪很佩服主人公墨尔本，这个年轻人把二者之间的矛盾处理得恰到好处。肯尼迪希望自己像他那样，一方面继续沉溺于男欢女爱之中，一方面又追求个人品位，体现出贵族的奢华。

在欧洲大陆，由于希特勒在捷克斯洛伐克制造政治危机，局势变得十分紧张。肯尼迪只得先期回国，在哈佛大学完成大学三年级的学习。他已暗下决心，一定要重返欧洲大陆。所以，他学习特别刻苦，甚至没有时间和兴趣搭理那些引诱他的女孩了。到年底，他完成了六门课程的学习，尽管成绩不怎么好，但每门都通过了。

1939年春季开学后，肯尼迪向学校申请一年的假期，理由是考察欧洲的时事政治，并准备利用这段时间写几篇论文。他的辅导老师同意了他的请求，并为他指定了几本必读的政治、历史方面的书籍，比如沃尔特·李普曼①的《良好社会》等；还希望他能多收集一些国际法、外交或国际关系史方面的资料，以便用来撰写毕业论文。他的老师对他爱好的课程和特长十分了解。教授肯尼迪政府课程的老师A.切斯特·汉福德认为他是一位当新闻记者的天才，但也发现他对政府课程的考题有独立思考的答案，而且这门课程的成绩一直名列前茅。他对肯尼迪的印象是：这位学生是一个"很显瘦弱、有点内向但很讨人喜欢的年轻人，一脸坦诚，经常带着好奇的神色。他积极参加课堂讨论，发表自己的相

---

① 沃尔特·李普曼：美国新闻评论家、作家，传播学史上具有重要影响的学者之一，在宣传分析、舆论研究方面享有很高的声誉。他在1922年的著作《公众舆论》中，开创了今天被称为议程设置的早期思想，此书被公认为是传播学领域的奠基之作。

关意见"。而其他任课老师则认为肯尼迪的学习一塌糊涂，将来肯定不会从事新闻工作。

1939年3月初，肯尼迪从纽约乘船前往欧洲。他听说欧亚非都发生了战争，父亲和兄长所持的政治立场模棱两可，在政治观点上也是惊人的相似，并且都曾支持德国。这使肯尼迪家族的影响力在英、法等国大大降低。对此，肯尼迪一直保持沉默。他在美国看到的几部新剧中都提到了肯尼迪家族，丝毫没有贬损之意，相反，肯尼迪家族在美国的声望在继续攀高。这也使肯尼迪无法判断父亲做法的对错。他到达伦敦之后，一切照旧，又过上了"开心的生活"。他深感得意的一件事是"在一次王室接见会上见到了国王"。他给兰姆写信说："我穿着那件新做的礼服，觉得特别神气。每个去觐见的人都必须穿上燕尾服，当国王从座椅上站起时，你必须起身鞠躬。让我最激动的是见到了玛丽王后，并与伊丽莎白公主一起喝茶，跟她待了很长时间。下星期五我还要去罗马，因为大使先生受委派，代表罗斯福参加教皇的加冕仪式。"显然，肯尼迪把这一切都当作肯尼迪家族的荣耀。

从罗马回来后，肯尼迪又写信告诉兰姆，他的小弟爱德华从新教皇那里领受了圣餐，他和兄长小约瑟夫、妹妹尤妮斯也领受了圣餐。这种情况在过去100多年里也只出现过一次。他把获得这一殊荣的功劳都记在了父亲身上，他自己也从父亲的显赫地位和影响力那里获得了极强的自豪感。几个月之后，他在法国巴黎再一次享受到贵族特权，"大约30个仆人"伺候他。在巴黎使馆，他还与最有名气的飞行员、孤立主义者查尔斯·林德伯格[①]及其妻子安妮一起吃午饭，还约好冬天到来时一起去瑞士滑雪。

肯尼迪这次既没有在某所大学学习，也没有在使馆做任何工作，而主要是游历欧洲及中东国家。他去了波兰的华沙，罗马尼亚的布加勒斯特，苏联的莫斯科、基辅等，返回时途经土耳其、耶路撒冷、贝鲁特、

---

① 查尔斯·林德伯格：美国飞行员，首个进行单人不着陆的跨大西洋飞行的人。

大马士革和雅典。他虽然没有官方身份，但每到一处都受到了较高规格的礼遇。这使他对"权力"又有了新的认识。他回到法国后，老约瑟夫把电影演员玛琳·黛德丽介绍给他认识，他与玛琳一见如故，并与她和她的家人一起去昂蒂布避暑。两人结下了深厚的友谊，后来肯尼迪参加各种竞选，玛琳都是最积极的支持者之一。

在第二次世界大战爆发前夕，老约瑟夫仍公开宣称赞成英国首相张伯伦①提出的绥靖主义②政策。这让正在研究欧洲政治格局的肯尼迪心中起了疑问。为什么张伯伦的绥靖主义政策不仅没能维持世界更久的和平，反而加速了大战的爆发？他开始有了一种清醒的认识，知道自己要利用这个难得的机会，为毕业论文搜集资料。欧洲的政治气氛既让他感到恐惧，又让他为之着迷。因为这样复杂的局面是几十年难得一遇的，让他有了更多可以研究的东西。而且，如果能亲身经历这场政治风暴，不仅可以增长见识，而且能让自己经受一次烈火的考验，对他将来实现政治目标有百利而无一害。

没过几天，希特勒开始进攻波兰了。老约瑟夫一家都为欧洲各国的命运而担忧。英国首相张伯伦不得不舍弃他的绥靖主义，反过来支持丘吉尔对德宣战。丘吉尔慷慨激昂的演讲深深地打动了肯尼迪，他希望有更多的国家起来抗击德国法西斯。老约瑟夫也终于认识到自己的政治立场有问题，他请了三个月长假，准备于1939年12月底回国。临行前，他觐见了英王乔治六世③。英王表示，英国人民将和法西斯战斗到底。老约瑟夫没有多想，就说美国不会派兵支援任何国家，这让英王非常不满。他担心自己犯了一个不可原谅的错误，于是打电话向罗斯福总统汇

---

① 张伯伦（1869—1940）：英国政治家，1937—1940年任英国首相，因"二战"前夕对纳粹德国实行绥靖政策而备受谴责。

② 绥靖主义：又称绥靖政策。即对侵略者姑息退让，牺牲他国利益以求得暂时的和平和苟安的妥协政策。它是第二次世界大战加速的原因。

③ 乔治六世（1895—1952）：英国国王，乔治五世次子，退位的爱德华八世之弟。由于长期吸烟，患有严重的肺癌，后因血栓形成在睡梦中去世。他是最后一位印度皇帝、最后一位爱尔兰国王，以及唯一一位印度自治领国王。他的女儿伊丽莎白二世是现任英国女王。

1940年5月，张伯伦政府垮台，
温斯顿·丘吉尔继任英国首相，时年66岁

报了这件事。他痛哭流涕，说世界末日已经来临。不过，罗斯福回复说："除非我们的切身利益受到威胁，不到生死存亡的关头，我们应该保持和平。"这让老约瑟夫得到了一丝慰藉，因为美国仍坚持中立立场，不准备马上介入这场战争。

肯尼迪按自己的计划搜集相关资料，并承担了父亲交付给他的一些救援任务。比如去格拉斯哥照料被英国驱逐舰救上来的200多个美国公民。这些人乘坐英国轮船从利物浦前往纽约途中，被一艘德国潜艇袭击，有28个美国公民遇难。肯尼迪对这些幸存者说，美国是中立国家，只要乘坐美国船只，就不会遭到攻击。但这些惊魂未定的美国公民根本不相信这个毛头小子的话。最后，肯尼迪请父亲向海军求援，海军派来了一艘护卫舰护航，这些美国公民才知道这个无官无职的小子还真不简单。

其实，肯尼迪对罗斯福总统的中立立场也不理解，他认为在海上航行，世界上没有哪个国家敢保证安全。他回波士顿时没有乘船，而是坐飞机。尽管那时坐飞机的安全系数也不高，但至少在速度上保证了他赶上大学四年级的秋季开学。

有了前面的经历以后，肯尼迪对正在发生的很多事情开始持怀疑态度。他在校刊《红色哈佛》上发表文章，表明自己对欧洲局势的看法，但他在文章中所讲的与他搜集的论文资料并不一致。在欧洲同盟决心将反法西斯战争进行到底的时候，肯尼迪极力主张通过谈判解决问题，并希望罗斯福总统主动站出来"主持公道"。他的想法显然过于天真，首先是他对"美国力量"的错误估计，美国当时的政治、经济、军事实力并不强；其次，他对德意日发动战争的目的了解不够透彻，他们并不是因某个"事端"而发动战争，他们的最终目标是要称霸全球，美国有可能满足他们的谈判条件吗？虽然很多人夸赞他有洞察力，实际上他在政治方面还显得很幼稚，甚至可以说没有入门。

尽管如此，肯尼迪一直没有改变他对公共事务的兴趣。他后来回忆说："战争加强了我在国际关系问题上的思考，这个世界必须和平共处，共同前进。"让他更感兴趣的是强权和法西斯主义[①]、纳粹主义[②]、资本主义、共产主义以及民主的运行机制和优势比较等问题，为此他还撰文

---

① 法西斯主义：一种结合了社团主义、工团主义、独裁主义、极端民族主义、中央集权形式的军国主义、反无政府主义、反自由放任的资本主义，以及反共产主义政治哲学。《大英百科全书》对法西斯主义的定义为："个人的地位被压制于集体，比如某个国家、民族、种族或社会阶级之下的社会组织。"

② 纳粹主义：是德文"Nationalsozialismus"的缩写"Nazismus"音译，意译为"民族社会主义"，是"二战"前希特勒等人提出的政治主张。其基本理论包括：宣扬种族优秀论，认为"优等种族"有权奴役甚至消灭"劣等种族"；强调一切领域的"领袖"原则，宣称"领袖"是国家整体意志的代表，国家权力应由其一人掌握；鼓吹社会达尔文主义，力主以战争为手段夺取生存空间，建立世界霸权；反对共产主义思想体系和社会主义制度，抵制马克思主义理论。

进行了一些探讨。他的毕业论文是论述英国绥靖政策的根源，题为"在慕尼黑的绥靖政策"，副标题是"英国民主从裁军政策缓慢转化为重整军备政策的必然后果"。该论文由四位导师评审通过，并获得了一些好评。因为文章"就一个困难问题进行了深入细致、有趣而富有才智的论述"，"论文表现出真正的兴趣和相当的工作量"，"在准备工作中的想象力和勤奋精神在当时是十分出色的"，被列为优等生论文。

不过，话说回来，肯尼迪除了这篇论文以及在政府、历史课程方面成绩比其他同学好一点外，剩下的学科几乎没有一门名列前茅，甚至可以这样说，如果肯尼迪不是后来在政坛取得巨大成就的话，哈佛大学可能没有哪位老师会记得他的论文，因为哈佛大学历届的优等生太多了。

但是，肯尼迪始终把自己的论文看成是发给美国人的一个警告信息：他们需要从英国的前车之鉴中吸取教训。他还对"民主体制"进行了进一步的讨论。后来他又对自己的论文原稿进行了修改，使之比原来更加平衡、时效性更强。他还接受几个英国读者的建议，即在慕尼黑问题上对公众的责备不应远远超出对鲍德温和张伯伦的抱怨，多论述在目前情形下民主社会的防卫问题的必要性。修改完成后，肯尼迪出了一本书，书名为《英国何以沉睡》。这本书在美国和英国赢得了一致好评，销量巨大，也为肯尼迪步入政坛打下了基础。

从哈佛大学毕业后，肯尼迪并没有马上获得从政的机会，同时他也没有放弃追求贵族式的放荡生活。有位女记者说，已经成人的肯尼迪"吸引女人不费吹灰之力，她们成群结队地为他着迷"。而他的父亲在 1940 年 4 月回海恩尼斯港度假的时候，再一次为肯尼迪做出了坏榜样。老约瑟夫在一家时髦的餐馆与孩子们吃饭，竟然要几个男孩为他推荐女孩来陪伴他。

这一年肯尼迪已经 23 岁，他知道自己需要一个毕生从事的职业。生活不管怎么放荡，都必须考虑下一步该做什么。他想过上耶鲁大学法学院，还知道 1940 年 8 月初通过了一项议案授权，第一次在和平时期征兵，提醒全国的年轻人，应征入伍可能要优先于个人计划。可是，体质问题让他不得不打消了这类计划。他一时难以确定自己的职业，兰姆回忆说："1940年的时候，有一个可怕的真空时期，对于一个从学校毕业的学生来说，那是一个非常难受的阶段。该做什么？我们眼看就要进入战争了。你不知道自己会去干什么，所以有什么必要投身于毕生的事业呢？"

肯尼迪不愿像其他人那样"消磨时间"，决定去斯坦福大学继续攻读研究生课程。而且，温暖的加利福尼亚的阳光也有利于他恢复健康。他选修的课程是商务，但他更感兴趣的仍然是政治学和国际关系。他发现斯坦福大学与哈佛大学最大的区别是男女同班上课，他写信给兰姆说："我还不适应男女同堂，但正在把她们吸引到我这一边，估计很快就能从中挑出一个，打上'烙印'，不过正在缓慢进行，因为我不想得到东部野兽的称号。"在此期间，他真的看中了一个女孩，但他并没有给她打上"烙印"，因为这个时候他更关心时事政治。这个女孩回忆说："他对新闻非常着迷。在车里，他总是打开收音机，收听新闻……他被世界上发生的事迷住了。"

或许可以这么说，肯尼迪在斯坦福大学变得比较"正经"了，知道什么事情最重要。他经常和斯坦福大学的学生会主席讨论有效政府领导的本质是什么，并把罗斯福当作楷模。

年底，肯尼迪参加了在加利福尼亚州河滨市举行的世界事务研究所有关当时国际问题的会议，在会上作了四次发言。他还说服自己的父亲不要反对罗斯福总统为帮助英国打败德国而提出的《租借法案》①。

由此可以看出，肯尼迪的生活已经出现了转折，一个放荡不羁的花花公子，不再只是沉迷于奢靡逸乐的生活，也开始考虑严肃的政治问

---

① 《租借法案》：正式名称为《促进美国国防的法案》，指美国免费或有偿提供给法国、英国、中国，以及后来的苏联和其他同盟国粮食、军事物资以及1941—1945年提供的武器装备。它在1941年3月11日签署成为法律，并结束于1945年9月。大部分时候援助是免费的，一些物资如船只在战后被归还。作为回报，美国获得了战争期间在盟军领土上的陆军和海军基地的租借权。

题，寻求更加远大的人生目标。他相信自己会取得成功。他的背景和经历已经为他建立起了一种信念，即他是一个特殊的人，不同于在国内外遇见过的许多才华出众、前途光明的其他人。他的特权生活已经为他铺就了走向成功的道路。

第三章 为有牺牲多壮志

1. 野心与失算

老约瑟夫这次请假三个月，名义上是回国度假，实际上是想打探总统竞选的情况。他在回美国的路上就想好了一个自认为可行的计划：首先确认罗斯福总统是否愿意参加三连任竞选。根据美国宪法规定，总统连任不得超过两届。而且，罗斯福的身体状况不佳，也不太适合继续连任。但是，美国刚从经济大萧条中走出来，如今即将面临一场空前规模的战争，美国很难找出比罗斯福更能胜任总统的人了。这些不确定因素，使老约瑟夫心中没底。他的计划是，如果罗斯福明确表示不再参加这届总统竞选，那么他就毫不犹豫地参加；如果罗斯福有参选意愿，那么他将全力以赴帮助罗斯福竞选。如果罗斯福竞选成功，他的地位将更加巩固和提高。

不过，老约瑟夫不会轻易暴露自己的野心。因此，当有记者在海恩尼斯港询问他回国的真正目时，他敷衍说：只是想在美女的陪伴下度过三个月假期。

1940年5月，老约瑟夫专程拜访了总统。罗斯福最初对这位老朋友的来意不是很清楚，对于是否参加竞选态度也不够明确，还劝他参加马萨诸塞州的初选："那可是你的老家，是你的地盘。"这一下子勾起了老约瑟夫的野心：只要罗斯福放弃竞选，自己就有希望。于是，他赶紧去拜访国务卿科德尔·赫尔①，试图从他那里探询到底有哪些人将成为他的对手。赫尔虽然没能给出明确的答案，但老约瑟夫至少知道了赫尔本人将参加竞选。老约瑟夫又去白宫装模作样劝说总统，希望他参加竞选。罗斯福表示，这些年来他已经心力交瘁，"实在受不了了"。但是，如果国会同意美国参战，愿意为欧洲战场提供足够的物资援助，这个总统还有可能当下去。

老约瑟夫从这个"但是"上悟出了罗斯福还有当总统的意愿，但却忽略了罗斯福当总统的前提条件——除非国会赋予他援助欧洲同盟国的权力。也就是说，罗斯福希望美国在这场战争中扮演一个比较重要的角色；而老约瑟夫则始终相信罗斯福是坚守中立立场的，他的注意力过于集中在了总统职务上。他根本没有料到，这一"误读"很快就让他尝到了苦头。

老约瑟夫现在最关注的是谁最有可能当选总统。他试探性地问罗斯福，赫尔是否会成为总统候选人，罗斯福直截了当地说，赫尔办事优柔寡断，难当此大任。老约瑟夫一听更加来劲了，继续问总统，总该有几个合适的对象吧？罗斯福终于明白了老朋友的真实意图，便随意列举了几位，其中有司法部部长威廉·弗朗西斯·墨菲②、商务部部长哈里·霍普斯金等。老约瑟夫越听心里越着急，直到总统说出他的名字——约瑟夫·乔·肯尼迪，他心里的那块石头才算落了地。他又跟总统说了几句不咸不淡的话后便告辞了。

从白宫出来后，老约瑟夫的心情格外舒畅。他匆匆赶回波士顿，将好消息告诉正在那里等他的两个儿子。他先对小约瑟夫说："罗斯福总统如果不参加总统竞选，那我就要无所顾忌地站出来，决不能失去良

---

① 科德尔·赫尔：美国前国务卿，全力支持罗斯福推行的"新政"，以便使世界经济危机在美国造成的损失减少到最低限度。罗斯福则借助他执行外交政策，以平息一部分垄断资本家对"新政"改革的批评和不满。他是美国历史上在任时间最长的国务卿，也是1945年诺贝尔和平奖获得者。

② 威廉·弗朗西斯·墨菲：美国法理学家、政治家，曾任底特律市市长、菲律宾总督、菲律宾高级专员、密歇根州州长、美国司法部部长和美国最高法院大法官。

机!"他希望儿子们全力支持他。小约瑟夫自然表示会竭尽全力,但肯尼迪却给他泼了一瓢冷水:"在世界政局混乱不堪的时候,除了罗斯福,别人只怕想都不敢想了。"老约瑟夫认为还是长子懂他,而肯尼迪顺从的时间少,对抗的时间多。他觉得有必要进行一次演讲,以提高自己的影响力和声望。

经过几天的精心准备,老约瑟夫在波士顿的一所教堂里作了一次演讲。毫无疑问,老约瑟夫是个经商的人才,他对政治的热衷仅仅是为了实现家族的政治目标,他自己其实对政治一点也不敏感,甚至可以说顽固不化。因此,他演讲的观点往往是一成不变的老一套。他说:"美国作为一个民主自由的国家,天性公正,国民憎恶一切不道德、不平等之事,这是理所当然的。但是,这不能成为我们参战的理由。这不是美国的战争。与此相比,我们更需要和平环境来发展自己,没有半点理由加入这场战争,无论是从经济、政治和军事,还是社会的角度,参加这场战争对我们没有任何意义。请相信,即使我们参战,局势也不会好转,甚至会更糟。最重要的是,我们捞不到任何好处。"

老约瑟夫一如既往地大肆宣扬孤立主义,主张师出有名,并把参战与美国的利益密切挂钩,捞不到好处,美国就应该保持中立。此番言论一出,立刻引起了轩然大波。有人指责老约瑟夫故意歪曲美国传统的孤独主义,也有人说"美国大使早就预言英国将会被希特勒打得落花流水","大使先生主张与希特勒和谈"。

罗斯福为此非常恼火。他本来不主张恪守传统孤独主义,只因国会和两党中的顽固派极力干预,才使他束手束脚,不好迈出最后一步。他在一年前就开始为欧洲同盟国家提供物资援助,尽管并没有得到国会的正式批准,但他早就想结束美国的孤立主义政策了。可惜老约瑟夫没有这样的政治洞察力,在这一点上,他还不如肯尼迪精明。

老约瑟夫受到美国民众的围攻后,觉得自己参加总统竞选的希望不大,于是改为全力支持罗斯福三连任。他从长远出发,召开了新闻发布会,宣布自己主动放弃总统候选人提名,并将很快返回伦敦。

老约瑟夫的言论在某种程度上代表了美国官方，英美关系开始变得微妙起来。此前，老约瑟夫与英国首相丘吉尔关系不错，他的办公室里还挂着两人的合照。但在老约瑟夫公开宣扬孤立主义后，他与丘吉尔和所有英国公民都成了仇人。英国外交部的一位顾问首先责难道："肯尼迪大使是个怪人，非常令人讨厌！除了赚钱，他对其他事都不关心……他应该滚回老家去！"一石激起千层浪，英国舆论界纷纷将矛头对准老约瑟夫，民众一哄而上，纷纷表示强烈的不满。

英国的《观察报》批评说："毫不怀疑，这位大使会受到广泛的'欢迎'——那些银行家、孤立主义者欢迎他，骑士、男爵欢迎他，伦敦上流社会那些怕事的女人、白金汉宫里那些胆小之徒欢迎他……"有的报纸甚至公开要求英国政府对他下逐客令。

老约瑟夫终于明白，一个大使没有前瞻性眼光是很难应对国际风云变幻的，他在英国的处境十分糟糕。从 1940 年夏季开始，希特勒实施"海狮计划"①，不断派飞机对英国本土进行轰炸。丘吉尔奋起反击，轰炸德国柏林。这让希特勒更加疯狂，把伦敦作为重点轰炸目标。老约瑟夫重返伦敦之时，正值德军轰炸伦敦的高峰期，伦敦城区火光冲天，几乎被炸成了一片废墟。

老约瑟夫觉得自己已经成为一个不受欢迎的人，留在英国不仅危险，而且也不可能有所作为了。于是，他写信给罗斯福，请求将他调回国内。此时罗斯福已经决定参加总统三连任竞选，无暇顾及这位大脑反应迟钝的朋友，并且也对他不抱希望。

老约瑟夫没有得到回复，心里十分着急，又发电报给国务卿赫尔请调回国，但赫尔也没有理睬他。老约瑟夫意识到自己处境不妙，只得向

---

① 海狮计划："二战"期间德军对英国作战的计划。"二战"开始不久，纳粹德国的目光就盯上了英伦三岛。为了尽快征服英国，希特勒亲自拟定了名为"海狮"的行动计划。但是，充当"先锋官"的德军战机飞临英国上空的时候，等待它们的却是一场以弱胜强的空中"游击战"。最终，德军的"海狮计划"失利，英国得以保存军事上的优势，继续与德国抗争，把德军拖入了致命的长期持久战，最后成为英美反攻欧洲大陆的跳板，使德军陷入了两线作战的困境。

总统提交了辞呈。

罗斯福正在为美国参战做准备，并开始物色支持美国参战且有谋划和指挥才能的人，他担心老约瑟夫的绥靖主义立场给正在参加大选的自己带来负面影响。所以，他只能将老约瑟夫的请求搁置不理。

老约瑟夫觉得自己"失宠"了，宣称要写一份对美国政府的控告状，并直言不讳地告诉罗斯福，如果不答应他的请求，他就将诉状呈交给国会，甚至可能在报刊上发表。罗斯福不想因此事惹来不必要的麻烦，不得不选择妥协，同意老约瑟夫当月回国。

经过一个多月的据理抗争，1940年10月下旬，老约瑟夫终于又回到了美国。美国国会已经通过了增兵提案，城乡各地正在招募新兵。老约瑟夫觉得有必要再去华盛顿面见总统，一是劝阻美国参战，二是希望罗斯福给他安排一个新的职位。不巧的是，罗斯福会见他的时候，国会参议员詹姆斯·弗兰西斯·伯恩斯①及其夫人一直在场。老约瑟夫没有同总统谈私事的机会，所以就当着伯恩斯的面指责罗斯福不支持他在英国的工作，也不关心老朋友所受的委屈。伯恩斯听得一头雾水，但罗斯福却心知肚明。他们谈到了对欧洲战局的看法，观点出现了明显的分歧。为了不让老约瑟夫泄气和难过，晚餐后，罗斯福挽留老约瑟夫夫妇留住白宫休息一晚，以表达他对老朋友的重视。但罗斯福始终没有透露将怎样解决老约瑟夫的工作问题。

老约瑟夫一如既往地支持罗斯福竞选，出钱出力，四处奔走，为他发表演说。11月5日，罗斯福再次当选美国总统，成为美国历史上第一位"三连任总统"。但是，罗斯福并没有给老约瑟夫安排新职务。老约瑟夫意识到自己失势了，也看不透罗斯福的心思了，他又作了一次试探——向总统请求辞职。罗斯福没有马上同意，只说考虑考虑。

---

① 詹姆斯·弗朗西斯·伯恩斯：美国政治家、民主党人，曾任美国参议员、最高法院大法官、美国国务卿、南卡罗来纳州州长。"二战"全面爆发后，他支持罗斯福对武器实行"现购自运"，反对孤立主义，在国会极力策动通过《租借法案》和选征兵役制。罗斯福称他是后方战线的副总统。

老约瑟夫没有得到满意的答案，在华盛顿逗留了两个星期。一些熟悉老约瑟夫的新闻记者在此期间对他进行了专访，核心话题仍然是对世界战局的看法。老约瑟夫自从上次受到国民的声讨后，再也没有考虑过要对新闻媒体谈这个问题，他一时想不到新的说辞，心急之下便炒冷饭了。他说英国差不多完蛋了，美国没有必要参加这场毫无意义的战争，即使参战了也挽救不了败局，一定会得不偿失；不能把孩子们赶到战场上去，白白丢了性命。

第二天，几家报纸头版头条登载了对老约瑟夫的访谈录，民众对他不负责任的言论感到愤怒。罗斯福总统更是火冒三丈，当即决定免去老约瑟夫的驻英大使职务。老约瑟夫感到众怒难犯，只得找到他的记者朋友发表声明说，报纸上刊登的言论并非他的原话，有不少地方曲解他的本意。可是声明发表后，他私下仍对记者说，坚持绥靖主义对美国没有什么不好。这使罗斯福认为很难让老约瑟夫和自己保持同一立场，因此不打算给老约瑟夫安排新的职位。

老约瑟夫的仕途遭遇了一次最严重的挫折，但他并没有绝望，他把所有希望都寄托到了小约瑟夫的身上。即使小约瑟夫不能成功，他还有4个儿子，肯尼迪家族中一定会有人实现这个梦想。他对这一点深信不疑，并正式向儿子们发出了号召。

在老约瑟夫政治上最失意的时候，肯尼迪报名参军也因身体状况不佳而失败了，没能成为一名战士。不过，他却因《英国何以沉睡》的出版而意外成了一名畅销书作家。这本书在英国也取得了很好的销量和口碑。肯尼迪的名声很快从美国东部传到西部，他收到了邀请函，以私人身份与美国三大出版商及好莱坞的制片商会面。对肯尼迪来说，西部小镇好莱坞的吸引力比华盛顿还大，因此他欣然前往。

在好莱坞，肯尼迪认识了著名演员罗伯特·斯塔克，两人一见如故，成了好朋友。之后，他又结识了当时好莱坞很有名的导演霍华德·休斯。霍华德不仅是演员兼导演，还是美国航空工程师、企业家；既是好莱坞娱乐圈的风云人物，也是加利福尼亚大财团中的风流大王。好莱坞专栏作家詹姆斯·培根称他为"最伟大的剑客",并不是因为他有名望、有钱,而是因为他征服女人的赫赫战绩。他交往过的女人非常多,尤其是年轻漂亮的女性,她们或是为了他的名声,或是为了他的金钱。但霍华德也有他的选美标准:无论是演技还是容貌,都必须是"上品"。

当时霍华德准备投笔从戎,临参军前,他邀请罗伯特一起乘坐快艇出游。罗伯特说,不仅他自己会去,他还要带一位朋友。霍华德知道,罗伯特在娱乐圈子里结交了不少漂亮的女演员,这一次想必是某位女明星。在"海上皇后"游轮上,当罗伯特向霍华德介绍肯尼迪时,霍华德显露出讶异之色,因为罗伯特从不曾带男性朋友参加他们的私人活动。罗伯特本想介绍说肯尼迪是驻英大使之子,但他想了想又觉得不妥,便只说肯尼迪是哈佛大学的毕业生,一位刚出名的作家。

霍华德仔细打量了一下肯尼迪,见他身穿一套洁白的服装,开玩笑道:"与其说是一名作家,不如说这位朋友更像一位水手。"肯尼迪接过霍华德的话头说:"前段时间我是想当一名水手的,可惜我的体质不合格,未能如愿。"霍华德笑道:"还是你的运气好。参军可不是什么好事,比如像我这么大年岁了,还被迫放弃美丽事业,被迫与美女团告别。"难以想象,这位过惯奢侈生活的花花公子、业界大腕在部队里要怎么活下去。

罗伯特不想把气氛搞得很伤感,提议大家讲讲自己的罗曼史。谈女人是他们的共同兴趣,于是大家随心所欲地讲开了。霍华德是一位真正的情场高手,肯尼迪听了他的讲述,十分羡慕,当众表示他将来一定要得到好莱坞他想得到的所有女人。那么,肯尼迪想得到的女性是哪些类型的呢?罗伯特给他归纳了一下,说他"可谓兴趣广泛——金发的、肤色浅黑的、红头发的,年轻的、成熟的,胸大的、胸小的都喜欢,但她们的腿形一定要好。"后来在《S先生:与弗兰克·西纳特拉共处的时光》一书中,乔治·雅各布斯①作了进一步说明:肯尼迪迷恋腿型优美的女人,比如舞蹈演员赛德·查里斯②、雪莉·麦克雷恩③等。

霍华德把肯尼迪引为知音,而肯尼迪也一时忘记了肯尼迪家族的奋斗目标,想要投身电影娱乐界。

罗伯特还把霍华德和肯尼迪带去了自己的秘密住所"旗帜屋",所谓"旗帜屋"是因为屋子里挂满许多国家的国旗。房子是罗伯特的父母为了让他安静学习而租的,实际上,他和朋友在这间屋子里主要是探讨交流征服女性的办法和体验,并称之为"女性解剖学"课程。自从罗伯特认识肯尼迪后,这里就成为他们"自习"的课堂。罗伯特后来回忆说:"我认识不少好莱坞明星,但是很少有人像肯尼迪一样,对女人有如此杀伤力……肯尼迪自己曾说,霍华德竟然怂恿他去做电影明星,虽然大使一直希望儿子从政。他说'他都能听到父亲呵斥他,肯尼迪家族的任何人绝不混迹演艺圈'。"

2. 挥泪斩情丝

当肯尼迪混迹于娱乐圈时,战局正在逐步恶化。1941年,日本侵略者的北上计划失败后,改而掉头南下,将战火烧到了东南亚和太平洋上。这引起了这个地区主要强国尤其是美国的不安,它们对日本的对外扩张阴谋表示不满,纷纷递交外交抗议书。同年4月,日本陆续占领了整个印度支那重要地区,使之成为战略物资供应基地和南进的跳板,这严重触犯了美国的利益,进一步加剧了美日之间的矛盾。美国、英国和

---

① 乔治·雅各布斯(1968—):美国纽约编辑、作家,常用自己的方式探索这个时代的各种问题——幸福、婚姻、伦理。他的实验有一些很有趣,有一些很无厘头,但是许多人从中得到启发,开始以新的方式看待生活。
② 赛德·查里斯(1921—2008):美国女演员,代表作有《龙国香车》《雨中曲》等。
③ 雪莉·麦克雷恩(1934—):美国女演员、导演、编剧、制片人。代表作有《桃色公寓》《双姝怨》《母女情深》《来自边缘的明信片》等。曾获第56届奥斯卡金像奖最佳女主角奖。

荷兰先后宣布禁止向日本运输战略物资，尤其是钢和石油。这一步对日本的经济和军事都有威胁，目的是迫使日本限制它在东南亚的活动，回到谈判桌上。

日本是一个资源匮乏的国家，要想使日本放弃对战略物资的掠夺而接受美国提供的物资，无疑是在日本人的脖子上套上了一根绳索，所以，日本人绝对不会接受这样的谈判条件，但他们为了掩人耳目依然装模作样地与美国谈判。

6月22日，德国对苏联不宣而战，德军以机械化部队为先锋入侵苏境。美国民众要求参战的呼声越来越高，罗斯福总统暗中加紧了参战准备：将陆军扩大一倍，并将美国舰队大西洋分舰队的部分舰艇调往太平洋（珍珠港）基地。海军、陆军的征召工作也仍在进行中。

一直以来，小约瑟夫都紧跟父亲的脚步，而且支持父亲的绥靖主义政策，谁也没有料到他会突然改变立场，主动参军。或许是父亲的失败警醒了他，又或许是他准备为自己的仕途寻找一条捷径，这些猜想不一定正确，但可以肯定的是，他本可以轻易躲开战场，从哈佛大学法学院（研究生）毕业后拥有一份体面的工作，并通过父亲的关系搞到服役记录。他没有这样做的原因，只能解释为他有着远大理想，决心走一条扎实的道路。

更令人感到意外的是，老约瑟夫居然支持儿子的选择。在他看来，这无异于把一位美国未来的总统推向了战场。他愿意儿子到战场上经受战火的洗礼，哪怕是在非常艰苦和危险的环境下，这对实现肯尼迪家族的梦想大有好处。1941年夏，小约瑟夫入伍后到空军学校接受专业训练。第二年5月，他成为一名海军飞行员。

1941年上半年，肯尼迪仍然在娱乐圈里混着。这段时间，他认识了好莱坞的超级女神——海蒂·拉玛。海蒂在1933年主演了电影史上第一部"露两点"的影片《神魂颠倒》，向世界展现了她的惊人美貌和大胆演技。肯尼迪看过她在电影中的镜头，早就被她迷住了，但一直无缘见到真容。就在1941年开春的一次晚会上，罗伯特给了他一个惊喜——海蒂素颜站到他的面前。肯尼迪又惊又喜，当即跟她要了电话号码，第二天就给她打了电话。海蒂答应与他约会后，他对罗伯特说："昨晚才是我真正神魂颠倒之夜，我很开心。她是个万人迷。"

在这次约会中，肯尼迪给海蒂留下了深刻的印象，她对一个朋友说："我喜欢像肯尼迪那样的男人。他天资聪颖，具有敏锐的洞察力。"此后，他们有过一段密切的交往，相处十分融洽。但有一天，肯尼迪十分沮丧地告诉罗伯特，他与海蒂分手了。海蒂解释的原因是她担心自己爱上了这位小弟，深陷其中不能自拔，不如趁早斩断情丝。肯尼迪最后动情地说："我站在门口，和她吻别，然后看着她渐渐远去，直到她在我的泪眼中消失。"

结束这段恋情后，肯尼迪打算报名参军。鉴于体质不合格，他只得找父亲去"走后门"。他参军的动机很简单，并非因为失恋了，而是他的哥哥小约瑟夫已经成为一名海军军官，他不能落在哥哥的后面。老约瑟夫对肯尼迪以前的所有决定从来没有满意过，但这次他却毫不迟疑地去帮儿子找关系了。作为一个孤立主义的积极鼓吹者，他竟然接连将两个儿子送进部队，实在出人所料。如果罗斯福总统知道了他的举动，会不会也对他大加赞赏呢？老约瑟夫利用自己与上校艾伦·G. 柯克①的关系，拿到了一份证明肯尼迪身体健康的体检合格表，肯尼迪终于顺利入伍了。随后，老约瑟夫又利用另一位上校的关系，让肯尼迪成为海军情报局外国情报处的少尉情报官，从事海军情报工作。肯尼迪的正式入职时间是9月15日，有他和哥哥合照留念为证。

此时美日关系越来越微妙，种种迹象表明，日本人在谈判的背后正搞着小动作。美国海军作战部和情报机构对日本人背后的阴谋没有足够的认识，而是将目光放在东南亚，尤其是菲律宾，并将美国舰队西南太平洋分舰队（即后来的太平洋舰队第七舰队）派往印度洋备战。肯尼

---

① 艾伦·G. 柯克：美国海军四星上将，担任过驻英海军武官、美国海军情报局局长。"二战"期间任美国大西洋舰队两栖作战部队司令，参与了西西里登陆和诺曼底登陆作战。

迪作为情报部门的新手，每天的主要任务是整理来自各基地和舰队的文字报告和电报，然后发给海军情报总部。这份早九晚六、每周工作六天的乏味工作让肯尼迪感到非常难受，他从未过过这般无聊的生活，每天都想着如何找到点新鲜玩意。幸好他的妹妹凯瑟琳在《华盛顿先驱报》当记者，多少可以给他带来一点稍微刺激的新闻或者胡编乱造的绯闻，有时她还能通知哥哥到某处参加舞会。

一天晚上，肯尼迪在派对上与一位绝代佳人邂逅，就在两人四目相对的那一刹那，他莫名其妙地坠入了情网。阅尽好莱坞美色的他，从来没有遇见过比这位金发碧眼的丹麦女子更加迷人的美人。她叫英戈·阿瓦德，是个私生女，曾就读于哥本哈根皇家剧院，15岁时在丹麦小姐大赛中夺魁。1935年，英戈作为《贝林时报》的特派记者被派往柏林，据说肩负着特殊任务。在此期间，她与各国军方高层私交密切，甚至与希特勒有过几次接触。第二年，她突然离开《贝林时报》，之后做过记者、演员、探险家和编剧等。1941年夏，她来到《华盛顿先驱报》，和肯尼迪的妹妹成了同事。该报专门为她开辟了一个人物访谈专栏，由她采访记述那些身处财富和权力巅峰的人。她不仅阅历丰富，而且才华出众，她的这个栏目总是别开生面，给人耳目一新的感觉。很多人都喜欢她和她的栏目，她拥有一大批不同阶层的读者。那些有钱有势的男人不仅爱慕她的容颜，更希望享受她那种生活的乐趣。

英戈善于和各种不同的人打交道，肯尼迪认为她是"十全十美的斯堪的纳维亚美女的典型"，而英戈觉得肯尼迪是个"拥有未来的男孩"，而且"特别有韵味"。他们开始了一段年轻军官与资深记者相恋的浪漫关系。英戈比肯尼迪大4岁，但他们相处得非常融洽，彼此给对方取了昵称。英戈后来回忆说："我叫他'金银花'，他叫我'英戈·宾加'算是回敬。"

就在肯尼迪和英戈的恋情不断升温，彼此成为"热辣情人"的时候，日本海军联合舰队于1941年12月7日清晨偷袭了美国珍珠港海军基地，使美国太平洋舰队遭到了毁灭性的重创。罗斯福总统在事发第二天来到国会，向参众两院议员们发表了著名的"国耻"演讲，要求国会宣布美国和日本之间已经处于战争状态。由此，第二次世界大战全面爆发。

美国宣布参战后，海军作战部对所属的情报部门进行了重点清理和整顿，因为珍珠港被袭与情报部门的懈怠脱不了干系。肯尼迪作为海军情报机构的一名基层军官，同样受到了调查。虽然没有发现肯尼迪有什么问题，但有情报显示，《华盛顿先驱报》记者、肯尼迪的情人英戈有着值得怀疑的经历，并有确切的证据——当年报上登载的照片显示英戈曾与希特勒站在同一个包厢里。英戈的室友也觉得她有间谍嫌疑，特意找出了这张照片的原版，向报社举报。英戈向报社老板帕特森夫人解释说：1936年夏天，德国柏林举办奥运会，她应主办方之邀参加运动会开幕式，而希特勒作为国家元首也参加了这次开幕式。一个特邀记者与国家元首在这种场合站在一起，并没有什么值得奇怪的。

英戈的解释合情合理，但是，帕特森夫人认为她们最好一起去向联邦调查局解释，只有这个权力部门做出的结论才有效。于是，她们一起去了一趟联邦调查局。在那里，英戈又把照片的来龙去脉解释了一番，并一再重申她当时在柏林的工作就是采访德国军政高层。然后，她问联邦调查局官员："如果调查后发现我没有任何问题，是否能给我出具一份文书，以证明我的清白？"这位官员毫不客气地回答："战争期间调查的过程会很复杂，即使您现在不是间谍，也不能保证以后不会是间谍。很抱歉，我无能为力。"

如果事情就此结束也就罢了，可是，联邦调查局局长埃德加·胡佛①很快也知道了这件事。他对英戈本人早有耳闻，对她专访的那些上层人物多有不满，因此他决定对英戈做进一步调查。后来他又得知她是政敌老约瑟夫的儿子的情人，觉得更应该就此事做点文章。于是，一方

---

① 埃德加·胡佛：美国联邦调查局第一任局长，任职长达48年。作为一个叱咤风云近半个世纪的传奇人物，他的名气远远超过电影明星，权势让总统也望尘莫及。他是一个时代的象征，也是美国民众的偶像。

面他派人继续对英戈进行调查——监听和跟踪，一方面又向海军情报部门提出对肯尼迪的质疑。肯尼迪的顶头上司西摩·亨特上校知道他曾是一个花花公子，但一点也不怀疑他对国家的忠诚。上校善意地提醒他，一旦被联邦调查局盯上，即使没事也无法脱身，所以建议他不要再跟英戈往来。他还对肯尼迪开玩笑说："我一点也不相信你是那么感情专一的人。"

而英戈遇到的麻烦更多，她既要面对联邦调查局的跟踪调查（她已经意识到向联邦调查局解释是一个很愚蠢的决定），又要面对依然十分爱她的第二任丈夫费乔斯。她反复在心里问自己，到底是不是真爱肯尼迪，已经永远离不开他了。尽管她的丈夫写信劝她回心转意，但她依然难以做出抉择。她和肯尼迪都没有想到这段"露水姻缘"竟让他们如此难分难舍。

这个时候，联邦调查局仍对他们揪住不放，媒体也公开了他们的恋情，但肯尼迪不愿声明他与英戈断绝往来，这给海军情报部门出了一道难题。考虑到各方面的关系，海军相关部门决定把肯尼迪调往海上部队，到海军的一家造船厂任职。这个造船厂在南卡罗来纳州的查尔斯顿，距华盛顿甚远，虽然是一个美丽的港口城镇，但对肯尼迪来说相当于充军。他后来对一位采访他的记者说："由于调查局施压和外界舆论的影响，军方把我扔到了南卡罗来纳州，原因是我和一位每日专栏作家交往，他们觉得那位美丽的女子是间谍。"

不管联邦调查局局长胡佛与肯尼迪家族有何私人恩怨，但只要惹上这位大神，他多少都能整出一点事情来。英戈知道自己给肯尼迪的前程造成了不良影响，也给肯尼迪家族带来了麻烦，所以她不得不从肯尼迪的生活中退出。但她也不想与第二任丈夫重归于好，准备在一个新的地方开始新的生活。肯尼迪被"流放"后，依然放不下英戈，几次写信要与她相会。英戈很犹豫，而且去查尔斯顿坐飞机有730公里，走水路则千里迢迢，但她还是去了。肯尼迪后来写信给朋友兰姆，谈到了他与英戈相会的一些细节。信中说："英戈来了几次，我们相处甚欢。"但也有一些不快，因为肯尼迪觉察到胡佛的特工仍在跟踪他，房间里肯定装有窃听器。一天晚上，他和英戈躺在床上，故意对着可能有窃听器的地方大声说："不管是谁在偷听，下一秒你听到的只有我和她做爱的声音。"

在做出离开肯尼迪的抉择后，英戈不想与他纠缠下去了，所以在后来的几次会面中，他们之间出现了分歧。她强调说是担心自己会怀孕，而且"指责肯尼迪'享受着青春的一切愉悦却不承担责任'"。当她"说起结束自己的婚姻，将开始一段新的生活"时，肯尼迪"对这个话题几乎没有任何评论"。肯尼迪虽然没有和英戈结婚的打算，而且他父亲在他被发配时曾明令禁止他继续与英戈来往，更不允许他和英戈结婚，肯尼迪也向父亲作了保证，但他做不到马上与英戈恩断义绝，所以他们保持着书信和电话联系，只是次数越来越少了。

最后到底是谁先说出分手的呢？外人不得而知。但从联邦调查局的一段窃听记录可以想象他们分手的情景：时间是1942年3月6日，肯尼迪在电话中说自己的背痛又复发了，只能躺在床上，他责怪英戈不给他打电话。英戈说自己取消了原先订的飞往查尔斯顿的机票，可见自从上次谈话后，她就开始疏远肯尼迪了。而肯尼迪仍希望他们能见最后一面。英戈回答说："我依旧爱着你，并且会永远爱你，但是，无论如何，我们的错误关系应该结束了，你不在我的新生活计划之内。"

所有人都相信，这是他们终止情人关系的具体时间。几天以后，肯尼迪等来了英戈的一封告别信，信中充满了怨恨、无奈之情，英戈表示她选择离去正是因为她还深深地爱着他，并说："我曾对你说：'不管什么时候，只要你需要我，就给我打电话。'那句话是我用心和血说出来的，而非一时冲动，现在也仍然有效。""生命是苦涩的，对于那些有希望、有抱负、有真爱的人来说更是如此。可有趣的是，我们两人那么般配，仅仅因为我曾经做过一些愚蠢的事情，我就必须对自己说'不'，最后，我意识到这是真的。我们要为生活中的一切付出代价。"

肯尼迪读着信，渐渐泪眼蒙眬。他意识到是斩断情丝的时候了。他对自己说，放手吧，爱她，就祝福她寻找到全新的生活。离开肯尼迪后，英戈去了遥远的好莱坞，并在1945年和西部牛仔明星蒂姆·麦考伊结了婚。

3. 在战争中成长

在肯尼迪被"发配"到查尔斯顿前一个月，老约瑟夫给罗斯福总统发了一封很长的电报，大意是说，他对以前采取的政治立场进行了深刻反思，对自己在某些场合不合时宜的言论道歉，并表示自己愿意听从派遣，随时准备奔赴总统指定的位置去战斗。不只是他，还包括他的两个儿子。但罗斯福正为战事忙得焦头烂额，哪有心情理会一个反战者的请求。老约瑟夫非常失望，又往英国外交部发电报，主动提出要为比弗布鲁克勋爵①效力，不用说，同样无人理睬。

肯尼迪被"发配"后，老约瑟夫原以为他会奋起反抗，没想到他却十分温顺，也没有忤逆父意，顺利地与英戈分了手。老约瑟夫对此感到很欣慰，重新用审慎的目光看待肯尼迪，认为他有可能就此走上自己为他设计好的道路。可是，查尔斯顿的生活让肯尼迪饱受煎熬。面对枯燥乏味的文职工作，他完全提不起劲来。而且，脊背的毛病使他遭受着"类似性质的阶段性发作"。他盼望能做点实际的、有点变化的工作。

这段时间，老约瑟夫对肯尼迪比较关心，不仅关心他的身体健康，还关心他的工作状况和心情。他写信给小约瑟夫说："肯尼迪对这份文案工作已经烦透了，因为他的朋友都在服役，且大都是在舰艇上，在作战前线。他觉得自己也应该做点什么，可是，他的背疾和肠胃却阻碍了他。这个时候我们是不是应该帮帮他呢？"小约瑟夫已经成为海军航空兵某大队的一个飞行员，他虽然知道弟弟在与他竞赛，但他还是想拉弟

---

① 比弗布鲁克勋爵：英国内阁大臣、加拿大裔金融家和报业主。曾参与拆散劳合·乔治的战后联合政府。"二战"期间历任飞机生产大臣、供应大臣和掌玺大臣，还曾负责英国驻美战时供应处的监督工作，是丘吉尔的密友。著有《政治家与报纸》《政治家与战争》等。

弟一把。他给肯尼迪提了一个建议,让他去芝加哥海军军官培训班受训。

肯尼迪对这种职业培训很感兴趣,报名以后,他更加刻苦地锻炼身体,不仅完成了有关海军条例和海上经验方面的课程,而且经常进行背部锻炼。可是,背疾却不向他妥协,1942年4月,他不得不休假六个月。他被送进了查尔斯顿海军医院,检查后,医生建议他做手术,但他拒绝了。他只同意通过按摩和运动来治疗,但这样恢复比较慢。住院两个多月后,他实在忍不住了,尚未完全康复就返回部队工作。不久传来了一个好消息:海军部在芝加哥西北大学举行海军军官第二期训练班。肯尼迪第二次报了名,这一次,他的申请通过了,只等报到通知了。

1942年7月下旬,肯尼迪到西北大学海军军官训练班报到。开始几天,他一直很兴奋,但还没过完一个星期他就发现军校可不怎么好玩。他写信告诉兰姆:"同军校比起来,乔特中学简直就是天堂。但是,我会坚持下去的,正如罗斯福总统所说,这件事比你、比我都要大,是全球性的,所以我会坚持下去。"肯尼迪提到这句话是有很深含义的:罗斯福是他的偶像,罗斯福能战胜疾病,成为美国最伟大的总统,他也一定能。或者说,他已经开始为肯尼迪家族的政治目标而努力了。

军校的训练很严格,除了航海技能训练,还有鱼雷艇专项训练。这样的训练是为海军舰队培养专门人才,肯尼迪结业后的工作极有可能是驾驶鱼雷艇。这种舰艇是当时美国海军舰队必备的小型高速水面攻击性舰艇,航速可达41节,以鱼雷作为主要攻击武器。它虽然很小,但对大中型舰艇却有着致命的威胁。它还可以担负巡逻、警戒、反潜、布雷等任务。据说驻菲律宾美军司令官道格拉斯·麦克阿瑟[①]将军被日军围困在巴丹半岛以南的科雷吉多尔岛上,进退不得,最后就是乘坐鱼雷艇从水面上直接突破日军近400海里封锁线的。鱼雷艇最大的优势是速度

[①] 道格拉斯·麦克阿瑟:美国著名军事家、陆军五星上将。"二战"期间历任美国远东军司令、西南太平洋战区盟军司令;战后出任驻日盟军最高司令、"联合国军"总司令等职。

快，机动性强，近距离攻击威力大，就像群狼扑杀野牛一样，让庞然大物葬身海底。但它也有很大的弱点：身躯较小，航行时非常颠簸，而且无法配置中远程攻击武器，一般只配置小口径主炮（反坦克炮）或机炮（小口径速射炮），在作战中主要靠近身搏杀——发射鱼雷攻击，但如果被大中型舰艇逮着机会，在它还没靠近之前，几炮就能将它击沉。因此，作战时鱼雷艇自身的安全问题很大。

肯尼迪努力掌握鱼雷艇驾驶技能，就是希望能当鱼雷艇艇长，并找机会到前线去。他当然知道驾驶鱼雷艇参加战斗的危险性，但这种刺激似乎让他更感兴趣。不服输、敢于挑战是肯尼迪家族的传统，显然肯尼迪已经具备了这种精神。如果能通过训练，他就有机会去前线。他的哥哥小约瑟夫已经驾驶飞机去欧洲参战了，他岂能自甘落后！

肯尼迪的教官知道他身体状况不佳，但对他还是像对其他学员一样严格要求。对肯尼迪而言，这既是对体能的挑战，也是对意志力的挑战。在这样严谨严格的训练中，他靠天赋的交际才能，不断展现他的智慧、热情与幽默，与教官和其他学员相处得很好，并时常给大家带来欢笑。即使在驾舰实操中，他也显得非常轻松愉快。实操还没结束，他就写信给兰姆，与他分享自己的快乐："在鱼雷艇上的工作，确实算得上海军里的大场面。在自己的鱼雷艇上，你就是自己的老板，就像当年在科德角驾驶帆船远航一样。"

1942 年 11 月，肯尼迪从第二期鱼雷艇培训班结业，被分配在鱼雷艇学校担任教官。他对分配很不满意，他希望像哥哥一样去前线，可是不知什么原因，他的请求没有被批准。

父亲一直把肯尼迪家族的希望寄托在小约瑟夫身上，肯尼迪在父亲心目中只能算是预备人员。但肯尼迪也有自己的招数，他的缩写名字中的 F 代表的可是大名鼎鼎的菲茨杰拉德家族，所以他可以理直气壮地去找外公帮忙。菲茨把肯尼迪当作自己的嫡孙，为满足他的愿望而四处奔走。不久，肯尼迪转入现役，加入了海军舰队作战部队。

1943 年 1 月 8 日，肯尼迪接到上级命令，要他带领 4 艘鱼雷艇前往佛罗里达，在巴拿马运河执行巡逻任务。这是他第一次独自率队执行任务，他非常紧张兴奋，还没忘写信给 12 岁的小弟爱德华炫耀一番：我正驾驶着快艇，飞驰在上战场的途中。

肯尼迪的舰队没开一枪一炮就顺利完成了出征任务，这给他带来了晋升的机会。2 月下旬，他被调往正在南太平洋作战的某鱼雷艇中队任职。4 月 14 日，肯尼迪到达太平洋舰队设于西萨皮基地的鱼雷艇中队，终于来到了真正的前线。他被任命为 109 号鱼雷艇（舷号 PT-109）的艇长，负责海岸线巡逻任务。此时美日在太平洋战场交战正酣，肯尼迪认为巡逻只是日常工作，于是向上级申请去听得见枪炮声的战场，以见识战争的真面目。

美国在太平洋战场投入的兵力远远超出了预先的估算。太平洋舰队和太平洋战区总司令尼米兹[①]为了尽快从战略防御转为全线反攻，下达了新的作战计划：越岛进攻新乔治亚群岛（所罗门群岛西部岛屿）。肯尼迪在这一计划中的作战任务是参与大规模的鱼雷艇猎杀行动——截击日军的"东京快车"，也就是日本海军为所罗门群岛及附近岛屿的基地运送军需和兵员的补给运输舰队。这条运输线必须经过一条狭长的水上走廊，即布干维尔海峡东南新乔治亚群岛海湾的水域。日军对这条生命线很重视，派有数艘驱逐舰、护卫艇护航。

肯尼迪到太平洋战场之前，美日在瓜达尔卡纳尔岛（所罗门群岛东南岛屿，简称"瓜岛"）进行了一场大规模争夺战，其激烈程度令人难以想象，可惜肯尼迪没能赶上。此时主战场战役已经基本结束，美日双方都在重新调兵遣将，在新乔治亚群岛及周边调整部署攻防力量。从未真正参战的肯尼迪自然想象不到战争的残酷性，他率艇出航的前一天，给小弟爱德华写信说："打仗也不是很刺激嘛。"可是，危险来袭往往是出人意料的，他事先没有估计到的灾难很快降临到他的身上。

---

① 尼米兹（1885—1966）：美国海军名将、十大五星上将之一，太平洋战争爆发后，他担任美国太平洋舰队总司令、太平洋战区盟军总司令等职务，主导对日作战。战后担任海军作战部部长，一直至 1947 年退役为止。

8月1日，肯尼迪率领PT-109号鱼雷艇随鱼雷艇编队执行完一次不太成功的截击任务后，与另两艘鱼雷艇PT-162和PT-169号继续在布干维尔岛附近巡航。第二天凌晨2点多，日本驱逐舰"天雾"号毫无征兆地出现了，由于距离太近，它没有开炮，而是直接冲向肯尼迪的PT-109号鱼雷艇，一下子把鱼雷艇拦腰劈成了两半。艇上的13名官兵随着一声沉闷的轰响全部落水，其中2名水兵当场死亡，沉尸大海。PT-162和PT-169号鱼雷艇连忙去追击日舰，没顾得上救援。

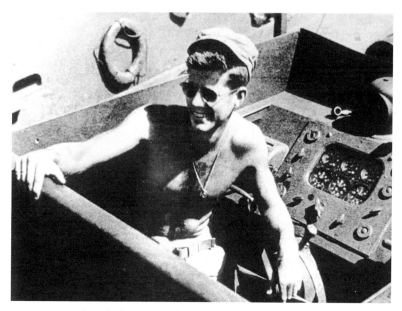

1943年，约翰·肯尼迪在美国海军PT-109号鱼雷快艇上

肯尼迪望见漂浮在海面的鱼雷艇舰艏，有6名士兵抓住了它。他的第一反应是把受伤的落水者救回舰艏边。他首先游向受伤很重的机械师，用牙咬着他的救生包背带，拖着他靠到舰艏处。然后，他招呼另外4个人向舰艏靠拢。他让几个没有穿救生衣的士兵搜寻救生包及从舰艇上散落的木头，大家稍作整理后，向离得最近的岛屿游去。因为鱼雷艇很快就会沉没，不能在这儿等待救援。他们在海上随波漂流，根本望不见陆地。肯尼迪告诉战士们尽量保持体力，始终朝一个方向前进，幸运

的话，即使中途遇不到救援的船只，也会漂到某个岛上。果然，他们在海上漂了五个多小时后，终于发现蔚蓝的海面上有一个巨大的"漂浮物"。肯尼迪让大家加速游向它。大约又游了四个小时后，他们终于靠近了这个漂浮物，原来是一座小岛。

这个荒无人烟的小岛叫普兰布丁岛，上面只有大片大片的海苔藓和丛生的灌木，幸好他们的救生包里还有点食物可以果腹。他们又经历了一次野外生存的考验。两夜一天后，他们在附近找到了一座更大的岛屿——奥拉萨纳岛。肯尼迪率众登岛，隐藏在岛上的椰树林里，躲避着天上飞过的日军战机，同时不断寻找盟军船只的踪迹。

第四天傍晚，他们发现了两个土著人。肯尼迪与他们打招呼，询问怎么回基地。但他听不太懂土著人的语言，就在椰子壳上刻了几行字。土著人看后表示可以带路去那个地方。肯尼迪担心土著人没弄明白，大声说道："伦多瓦！伦多瓦！"这是离此地最近的美国海军鱼雷艇基地，要有船才能去。土著人有一只比独木舟稍大点的小木船，他们带着那个刻了字的椰壳去了伦多瓦基地，向美军指挥部报信。基地指挥官对土著人带来的好消息表示怀疑，他认为艇上的官兵早就死了，因为PT－162和PT－169号鱼雷艇追击日舰后返回去搜救，在附近海域什么也没找到。常识使他无法相信鱼雷艇沉没五天后还有人活着。土著人穿越35海里宽的日军控制水域，冒死前来报信，而这里的指挥官竟然表示怀疑，土著人愤怒了，拿出椰子壳对着这位指挥官大喊大叫，指挥官终于相信并派PT－157号鱼雷艇去营救肯尼迪等人。第六天，当肯尼迪和他的战友们回到鱼雷艇基地时，基地的官兵迎上去，热烈拥抱这11位幸存者，一个个热泪盈眶。肯尼迪后来回忆道："我终于尝到了死亡的滋味。"

前两天基地正好来了两位采访瓜岛战役的战地记者，他们听说了这一奇迹，立刻对获救的海军士兵进行采访。大家七嘴八舌地夸赞肯尼迪，说他遇险后非常沉着冷静，他的坚忍顽强成为大家的精神支柱，所有人都只有一个信念，作为海军战士即便是死，也不能就这样死在海里。战地记者就此事写了一篇专题报道,详细讲述了肯尼迪和他的战友们的英雄事迹。文中有这样一句话:"无畏精神,坚守卓越,直面挑战,砥砺向前,追逐胜利。"这可以说是对肯尼迪事迹的高度概括。这篇报道在美国引起了轰动,肯尼迪一时名声大噪,成为众口称赞的英雄。老约瑟夫看了报道后,感动得老泪纵横,不仅是因为肯尼迪为肯尼迪家族赢得了荣誉,更是因为他经受住了生死考验,变得更加成熟了,也有了担当重任的承受能力。

肯尼迪在基地修整几天后,指挥官准备让他回国接受其他工作,因为他这个艇长已经没有了艇。可是,肯尼迪拒绝回后方,请求让他留在其他舰艇上参加反击作战。盟军在太平洋战场上已经从根本上扭转了局势,开始全线反攻,数百艘鱼雷艇正发挥着重要作用。同时,因为战场上伤亡惨重,舰艇上很缺指挥官,所以,肯尼迪的请求当即被批准了。他担任了PT-1号炮艇(配有小口径主炮的鱼雷艇)艇长,前往隆巴鱼雷艇基地接受新任务。

现在的肯尼迪不仅有了初战经验,还有了攻击力更强的鱼雷艇。这次任务执行得比较顺利,炮艇成功地击毁了日军的运输船和驳船。肯尼迪还准备用舰炮去攻击日军的岸基军事设施。他太爱冒险了,即使是驱逐舰、战列舰都不敢轻易做此设想。还好,肯尼迪在众人的劝说下放弃了冒险计划,他不能不为其他士兵的生命着想。肯尼迪返回基地后不久,被提升为鱼雷艇大队中尉副中队长。

就在肯尼迪准备大显身手、再立新功的时候,他的身体又开始"抗议"了。在热带岛屿生活久了,他的多种老毛病一起发作。他强迫自己坚持工作,可病情越来越严重。背疾疼痛令他整夜无法入眠。他还患有痢疾,并且咳嗽得很厉害。11月23日,在执行任务途中,他感到腹部剧烈疼痛,都快站立不住了,只得前往海军医院接受检查。诊断结果是,他患有十二指肠溃疡和下脊椎慢性椎间盘疾病。这类疾病一般需要手术矫正和长期疗养。这对一个军人来说意味着军旅生涯的终结。12月14日,肯尼迪接到调令,返回美国接受治疗。这张调令也等于告知肯尼迪从此退出现役。

肯尼迪很不甘心，但又无可奈何。不过，即使他不再立下新功，他的英雄名声也已经传遍全国。最直接的影响是在他后来竞选总统的时候，老约瑟夫专门以他的事迹为题材拍了一部电影，名字就叫《109号鱼雷艇》。他希望通过宣传肯尼迪在"二战"中的英勇表现来提升肯尼迪家族的声望及肯尼迪在选民中的形象。最后，他的目的达到了，在一个需要战斗英雄的年代，美国人民对肯尼迪表现出了应有的尊敬和热爱。肯尼迪的弟弟罗伯特在回忆录中写道："这个世界需要的青年品质，并非人生的一个时段，而是一种精神的状态，一种意志的性情，一种想象的品质，一种勇气对于怯懦的战胜，一种冒险欲对于安逸生活的压倒。"

4. 弟承兄业

肯尼迪载誉而归，老约瑟夫自然喜不自禁，不过他最牵挂的人还是长子，小约瑟夫还在欧洲战场作战，不知何时才能凯旋。肯尼迪后参军倒是先回来了，他一脸憔悴，骨瘦如柴，神情恍惚，身上完全没有了入伍前英俊潇洒的影子。当华盛顿的市民们确认他就是从太平洋战场归来的英雄肯尼迪时，他立刻受到了异乎寻常的欢迎。

肯尼迪本该马上住院治疗，但他并没有立刻住进医院，而是先给战友们的家人打电话，替他们报平安。其中包括他曾经救过的那位机械师的太太，这让她非常感动，后来还专门去医院看望了肯尼迪，当面向他表示感谢。一些媒体记者也闻风而动，纷纷前来采访，使肯尼迪无法脱身前往医院。不过，他从记者那里得到了一个好消息，他过去的情人海蒂·拉玛不仅不是间谍，而且还为盟军做了许多有益的事情，并为美国海军献计献策，提出了无线电定向鱼雷的想法。她的前夫弗里茨·曼德尔是澳大利亚的军火大王，无线电定向鱼雷技术就是海蒂和他一起研究出来的，肯尼迪打电话给她表示祝贺和感谢。后来在解决古巴导弹危机

（1962年）后，肯尼迪也专程致电海蒂，感谢她在"二战"时期发明的定向鱼雷技术。他赞许道："若不是你的话，估计我们的屁股已经被炸飞了。"

在接受记者采访时，肯尼迪多次表示，他不喜欢"英雄"这个称呼，因为这是用无数战友的生命换来的；他也厌恶战争，因为它让无数父母失去了儿女，拆散了无数相爱的恋人，破坏了人们美好幸福的生活。直到联邦调查局对他提出警告，他才对自己的言论有所收敛，正好他可以以此为借口，逃避记者们的纠缠。

1944年2月，肯尼迪乘坐飞机去了明尼苏达州的梅奥诊所。医生诊断后建议他做手术，但他还是拒绝了。他不愿意在医院里躺着，盼望早日返回部队，尽管他厌恶战争，但他参战的目的是希望战争早日结束。亲历过残酷的战争，他的思想开始发生了变化。

老约瑟夫专程赶到医院看望儿子，并与医生一起商讨治疗方案。他们讨论来讨论去，最后还是向肯尼迪妥协了，只拟定了一个最保守的治疗预案——待病情好转后，去度假胜地疗养。在医生的努力下，肯尼迪背部的疼痛得到了很大缓解，痢疾、腹疼、咳嗽等基本消除。

不久，肯尼迪回到波士顿看望了母亲，然后和父亲一起去看望外公菲茨。老约瑟夫为庆贺岳丈80岁生日，邀请了近300位客人来参加宴会。这位波士顿前市长仍旧精神矍铄，对外孙肯尼迪的到来满怀期待。他要把这位令他感到骄傲的外孙隆重地介绍给在场的每一个人。肯尼迪一进会场，菲茨就紧紧地抱住他："我已经有一年多没见到宝贝外孙了，这些日子以来，他经受了不少考验，也成熟了不少。"宴会后，菲茨与肯尼迪谈到了对这场战争的看法，以及对他们两大家族的希望，还谈到了小约瑟夫在战场上的表现。早在1915年小约瑟夫刚出生的时候，菲茨就曾对记者说："他一定会成为美利坚合众国的总统。他的父母已经决定让他上哈佛大学，他将在那里打橄榄球和棒球，同时取得所有学术荣誉。然后，他将成为行业领袖，直到他当两三届总统。在他走向总统宝座的道路上，他也许会当一阵子波士顿市市长和马萨诸塞州州长。"

显然，他同老约瑟夫一样，对小约瑟夫寄予了莫大的期望。肯尼迪家族的信条是："第二名远远不够。"所以，小约瑟夫一直都在为争取第一而努力，而肯尼迪也紧随哥哥身后，奋力追赶。

菲茨通过分析自己几十年的从政经历认为，既然肯尼迪已经博得英雄之名，就再无必要带病上前线了，把身体养好比什么都重要。肯尼迪家族的所有成员都在为建立一个政治接班人梯队而打好基础。因此，在小约瑟夫仍在前线搏杀的时候，作为接力队员的肯尼迪理当以培养强健的体魄为首要任务。

与父亲相比，肯尼迪更乐于接受外公的建议。老约瑟夫也认为岳丈的话很有道理，肯尼迪家族决不能有青黄不接的时候。于是，他安排肯尼迪去棕榈滩度假胜地疗养一段时间。

佛罗里达州的棕榈滩不愧为有钱人寻欢作乐的天堂，在外面硝烟弥漫、战事正酣的时候，这里的各种娱乐场所依然歌舞升平，一派欢乐祥和的景象。美国已在欧洲大陆至少投入了150万兵力，在太平洋战场投入的战斗人员也不少于55万。为了赢得战争的胜利，美国可以说下了血本。在棕榈滩见到的一切让肯尼迪感到迷茫和困惑。他到达这里的第二天晚上，去了他熟悉的一家夜总会。过去几年他是这里的常客，如今故地重游，却感受不到往日的快乐和自在。他当着朋友和母亲罗斯的面，把在这里贪图享受的上层社会风流人士大大挖苦了一番。罗斯写信把肯尼迪的情况告诉他的兄弟姐妹，她在信中说："他还是那个样子，穿着最旧的衣服，吃饭仍然迟到，身上还是没有钱。他甚至让浴缸里的水溢了出来，就像他小时候的习惯一样。"她没有多谈他的病情。但是，肯尼迪的朋友们与他母亲的看法完全不同，他们明显地感觉到，战争在素来放荡不羁的肯尼迪身上留下了深刻的烙印，他已然是个真正的军人了。

在棕榈滩疗养半个月后，肯尼迪受邀去了纽约。著名作家兼战地记者约翰·赫西对肯尼迪"荒岛求生"的故事很感兴趣，准备在采访肯尼迪后写一个剧本。肯尼迪对写剧本也很感兴趣，还差点混进了娱乐圈。他们见面一经交谈就成为好朋友，仿佛故交一般。赫西问肯尼迪："你的荒岛求生故事让我感动，是否可以将此事如实写进剧本？"肯尼迪没有当即表态，因为他父亲已有这方面的安排，因此，他给父亲打电话征询意见。老约瑟夫认为，包装英雄的作者当然是越多越好，这样更有利于提高肯尼迪家族的威望，为将来实现政治目标搭桥铺路。现在有赫西这样的名家来揽此事，自然是求之不得。

访谈结束后，肯尼迪没有再去棕榈滩，而是同意做手术。

1944年6月11日，他住进了切尔西海军医院，进一步确诊后，转到了新英格兰浸信会医院。6月23日，莱希诊所的一个医生给他做了手术。肯尼迪对手术很满意也很乐观，希望自己还有机会重返部队。8月初，他又转回到切尔西海军医院。经一位神经外科医生复查，他的椎间盘破裂问题依然存在，可能已经致残。这一诊断给肯尼迪带来了沉重的打击，他对自己的军旅生涯、政治前途产生了从未有过的担忧，甚至对自己还能活多久都很忧虑。正如哲人所言，变化让我们成熟，但它首先让我们痛苦。人生中最重要的变化，一定伴随着巨大的焦灼和忧虑。

就在肯尼迪陷入情绪低谷的时候，从欧洲战场传来了小约瑟夫牺牲的噩耗。小约瑟夫在欧洲战场主要担负英吉利海峡上空的反潜巡逻任务。1944年8月12日，小约瑟夫奉命去轰炸纳粹德国设在比利时的V-1地对地导弹发射架。他驾驶的是美国海军PB4Y型轰炸机（"解放者"陆基巡逻轰炸机），机上装有1000公斤炸药。起飞前，有个电子机械师提醒他，机上的遥控装弹系统可能有故障，多种因素如"无线电静电、信号阻塞、过度震荡、过度湍流、敌方无线电信号"，都可能提前将装好的炸药引爆。小约瑟夫不怀疑有这样的可能性，但他对自己操控飞机的技能十分自信。因为他在训练基地的受训成绩名列前茅，而且他参战以来已经完成了30次飞行任务，所以他没有太在意这个遥控装弹系统问题。

按规定，海军飞行员完成30次飞行任务就可以回家，小约瑟夫完全有资格回家。但是，自"霸王行动"计划①实施以来，盟军在欧洲大陆势如破竹，眼看就要取得最后的胜利，他不甘心在胜利到来之前回家，而且他不愿在建立军功上落后于肯尼迪。因此，他主动请缨，要求完成这次危险的轰炸任务。小约瑟夫驾机起飞后，仪表显示一切正常。这次轰炸他要完成这样的动作：飞机升空到一定高度，保持水平飞行，在即将接近目标时启动电子遥控装弹系统装弹，同时进入自动导航程序，然后他和副驾驶一起跳伞。飞机在无人操控的情况下，飞向遥控系统事先设置好的轰炸目标。

然而，小约瑟夫的飞机刚飞到英吉利海峡上空就爆炸了，他和副驾驶被炸得粉身碎骨。对于飞机提前爆炸的原因，人们对上面提到的诸多引爆因素一一分析排除，认为最大的可能性是某种（比如雷达）无线电频率信号干扰所致，但是当时美军的所有地面雷达都是关闭的（不排除英军没有关闭雷达）。由于军方没有说明具体原因，所以一般认为是德军雷达超强的脉冲波使飞机上的电子遥控装弹系统提前启动，引爆了炸弹。无论如何，小约瑟夫都为国家、为赢得这场战争而光荣献身了。老约瑟夫闻此噩耗，悲痛欲绝，他对一个朋友说："你知道我把自己的绝大部分生命都与他联系在了一起。"按照世家传统，长子是家族的当然继承人，而小约瑟夫对政治非常感兴趣，他身体健壮，从小就是品学兼优的样板生，但无情的战争打碎了老约瑟夫的如意算盘。

小约瑟夫牺牲了，他所背负的所有期望和责任都将由肯尼迪继承。子承父业，弟承兄业，就像一幅前仆后继的从政序列图。哥哥的死不仅使肯尼迪心中产生了一种可怕的失落感，也使他产生了巨大的责任感。他后来回忆说："我的哥哥约瑟夫是一家中从政的当然人选。如果他活着，我会继续当作家。如果我死了，我弟弟会当参议员。如果他出事，

---

① "霸王行动"计划：分为"刚毅"（欺骗行动，让德军误以为盟军将在加来地区登陆而采取的一系列行动）和"霸王"（即诺曼底登陆作战及之后的建立登陆点、扩大登陆范围、稳定等行动）两个计划。它是"二战"中规模最大的登陆作战，结果也是相当成功的，使德军从此陷入盟军和苏军的两面夹击。

我的另一个弟弟会为我们去竞选。"

巨大的悲痛还未过去，不到两周，欧洲战场再次传来噩耗。肯尼迪的妹妹凯瑟琳新婚不久的丈夫哈廷顿勋爵在法国作战时，遭德国狙击手袭击，中弹身亡。"二战"让肯尼迪家族为国家付出了沉重的代价。但是，老约瑟夫仍没有放弃他为家族设计的政治理想。肯尼迪成了这个家族新的希望，他不得不接过哥哥未竟的事业，准备步入政坛。

1945年3月1日，肯尼迪的名字出现在海军退役人员名单上，他正式退役了。4月12日，就在德国法西斯正式宣布投降前夕，肯尼迪的偶像罗斯福总统因脑溢血去世，这让肯尼迪的心灵再次受到创伤。罗斯福总统的逝世对肯尼迪有什么直接影响吗？没有！但老约瑟夫意识到，在彻底失去了这位靠山之后，肯尼迪的仕途会走得更加艰辛。所以，他下达了"总动员令"，肯尼迪家族的所有成员都必须支持帮助肯尼迪跻身政界。

肯尼迪感到自己肩负的担子十分沉重，他不得不从悲痛、失落、忧虑中走出来，负重前行。在肯尼迪的政治生涯中，老约瑟夫被工作人员称为"老板"，他对于白宫的执着和渴望远远超过任何一个儿子，他的诀窍就是：钱，钱，钱！因为钱是他唯一可以凭借的力量。他自己曾说："我出的钱足以把我的司机选进国会。"而肯尼迪在后来有了一段从政经历之后则说："我发现，理想的政治与希腊人给幸福下的定义非常吻合——'以卓越为标准，在生命价值的范畴内充分运用你的力量。'"

第四章　初入政坛显锋芒

1. 当选众议院议员

在老约瑟夫发布家族总动员令后,已经退役的肯尼迪的当务之急是要谋到一份公职,这对竞选议员或者州长、市长是非常必要和有意义的。可是,第二次世界大战已经结束,成千上万的退役军人都需要一份工作,就业非常困难。由于战争期间男人们上前线打仗,许多家庭妇女被动员起来加入劳动大军,她们在战争中认识到了自身的价值,思想得到了解放,战争虽然结束了,但她们依旧坚守自己的"阵地",在劳动力方面甚至在军队方面起着更持久、更重要的作用。换句话说,妇女们相信她们能做许多男人所做的工作,而不必重新回到家庭中去。

而美国经济受大萧条和"二战"的影响,有的行业迅速凋敝,有的行业则一夜暴富,财富过于集中在少数人手里,成为他们支配美国经济、登上政治舞台的根本保障。那些从战场上归来的年轻人,原有的"坐办公室,挣大钱"的美梦破灭了,他们因此感到孤独、彷徨、无奈,并且对传统价值观十分蔑视。这样的环境正在孕育出"美国二战后的一代",后来的文学作品如《麦田里的守望者》称他们为"垮掉的一代"。

在这样的社会背景下,肯尼迪无疑是一个幸运儿。这除了他个人的努力和运气之外,很大程度上是靠他父亲的财富支撑。1946年对肯尼迪来说是一个幸运年,当他急需在政界谋求一个职位的时候,这个职位就出现了——马萨诸塞州有一个代表波士顿第11选区的众议院议员席位。前议员詹姆斯·迈克尔·柯利准备竞选波士顿市市长，如果他当选市长，就必须辞掉州众议院的议员职位。但詹姆斯曾是肯尼迪外公的政敌，而且对肯尼迪家族毫无好感，他肯定不希望肯尼迪选上议员。所以，这个职位并非手到擒来，还要看竞选如何运作。

为了得到这个职位，肯尼迪家族不得不为他们厌恶的人拉竞选市长的选票，因为只有詹姆斯选上了市长，议员的席位才能空出来。在一次两大家族的会议上，老约瑟夫提出要大力支持詹姆斯竞选波士顿市市长，他的岳父菲茨第一个站出来反对说："我宁愿支持一个白痴去当波士顿市市长，也不支持柯利这个混蛋！"老约瑟夫问肯尼迪有何看法，肯尼迪回答说："妥协和斗争都是政治需要。要想众议员位置空缺，我们需要妥协。"老约瑟夫觉得儿子已经具备较长远的政治眼光，对他大加赞赏。其实他自己也感到很憋屈，这是他第一次帮助自己的政敌。

肯尼迪家族的影响力在这次竞选中充分显现出来，原来反对詹姆斯的那些人，见老约瑟夫也帮他说话，也把选票投给了他。詹姆斯顺利当上了市长，但肯尼迪能否接替他成为议员，还有很大变数。让肯尼迪充满信心的是，波士顿第11选区是肯尼迪家族最理想的政治土壤，已经至少有两代人在这里打下了根基。而且，他父亲舍得在这方面大把大把地撒银子。

老约瑟夫成功地运作了第一步，而下一步——让肯尼迪选上议员，才是他要达到的真正目标。他虽然辞去了驻英大使一职，但仍是东波士顿马弗里克广场的哥伦比亚信托银行总裁。在有钱好办事的社会里，他可以为肯尼迪的竞选组织起强大的班子，让他们在波士顿其他选区拉选票。"我们要像推销肥皂片一样推销肯尼迪。"接着，他就着手进行马萨诸塞州国会选举史上空前规模的广告活动。

因为除了第11选区，其他地区对肯尼迪家族成员总是高高在上的样子很看不惯，毕竟波士顿很有钱的家族是少数。平常瞧不起平民百姓，选举的时候施点小恩小惠，能有多大作用呢？幸运的是，老约瑟夫赶上了关键的时间点，战后急需救济资助的人有很多，他在这个时候雪中送炭，不管出于什么目的都是大受欢迎的。比如，查尔斯顿是一个很大的港口，居民大部分是爱尔兰码头的工人及其家属，属于下层社会平民，他们一向讨厌富人，肯尼迪家族自然也在其中。萨默维尔是生产工人区，那些工人和肯尼迪家族没有任何接触和往来，也就谈不上要不要支持肯尼迪了，再如坎布里奇地区，居住的大部分是自由知识分子，他们对政治没有多大兴趣，谁当选议员对他们来说都一样。这几个地区的一个共同点是，他们中有太多的人需要救济，所以老约瑟夫的钱就起到了比较神奇的作用。他让三子罗伯特出面，宣布以肯尼迪的名义设立肯尼迪基金，用以救助残疾儿童。选举前后，肯尼迪家族向社会做出的各种捐献高达数百万美元。许多妇女感动得直流眼泪，同声称赞肯尼迪道："啊，多么圣洁、多么善良的年轻人！"

肯尼迪的竞选经纪人是狡黠的约瑟夫·凯恩，他是肯尼迪的表叔。在第11选区，认识人最多的是凯恩，因为他是在东波士顿的弄堂里长大的，对于如何向第11选区推销肯尼迪有着自己的高见。为了争取退伍军人的支持，肯尼迪担任了新组成的小约瑟夫海外战争退伍军人分会会长，这是成为一个政治家的基地。凯恩提出了一个相当有魅力的竞选口号——新一代献上一位领袖。这样立即迎合了具有相当数量的自称"新一代"的美国人的胃口。

为了帮助肯尼迪竞选，他外公和父亲都亲自出马。无论是在波士顿，还是纽约、华盛顿，肯尼迪家族和菲茨杰拉德家族都有广泛的人脉关系，现在可以利用这张网来为肯尼迪出点力了。这两个家族有着共同的认识：一个合理的选择就是政治。在罗斯福总统推行"新政"，向天主教徒和犹太人开放政府要职后，他们都希望能在政治地位上更上一个台阶。肯尼迪的外公菲茨已经老态龙钟，但仍通过电话和书信向政界曾经的同事朋友请求帮助。老约瑟夫更不用说，他找遍了商界、政界、外交界以及新闻媒体能提供帮助的朋友。后来，当有人问老约瑟夫在他儿子竞选国会议员中起了什么作用时，他回答说："我只是一个拜访人。

我和我认识的人保持接触。"

肯尼迪的母亲罗斯一向高傲,很少参加政治性活动,这次她也一反常态,穿着普通服装意外出现在波士顿市北角的一个妇女集会上。她向妇女们介绍她的家庭:她含辛茹苦地带大9个儿女,大儿子在空战中为国捐躯,二儿子曾经在海战中失踪,做母亲的是多么牵肠挂肚……这里全是中下阶层的民众。当天晚上,罗斯又身着盛装,戴着名贵的珠宝首饰,出现在波士顿市切斯纳特希尔的妇女集会上,面对贵妇们,她讲的是老约瑟夫大使在伦敦白金汉宫与英国国王会见。她拉拢讨好这些人,显然都是为了让儿子在竞选中获胜。

肯尼迪对朋友费伊说:"爸爸现在就已经准备就绪,他无法理解为什么肯尼迪小子却不是'全速前进'。"其实,肯尼迪也非常努力,他几乎每天早上6点30分起床,连续14~18小时一直在工作,经常是手扶拐杖。在一个冷飕飕的秋天的早晨,他来到查尔斯顿码头,站在大门口迎接来上班的码头工人。另一天早晨,他又站在马弗里克广场上向过路人问好。他访问查尔斯顿的三层住宅,和退伍军人一起游行到精疲力竭。他一直在极尽所能地推销自己,从竞选一开始就在全速前进,尤其把他对女人的吸引力发挥了极致。他常常说:"妇女的力量,是未开发的资源。"在妇女中间,他如鱼得水。

有一次,在坎布里奇海军准将旅馆举行了有1500人参加的"波士顿茶会",会上,肯尼迪风度翩翩地站在大厅中央,成千双漂亮的、迷人的、清澈如水的、温柔的眼睛跟着他转。他诱人地微笑着致辞:"年长的女人将作为我的母亲,年轻的女人将作为我的密友……"他风趣而不低俗,亲切而不轻浮,博得了妇女们由衷的赞叹和阵阵掌声,甚至有人发出兴奋的尖叫声。高潮往往出现在茶会散场时,肯尼迪亲切地和每一个到会的女子握手,还和一些疯狂的崇拜者吻上一吻!

某日,肯尼迪参加一次捐款秀。在疗养院的奠基仪式上,肯尼迪当着众多新闻记者的面,将60万美元的支票交给波士顿的大主教。他说:"我代表我的父亲约瑟夫·乔·肯尼迪捐献60万美元,为残疾儿童修建以我的英雄哥哥的名字命名的疗养院……"这让人们有机会一睹年轻、帅气而又富有同情心的海军英雄、亿万富翁之子肯尼迪的丰采。新闻记者给他拍了很多照片，登载在大小报刊上。照片下面还有一段文字介绍："约翰·F. 肯尼迪上尉是约瑟夫·乔·肯尼迪的儿子，是最近退役的南太平洋上的鱼雷艇英雄。他是从一个军人的角度来报道旧金山会议的。战前他写过畅销书《英国何以沉睡》。"

对于老约瑟夫来说，家族名声是头等大事。"提高肯尼迪家族形象的欲望是这个谜团般人物的动力所在，"有位传记作家写道，"而他在创建恰如其分的形象方面所表现出来的能力是惊世骇俗的。"选举投票前夕，一本印刷精美的书《我所记得的小约瑟夫》公开发行，作者是约翰·F. 肯尼迪。他不写自己而写哥哥，没有自我吹嘘之嫌。而且小约瑟夫已经牺牲，作为抗战英雄，他的事迹应该载入史册。这本书充满了忠诚爱国、慷慨激昂的情调，既是为了追悼逝者，更是为了树立生者；既是为小约瑟夫、为整个肯尼迪家族树碑立传，更是为众议员竞选人——肯尼迪自己增光添彩。过去，肯尼迪家族将希望寄托在小约瑟夫身上，其实他与肯尼迪相比，就性格和人缘来讲，远比不上肯尼迪。肯尼迪认为在人际交往中，有一部分本身就是一种政治关系。而且，他对政治关系的理论研究也比较深刻，即使是在战争时期，他仍不断地思索着政治和国际关系问题。他对政治的理解非常独到、新颖而深刻。如果他当选了，将成为美国政坛的"新一代"。

为了保险起见，老约瑟夫决定统管竞选。他亲自掌管竞选经费，亲自会见并雇请主要的竞选工作人员，亲自做出大部分关键的决定。约瑟夫·凯恩则负责日常工作。家族成员个个全力以赴，竭尽所能。机智灵活、野心勃勃的肯尼迪家族全方位出击，不仅赢得了民主党人的初选，还击败了实力强大的共和党对手，果然把他们家族的政治新星肯尼迪"像推销肥皂片一样"推进了国会，成为一名国会议员。

这一战绩，老约瑟夫应居首功。他瞄准目标、运筹帷幄、周密策划、精心布置，使肯尼迪家族终于如愿以偿。初战告捷，只是小试锋芒，更大的挑战还在后头！老约瑟夫对肯尼迪说："你到政坛上跳去吧！我还得干我的老本行——赚钱。要知道，竞选总统需要投入比这次多得多的金钱！"

肯尼迪顺利步入政坛，但他似乎没有父亲那么高兴，而且他一改开朗豪爽的个性，变得沉默寡言，不拘小节。在国会的餐厅里，他时常身着毛衣，脚穿运动鞋。他把衣服、纸张和钞票乱扔，需要他的仆人和秘书跟在后面收拾。他不喜欢拍人背打招呼，也不跟人热烈握手，更糟糕的是，他经常在开会的时候迟到、缺席，朋友们把他说成是一个焦急而厌烦的年轻人，不知是想标新立异，还是因为年轻不懂规矩。

不过，在国会里他是一个胆子比较大的勇士。他对政治进程、福利国家和社会化医疗提出了坦率的疑问。他感兴趣的一个职务是劳工和教育委员会委员。他在委员会里质问证人时充分体现了他的才华，他的陈述确凿而且直截了当。后来，国会审议波士顿市市长詹姆斯·迈克尔·柯利的受贿一案，绝大多数议员都同意宽恕他，只有肯尼迪坚持依法处置。因此，有人认为肯尼迪勇气可嘉，但是个极不成熟的政客。不过这并不妨碍肯尼迪于1946年被评为美国十大杰出人物之一。

2. 打造参议员新形象

肯尼迪在国会任职期间，美国国内和国际形势再次发生剧烈的变化。在外交政策方面，肯尼迪紧随他的父亲、天主教会和当时的形势，提出了新的见解和主张。"二战"结束后，世界政治格局变得很微妙，同盟国不仅分化解体，而且为争夺战后利益和霸权，进入"冷战"状态。肯尼迪在几年前就对国际局势进行过分析，写了一篇题为"让我们尝试一个和平试验"的文章，希望以此为战后的稳定做出贡献。但是，很多人认为在战后呼吁和平是多此一举，《读者文摘》认为文章太过"教训人"。《大西洋》月刊的编辑则认为它"将一个非常复杂的问题过于简单化了。这里需要一些深刻的思考，不应依据陈腐思想下结论"。

因为军备限制、裁军和建立世界政府,都是争取战后和平的方案,罗斯福总统和同盟国的几个大国首脑早就筹划好了。但事实上,肯尼迪文中的观点不仅不陈腐,反而非常新颖和超前。

战争刚刚结束,肯尼迪就认为新的战争很快就会开始,这并不是妄言,他所说的不只是军备限制、裁军和建立世界政府的问题,他要阐述的观点是,不管人们怎样限制,签订怎样的协约,争霸战依然而且必然会进行下去。"二战"结束前夕,美、英、苏三巨头在雅尔塔举行高峰会议,世界格局被重新划分。肯尼迪认为已经形成以美苏为代表的两大阵营——共产主义与资本主义。"冷战"的局面使共产主义和资本主义

1945年2月,(左起)丘吉尔、罗斯福、斯大林在雅尔塔进行了第二次也是最后一次为打败轴心国并为欧洲未来勾勒蓝图的会晤

难以在同一个天空下和平共处，这也就意味着美苏的竞争已成必然之势（他忽略了发展中国家）。

在美国国内，最大的思潮是约瑟夫·R. 麦卡锡①提出的全面反共思想，使美国陷入"红色恐怖"之中。从那个时候开始，美国与（新）中国就一直不对付。肯尼迪家族与麦卡锡的关系非常密切，但肯尼迪对中国的态度没有麦卡锡那样激进，他把主要矛头对准了苏联，认为这个国家才是美国最大的威胁。但如果要与苏联竞争，美国就必须努力成为一个超过苏联的强权国家，如此，美国的中立原则就完全丧失了。同样糟糕的是，美国的这种做法必然会占用国内生产企业的资源，占用为回国退役军人创造就业机会的资源。肯尼迪担心，努力"与苏联这样一个国家竞争，无期限地维持庞大军事力量"，还将毁灭美国的经济和民主，"民主在军营里睡不踏实"。

这个时候，老约瑟夫为了实现肯尼迪家族的政治目标，决定与麦卡锡做交易，这让肯尼迪对麦卡锡产生了反感。他知道美国人民面对的"红色恐怖"是怎么回事，但无法把他们从恐怖中拯救出来，所以他没有站出来反对麦卡锡主义②。他在议会里试图独树一帜：嘲笑自由派的空想社会改良家，反对为医院建设提供资金，反对给农村合作社以联邦资助，反对给纳瓦霍族③和霍皮族④印第安人以援助，反对在那些没有公共图书馆的地区通过借贷去建造，反对禁止雇用歧视的法案。他认为这些法案都不符合资本主义经济发展规律，有损国家利益。但他赞成扩

---

① 约瑟夫·R. 麦卡锡（1908—1957）：美国政治家，共和党人，极端的反共产主义者。"二战"时加入过海军陆战队，战后被选为参议员，帮助艾森豪威尔当选美国总统。还担任过政府活动委员会的主席。

② 麦卡锡主义：指1950—1954年间肇因于美国参议员麦卡锡的美国国内反共、极右的思潮，它恶意诽谤、肆意迫害疑似共产党人和民主进步人士甚至有不同意见的人，影响波及美国政治、外交和社会生活的方方面面。麦卡锡主义作为一个专有名词，也成为政治迫害的同义语。

③ 纳瓦霍族：美国西南部的原住民族，印第安人中的最大一支，20世纪晚期约有17万人。散居于新墨西哥州西北部、亚利桑那州东北部及犹他州东南部。

④ 霍皮族：美国联邦政府认可的一个美洲原住民部落，主要生活在亚利桑那州东北部方圆6557平方公里的霍皮族保留地。

大社会保障福利，制定最低工资法，以及制定给予穷人医疗照顾的折中法律。他最大的愿望是负责劳工和教育方面的事务，并开始关心劳工的生活和教育问题，以及回国的退伍军人的住房条件。总之，他的政治倾向性和他所在的民主党基本一致，凡是符合民主党利益，凡是有利于他的选民的任何法案，他几乎都投票赞成。同时，他又宣布对民主党的国会领袖和他的父亲保持独立性（政治独立和经济独立），这也表明了他的政治野心，因为他不会因为党派和他那非常富有的父亲而改变自己的政治立场。

其实，"二战"结束后的头几年，美国的政治走向并不十分明确，肯尼迪最初采取的是中间道路。当时政府中的很多人士对苏联行动的怀疑情绪正日渐加深，国务卿乔治·马歇尔①向杜鲁门②政府提出了一个欧洲复兴计划，即美国对被战争破坏的西欧各国进行经济援助、协助重建的计划。不过，当马歇尔计划开始实施的时候，美苏的战时同盟关系还没有结束，"冷战"也没有真正开始，人们对苏联的恐惧也不太强烈。

从1946年起，麦卡锡不断鼓吹他的反共思想，在美国制造了一个焦虑的时代。人们隐约感受到一些西欧国家的共产党权力及声望的增长神速，令人不安。在法国、意大利、南斯拉夫，战后的普遍贫穷为共产党势力的扩张提供了充分的养料。而这些国家的共产党在本国战争期间的反抗斗争中起到的重要作用，又使其声望急剧上升。在这些国家战后的选举中，共产党取得了普遍的成功。共产主义思想理论的奠基者马克思曾说，"无产阶级是资本主义社会的掘墓人"，所以资本主义国家把共产党视为最大的敌人。杜鲁门总统及其政府开始向国民暗示他们已经

---

① 乔治·马歇尔（1880—1959）：美国军事家、政治家、外交家，陆军五星上将。在"二战"中，他为罗斯福总统出谋划策，坚持先攻打纳粹德国再攻打日本，为美国在"二战"的胜利做了不可磨灭的贡献。战后出任美国国务卿、国防部部长，以提出"马歇尔计划"而闻名。1953年获诺贝尔和平奖。

② 杜鲁门（1884—1972）：美国民主党政治家，第32任副总统，随后接替因病逝世的罗斯福总统，成为第33任美国总统。

注意到了两大阵营形成的可能性和对立关系。同时，他通过出现在温斯顿·丘吉尔著名的"铁幕演说"①现场这一耐人寻味的举动，表明美国必须在世界面前坚定它的立场，以不丧失其作用。美国采取的遏制政策是向非共产主义国家提供援助，如此一来，马歇尔计划的实施就变得更加迫切了。但也存在一些疑问，像法国、意大利等国都有共产党活跃在政治舞台上，要不要为这些国家提供援助呢？

1947年夏，肯尼迪计划到欧洲旅行，一方面研究马歇尔计划在第二次世界大战后还处于恢复过程中的欧洲的运行情况，另一方面则是回爱尔兰寻根。老约瑟夫总是对外界声称自己是一个"新英格兰好人"，是一个与自己的故土彻彻底底没有联系的美国人。那么，他的儿子肯尼迪更和爱尔兰没有多大关系了。老约瑟夫在许多公开场合谈到肯尼迪的祖籍时，总是带着戏谑的口吻说："他是一个美籍英格兰人。"他说的英格兰是指英国，而不是美国的新英格兰。但有人想拿肯尼迪的祖籍大做文章，有一次，波士顿的一家报纸特意提到肯尼迪的祖籍问题，老约瑟夫看后非常生气，怒斥道："我是在这个国家出生的！我的孩子们也是在这个国家出生的！到底要怎么做才能成为美国人？"

既然肯尼迪家族对祖籍爱尔兰这么忌讳，肯尼迪为什么还要作一次回乡旅行呢？这当然是出于政治目的。肯尼迪竞选议员的时候，他所在地区的美籍爱尔兰人都不大愿意支持他，这迫使肯尼迪家族开始走下层路线。他此行似乎是为了证明他与所有美籍爱尔兰人血脉相连，而且他也想弄清楚曾祖父和外公的父亲在爱尔兰到底是什么身份。老约瑟夫的祖父移民北美洲之前，爱尔兰属于英国的殖民地，所以他说他的祖籍是英国也说得过去。爱尔兰（不包括北爱尔兰）在1922年才从英国的殖民统治中独立出来，成为一个拥有独立主权的国家。

---

① 铁幕演说：1946年3月5日，英国前首相温斯顿·丘吉尔在美国富尔顿城威斯敏斯特学院发表的反苏联、反共产主义的演说，演说中使用"铁幕"一词攻击苏联和东欧社会主义国家"用铁幕笼罩起来"，因此被称为"铁幕演说"。"铁幕演说"也被认为是正式拉开了美苏"冷战"的序幕。

肯尼迪的这次探访之旅，算是公私兼顾。他的妹妹凯瑟琳在英国陪同他出行。他这位曾经当过记者的妹妹身上"美籍英格兰人"的味道大大超过了他。凯瑟琳在"二战"中牺牲的丈夫哈廷顿是真正的英格兰德文郡贵族，他死后，德文郡的人都对凯瑟琳敬爱有加，她仍可以在利斯莫尔城堡豪华庄园过着自由自在的生活。她邀请肯尼迪到利斯莫尔城堡做客，并为他请来前外交大臣安东尼·艾登①、丘吉尔的前儿媳帕梅拉，以及英国的其他社会名流和政界大佬。他们将讨论国际政治格局以及马歇尔计划的实施情况等重要话题，不过，这些政界大佬见到这位已满30岁的国会议员时，惊讶地发现他竟像一位还未毕业的大学生，而且他的穿戴过于"休闲"，完全没有一点议员所必备的庄重、严肃。

肯尼迪的秘书玛丽·戴维斯见客人们很诧异，连忙解释说："年轻的肯尼迪先生正在努力打造美国新一代议员形象。"

进入正式谈话后，肯尼迪将自己的智慧、魅力和语言表达能力超水平发挥出来，让传统的英国政客们刮目相看，觉得他是美国政坛正冉冉升起的一颗新星。

接下来的一段时间，肯尼迪想去爱尔兰沃特福德的新罗斯小镇寻访生活在那里的远亲，这是他的姑妈在信中告诉他的地址。凯瑟琳知道那个地方简直就是穷乡僻壤，而且路途遥远曲折，她宁可留在城堡陪客人们冒着酷暑打高尔夫，也不愿去那里寻亲。肯尼迪只得恳求帕梅拉陪他去，他相信自己在女性面前有这样的魅力。果然，帕梅拉愿意陪他跑一趟，并且是开着凯瑟琳那辆大型旅行车去。从埃克赛特到爱尔兰沃特福德的那个小镇，先要坐汽车轮渡穿过圣乔治海峡到基尔莫尔码头，再开车到沃特福德的新罗斯镇。帕梅拉称之为一次意想之外的冒险旅行。

他们一大早就乘上了轮渡，到达基尔莫尔码头时，肯尼迪发现这里只是一个落后的小渔村，除了码头，根本看不出它是一个城镇。肯尼迪

---

① 安东尼·艾登：英国政治家、外交家，"二战"期间曾任英国国防委员会委员、陆军大臣、外交大臣和副首相等职。战后担任过英格兰伯明翰大学校长，1955年出任英国首相。

心想，或许当年曾祖父就曾在这个镇上干过活，说不定他的木工手艺是从这里学到的。这里不是肯尼迪的祖屋所在地，他们要沿海岸继续向东北行驶80公里左右才能到达新罗斯镇。沿岸的风景很美，但道路崎岖不平，他们无意欣赏沿途的风景，匆匆赶路，到了新罗斯镇向当地人打听，才得知镇郊的村子边上有一栋白墙红瓦的小农舍，那就是姓肯尼迪的人家。

肯尼迪一行在鸡鹅的欢叫声中，来到一位30多岁的妇人面前。当她得知客人是从大西洋海岸另一边来的亲戚时，脸上显露出又惊又喜的神情。她先把客人引进房舍旁边一间用茅草搭建的凉棚里，然后把她的丈夫从地里叫回来，大家坐在一起喝茶。

无疑，他们正是肯尼迪家族的一个支系。肯尼迪见到了从未谋面的远房亲戚和他们的6个孩子，心里非常高兴。他们跟肯尼迪谈到了从父辈那里听来的关于帕特里克的一些往事，并确认他是一个有手艺的农民。不过，他居住过的房子早已不在了，也不知哪一堆石头是他家的房基。肯尼迪觉得他们好像还生活在曾祖父那个时代，一个多世纪过去了，但他们的时间和生活是静止的。肯尼迪问他们有什么愿望，他能为他们做点什么。他的亲戚说，他最大的愿望就是孩子们能健康长大，将来有力气下地干活，不过现在需要帮忙的是用旅行车带着孩子们绕村子转一圈。肯尼迪没想到他们的要求竟如此简单，他很乐意做这件事，让孩子们都开心一下。

返回德文郡的时候，天色已晚，他们已经错过了晚餐时间。凯瑟琳认为不应该丢下尊贵的客人去探望那些穷亲戚，而且去了那么久，她非常生气，尖酸地问道："亲戚家有浴室吗？"不过，帕梅拉倒是感到兴奋、快乐，认为这是一次非常有益的经历，但她不知道是什么魔力让她有了这般心情。后来，肯尼迪与帕梅拉成为非常要好的朋友。

肯尼迪在欧洲转了一圈，感触良多。在国际问题上，他对欧洲的政治局势和经济复兴都有自己独到的看法。他认为军备竞赛的背后是经济实力的竞争，而欧洲各国的经济发展很不平衡，以美国自身的实力，很难带动欧洲的经济复苏。不过他忽略了一点,军备竞赛所带来的经济效益也是不可低估的。美国在两次世界大战中获得了不少好处,从某种程度上,可以说是战争推动了美国经济的快速发展。冷战是另一种战争形式,美国怎么可能错失良机呢?

肯尼迪回国后,又去亚利桑那州调研劳工问题,与芝加哥的百万富翁帕特·兰南交上了朋友。兰南提醒他,劳工将是国家的一支非常重要的力量,你不能不关注他们。他还送给肯尼迪很多有关劳工和劳动法的书,肯尼迪非常感兴趣,每一本都细心研读。而且,肯尼迪在调研中发现,国内的经济状况并不太好,很多工人由于工资增长幅度不及1946年6.5%的通货膨胀率而罢工游行。有什么办法能刺激美国经济呢?肯尼迪经过分析思考,在1948年投票赞成加强空军力量而不是减税,赞同整个马歇尔的欧洲复兴计划,尽管实施该计划需要高达170亿美元的贷款和捐赠,但却很有必要且意义深远。其中自然也包括了大力发展军事工业,以应军备竞争之需。这一年,苏联又进行了一次核试验,杜鲁门总统听到这个消息后,十分沉重地说:"这就是说,我们一刻也不能耽误了。"

1949年,老约瑟夫为了积累更多资金,以实现家族政治目标,与爱尔兰房地产商约翰·雷诺兹联手,进军曼哈顿的房地产开发。这一年,他为7个子女建立了另一项信托基金。尽管人们不能确切知道肯尼迪家族的财产数目,但大致估计在全美能够排到前十。老约瑟夫和夫人罗斯都不是喜爱奢侈生活的人,自从他发布家族总动员令后,基本上没有买过生活奢侈品,也没有更换新的汽车和修建别墅。他们的钱主要用于家庭,特别是他们的儿子及其事业。

肯尼迪和妹妹尤妮斯住在乔治城的住宅里。乔治城住的大都是英国移民,其中多数是贵族和富豪,是"典型的美国人"。肯尼迪生活在他们中间,也不能不"美国化",包括生活品位和习俗。同时,他又得以全新的形象出现在中下层平民中间。可是,就在肯尼迪希望在国会有所建树的时候,他身体的某个器官开始"造反"了,被送进了医院。经检查确认，他患了阿狄森氏病（肾上腺皮质功能减退症）。这使他1949年的计划多半都落空了，只有写书没有被耽搁。

由于科技高速发展，医学界发明了一种新药可的松，可以补偿肾上腺不足，以分泌激素。这对肯尼迪来说是个喜讯，他的病情得到控制后，终于撰写完成了他的《勇者之像》。这是一本传记题材的书，里面提到的都是非常具有政治胆略、对美国历史产生过重要影响的政治人物。书中还有肯尼迪自己对重建计划的看法。除了关心民生问题外，他更关心民权。他支持一个强有力的公平就业委员会，支持取消人头税，支持反对私刑的立法，并支持修订关于妨碍议事活动的规则。在来自新英格兰的众议员中，他是第一个任命黑人为工作人员的官员。他还揭露了资方与舞弊分子的勾结，指责有组织的律师对于其会员与舞弊分子勾结、侵吞工会经费的事漠不关心，这使一些大资本家、律师都怨恨肯尼迪。所以，有人认为在《勇者之像》里有他自己的影子。

中华人民共和国成立后，麦卡锡更加疯狂地鼓吹他的"红色恐怖"论，在美国掀起了反共高潮。美国政府在恐怖情绪的影响和国内反共右翼势力的压力下，支持逃亡台湾的蒋介石"反攻大陆"，并于1950年将太平洋第七舰队派到台湾海峡，随后武装干预朝鲜半岛的争端。肯尼迪并不那么仇视共产党，但他积极支持军备竞赛；他对麦卡锡掌控国会参议院深感不满，但他并不反对"红色恐怖"论，因为他相信共产党是所有发达资本主义国家的最大敌人。而且在公开场合，他还得表示对麦卡锡的支持，这是政治潮流。肯尼迪认为自己应极力在政治上保持不左不右的"中间"立场，这样有利于他获得更多人的支持。

1951年，肯尼迪的身体状况大有好转，开始对政治晋升进行精心策划。他有心竞选波士顿市市长，但他有一个最大的缺点，那就是太年轻了。他渴望取得政治上的进步，其核心动力是真诚的理想主义及从根本上对国家事务的关心。而作为一个地方主政官，他还需要更多的实践经验。后来他说："我做这项工作还不称职。我没有计划进入这个领域，而在我开始当上议员的时候，有很多东西是我不知道的，我犯了很多错误,也许有些选民应该投别人的票。"

肯尼迪知难而退,决定参加1952年国会参议员的竞选。尽管如此,仍有人认为肯尼迪家族不自量力,不是因为别的,只是因为马萨诸塞州的竞争对手太过强大。这个人就是在政界非常老辣成熟的小亨利·卡伯特·洛奇①。洛奇的爷爷是享有国际声誉的美国老参议员,曾经战胜过肯尼迪的外祖父,而且他本人从1933年就开始从政,1936年当选国会参议员,参加过"二战",获得了比肯尼迪高几级的陆军中校军衔。1946年,他第二次当选国会参议员(肯尼迪是国会众议员),政绩也不错。而且,他还与准备竞选总统的德怀特·艾森豪威尔②及准备竞选国会参议员(加州)的理查德·米尔豪斯·尼克松③是好朋友,他们会互相支持。但是,肯尼迪面对强劲对手,毫不胆怯,坚信自己已经具备担任国会参议员的资格。

洛奇也把自己与肯尼迪比较了一下,认为自己还有一个更大的优势,那就是他是一个纯粹的"美国佬",先祖来自英国(英格兰),而肯尼迪的先祖则来自爱尔兰。对于这一点,老约瑟夫早就预料到了,他为了让儿子竞选获胜,在波士顿和华盛顿都设立了竞选办公室,利用自己的金钱和关系网来树立肯尼迪的公众形象——新一代政界精英。核心是"新一代",仅从年龄上讲,肯尼迪比洛奇小15岁。当然,"新"不只是体现在年龄上,更重要的是观念和作风。因此,宣传的重点是让肯尼迪与尽可能多的国家问题联系在一起。这个战略很简单,那就是走中下层路线,使肯尼迪的新形象渗透到马萨诸塞全州。肯尼迪在州内游说

---

① 小亨利·卡伯特·洛奇:美国政治领袖和外交官,曾担任13年联邦参议员和美国驻联合国代表,也是1960年共和党副总统候选人,是美国介入越南战争的关键人物。

② 德怀特·艾森豪威尔(1890—1969):"二战"期间担任盟军在欧洲的最高指挥官,负责计划和执行监督进攻维希法国和纳粹德国的行动。1952年参加竞选总统获胜,成为美国第34任总统;1956年再次竞选获胜,蝉联总统。

③ 理查德·米尔豪斯·尼克松(1913—1994):美国第34任副总统、第37任总统。在总统任期内,他对内抑制通货膨胀,重振美国经济;对外提出尼克松主义,与中国直接接触,于1972年实现访华,打开了两国关系的大门,还结束了越南战争,缓和美苏"冷战"。1974年8月因"水门事件"辞职,成为美国有史以来第一个辞职的总统。

时，把沿途遇到的日后可能对他的竞选有用的年轻人的材料整理成庞大的档案。这个档案确实派上了用场，他把信件发到了自己到过的39个城市和312个乡镇。他从全州征求了262 324个签名，并让他的助手向所有人发出了感谢信。

华盛顿办公室有一个叫比利·萨顿的职员，人们叫他"宫廷小丑"，他在国会山四处游荡，很快就认识了所有排得上号的人物。玛丽·戴维斯则是打理一切的专家，她可以同时接听电话、打一封信、吃巧克力。她的能干使肯尼迪省了不少事，她对一个朋友说："他不是一个有条不紊的人，所有进入这个办公室的东西都交到我的手里。我照料着所有事情。如果我有任何解决不了的问题，就会在某个具体时间找他，说：'嘿，那件事你希望我怎么回答？'任何事情都不会积压在他的办公桌上。我会当场盯住他，让他做出决定，然后处理掉。"肯尼迪的办事效率大大提高，使他显得比其他人精干，年轻有为。

肯尼迪比较擅长的是赢得妇女选民的支持，他常常由他的家庭成员陪同，邀请一些妇女出席"为约瑟夫·肯尼迪夫人和她的儿子约翰·肯尼迪议员举行的招待茶会"。过去这一招很见成效，如今他又故伎重施，因为他意识到自己对女人的迷惑力比以前更加突出，她们都把接到他的邀请当成一种荣耀。这样的茶话会仅在1952年就举行了33次，出席的年轻女性有70 000人。

为了竞选成功，老约瑟夫也很舍得花钱，《纽约时报》《波士顿环球报》和其他媒体纷纷发表了由他授意的有利报道，把肯尼迪宣传成了政治新星——"众议院里的加拉哈德①"。操刀者都获得了不菲的报酬。在一次辩论会上，年长的洛奇神气十足，一派贵族遗风，而肯尼迪则显得更轻松、更年轻一些。而且，人们马上又发现，肯尼迪比洛奇这位波士顿贵族更敏锐、更漂亮、更有自信。第二天，马萨诸塞州报纸上的照

---

① 加拉哈德：圆桌第一骑士兰斯洛特与佩莱斯王之女伊莲公主的儿子，亚瑟王传说中的一名骑士，他是圆桌骑士中最纯洁的一位且独自一人找到了圣杯。

片也说明了问题：头发浓密的肯尼迪露齿而笑，拳头直指沉默不语的洛奇；过分严肃的洛奇，在整个过程中都显得拘谨。

与此同时，肯尼迪的竞选班子散发了90万份关于约翰·F.肯尼迪的8页小册子，封面上是小约瑟夫和肯尼迪的照片，标题是：约翰实现死在英吉利海峡的兄长小约瑟夫的梦想，再次向选民们展现了一个新时代的英雄形象。

尽管肯尼迪不喜欢父亲这样操控自己，但他不得不承认父亲的努力和关系网使他拥有了相当大的优势。随着1952年选举渐渐来临，肯尼迪家族的捐款源源不断地涌入马萨诸塞州，主要是给社会团体和慈善基金会捐赠，少则1000美元，多则上万。肯尼迪还借给《波士顿邮报》的老板500万美元，救活了这家濒临倒闭的报纸。

一直到竞选的最后几个星期，洛奇还自信会在竞选中取胜。当肯尼迪四处游说的时候，他则在各州替艾森豪威尔拉选票。最后，艾森豪威尔当选为总统，而他却败给了年轻的肯尼迪。

3. 风华绝代：杰奎琳

当肯尼迪在政治上不断进步时，他的年龄也在增长，不知不觉中，国会参议员肯尼迪已经三十有五了。即使在习惯晚婚的美国新一代年轻中也算是大龄青年。肯尼迪堪称情场老手，在他结识和征服的众多女性中，既有大家闺秀，也有影坛名媛；既有豪门千金，也有小家碧玉。但要说结婚对象，这些女人没有一个入得了肯尼迪的法眼，因为他有一种癖好："我喜欢女人，但很难做到特别喜欢某一个。"

1951年，肯尼迪家族在鼓动新闻媒体为肯尼迪作竞选宣传时，肯尼迪认识了《华盛顿时代先驱报》一位刚入行的女记者，名叫杰奎琳·李·布维尔。肯尼迪对这个年轻女孩印象深刻，此后他的脑海中总少不了她的身影，她虽然算不上传统意义上的美女，却有着极具辨识性的面庞；她用绝佳的时尚品位征服了肯尼迪的心。

那么，杰奎琳到底是何方天使，竟然能让肯尼迪这个情场老手着魔般地拜倒在她的石榴裙下？

杰奎琳于1929年7月28日出生在美国纽约州南安普顿镇，昵称杰基。她的父亲叫肯尼迪·布维尔，时年39岁，是一位证券经纪人。他个子很高，肌肉发达，一头黑发油光水滑，深蓝的眼睛，黝黑的皮肤，还是个勾引女人的高手。人们习惯于叫他"黑王子"，或者称他为"黑肯尼迪"。杰奎琳的祖父是一位名律师，布维尔家族的发家史大概就是从他开始的。1922年，黑肯尼迪在亲戚和家人的帮助下，也办起了自己的证券公司，每年赚取的佣金达75 000美元。他的奋斗中期目标是在40岁以前赚到500万美元。黑肯尼迪不仅被列入社交界名人录，也被列入美国社会最有名望的"四百名人录"。

1928年7月7日，黑肯尼迪和珍妮特·李·布维尔结婚。婚后，他们居住在纽约东汉普顿"拉沙塔"，印第安人称之为"和平之乡"。他们的住宅很气派，是一栋很有特色的英国贵族庄园式建筑，占地14英亩，坐落于敷热尔街，在与海平行的道路一侧的沙地上，可以在窗前眺望大海。相对于纽约市区，这里比较僻静，但也属于富人区。

杰奎琳出生时，母亲珍妮特才22岁，容貌靓丽，身材高挑，风姿绰约，堪称纽约东汉普顿第一美女。其先祖来自爱尔兰，经过一个多世纪的打拼，也跻身于纽约州南安普顿中产阶级行列。珍妮特是在"闪光的20年代"成长起来的，养尊处优，住豪宅，有仆人侍候，上名牌贵族学校，拥有私人小汽车。

1933年，杰奎琳的妹妹卡罗琳·李·布维尔出生，或许是遗传了母亲的基因，她的肤色和头发都跟母亲一样，天生丽质，这让杰奎琳有了竞争意识。

杰奎琳聪明伶俐，活泼可爱，很有胆识。她5岁的时候，保姆曾带领她和妹妹到纽约的中央公园去玩，杰奎琳走丢了，保姆吓得要命。结果杰奎琳自己去找了警察，让警察打电话到她家。当珍妮特匆匆赶到警察局后，发现女儿坐在一个小凳子上，一点也不感到生疏，她看着警察出出进进忙于公务，还不时提出这样那样的问题，显得特别有派，逗得大家哈哈大笑。

珍妮特爱好骑马，而且得过奥运会马术冠军。在她的培养下，杰奎琳从小就在外祖父的农场中骑马，后来获得了不少奖项，也养成了这一终身的爱好，她优雅沉静的气质多少得益于此。无忧无虑的杰奎琳从小就不喜欢跟穷人打交道，她8岁时，珍妮特带着她和妹妹回家，开电梯的是一个留着红棕色发髻的小伙子。"你好，欧内斯特！你今天好漂亮。"妹妹卡罗琳称赞道。欧内斯特清了清嗓子，正要说声"谢谢"，杰奎琳却回头教育妹妹说："你怎能说出这种话！谁不知道欧内斯特像只公鸡。"

殷实的家境为杰奎琳提供了良好的教育资源。她在曼哈顿东大街的一所贵族小学上学，显得非常聪明，经常抱怨学校的功课过于轻松。她十分调皮，但也肯动脑筋，其结果是让老师和同学大伤脑筋。她在这所贵族学校接受了全面的礼仪训练，学会了芭蕾和交际舞，还培养了读书、绘画、写诗等爱好，对骑马更是痴迷，以至校长对她说："我知道你爱马，你自己就像匹纯种的马。你能跑得很快，你有耐力，有脑子，但是你没有受过合适的训练，所以你不会成器。"为了证明校长的论断错误，好强的杰奎琳更努力地学习文化知识，从骑马比赛到学习，样样优异，真可谓文武双全，加上一副处之泰然的自信性格，她成了布维尔家族的明星。

当然，还有一个原因也促使她不得不努力：她父亲的证券公司在经济危机中受到重创，从1931年到1936年，黑肯尼迪沦落到了只能仰仗岳父接济的地步。而他的岳父对这个拥有1/4法国血统的女婿没有信心，认为他不太善于理财。为了节约开支，岳父给他约法三章，除了改变以前奢侈的生活方式，还要广开财路，并且不许赌博，不许酗酒，不许购买风险大的股票。收入减少后，他们搬了一次家，住进了花园大道240号一栋相对较小的房子。这是黑肯尼迪的岳父的房子，其岳父自己在东汉普顿租了一栋消夏别墅。

黑肯尼迪以前花钱大手大脚惯了，一时难以改变奢侈生活的习惯。况且，他生性好酒和赌钱，热衷于寻花问柳，除了给两个女儿买一些玩具外，对她们的前途很少关心，也没有给她们创造优越的成长条件。他的妻子珍妮特仍喜欢购买贵重物品，沉湎于物质享受和社会地位。经济危机过去几年后，黑肯尼迪的经济状况依然没有好转，夫妻二人的矛盾越来越大，吵架成为家常便饭。杰奎琳比较早熟，每当父母发生"战斗"时，她就把妹妹领到自己的房间，大声给她讲述那些美丽的童话故事，以便掩盖父母的吼声和谩骂。后来，珍妮特终于忍受不住了，提出与黑肯尼迪分居六个月。黑肯尼迪被迫从岳父的房子里搬出去，住进了韦斯特伯雷饭店的一间客房。

1940年6月，黑肯尼迪和珍妮特的婚姻走到了尽头。法院对珍妮特提出的离婚诉案做出裁决，两个孩子由珍妮特抚养，黑肯尼迪每月支付1000美元的抚养费；支付孩子未成年期间的一切医疗、手术开支和学费每月1500美元。这个曾经富裕的家庭家分崩离析。家道中落这一过程历时七八年，对杰奎琳姐妹的影响是非常大的，因为她们体会到生活的辛酸了。珍妮特带着两个孩子，教育她们举止得当，睡眠要按时，花钱要节约；同时又教育她们说："一定要以自己的某些专长抓住有钱有权有名声的男人，最好找比你们岁数大的，甚至越大越好，越大你们越能弄住他。"母亲向女儿灌输的思想竟然是将来一定要嫁给既有钱又有势的人，并教会她们取悦和勾引男人的窍门。

受畸形家教的影响，11岁的杰奎琳变成了一个果断却喜怒无常的人。她在学校的表现也比较怪异：她感兴趣的科目如音乐、诗歌、画画、赛马等都能获得金牌，而那些她不感兴趣的科目，包括几门必修科目，成绩却一塌糊涂。她还对时装表演也很感兴趣，并在一次时装表演会上夺得了少年组第一名。由此可见，她非常想出名，但同时她出于本能的安全意识，采取了一种把自己和外部世界隔离起来的办法，为自己创造一个可以躲开这种不幸的藏身之地。

1941年，珍妮特改嫁休·杜德黎·奥金克洛斯（昵称胡迪）。胡迪正好符合珍妮特的结婚对象标准,年轻而多金。婚后,珍妮特和两个女儿住进了胡迪在弗吉尼亚州梅克林县的私人别墅。

杰奎琳得以进入荷尔通·阿尔姆斯中学。在该校两年中,她开始勤奋用功,在完成初级阶段的学习后,又考入康涅狄格州的法明敦中学。此时杰奎琳已经从家庭变故的不幸中解脱出来,恢复了开朗活泼的本性,在这所贵族子弟成堆的学校里表现得十分自信。她积极参加学校学生剧团的演出活动,在圣诞节的演出中,她的表演才能发挥得淋漓尽致,使很多贵族子弟都记住了她的名字。她还女扮男装,饰演过奥斯汀《傲慢与偏见》中的主人公之一宾利。

和所有贵族子弟一样,杰奎琳在学校并不那么循规蹈矩,对传统礼俗的反叛意识也很强烈。学生们大都热衷于社交活动,杰奎琳更是活跃于各种交际场所。1947年9月,杰奎琳进入瓦萨学院,入校第一学期就被选为该年度的舞会皇后。她的政治野心由此被激发出来,找到了未来的发展方向——做一名女大使。

杰奎琳出了名,有了骄傲的资本,或者说有了吸引男人的资本。为了增长见识,她和妹妹卡罗琳与同学们一道去欧洲旅游,在伦敦参加了白金汉宫的"皇家花园舞会",参观了英国南部乡村,然后前往巴黎,参观了中世纪的堡垒,又游历了瑞士名城苏黎世,最后去了意大利,游览了米兰、威尼斯、佛罗伦萨和罗马城。他们玩了一个暑期,依然意犹未尽,杰奎琳对欧洲似乎有一种依依难舍之情。

回到纽约不久,杰奎琳很快厌倦了瓦萨学院寡淡无味的生活,她说服父亲将她送往巴黎深造。在巴黎这座浪漫的城市,她进入了一个全新的"领地"——周旋于尊贵的欧洲王子、慷慨的百万富翁、圆滑的政客,以及颓废的作家和艺术家之间。

在巴黎人看来,杰奎琳有一种使人一见就意乱情迷的气质,一种少女的纯真。她在巴黎时,读书退居其次,每天必会出现在丽兹酒店的酒吧里,端起一杯鸡尾酒,点上一根香烟,度过精彩的夜晚。最为重要的

杰奎琳·肯尼迪，约翰·肯尼迪总统夫人，1957年。
世界知名肖像摄影大师尤素福·卡什原作

是，她身边的男伴几乎从不重样。

在此期间，她与普利策奖得主、著名小说家约翰·马昆德①打得火热。有一天晚上，他们同返公寓，欲火难耐之下，两人在一部老旧的法式电梯里缠绵起来。奇怪的是，这件事在一本书中被披露后，不仅没有影响杰奎琳的形象，反而让她扬名欧美。

1951年，杰奎琳参加了《时装》杂志举办的第16届巴黎大奖赛的征文竞赛。这次竞赛的要求是提交四份服装设计图样、个人简历、一份《时装》杂志目录的复印件和一篇论文。作为一个时装表演爱好者，杰奎琳对这次竞赛非常重视，提供图样、简历、杂志目录都不成问题，最

---

① 约翰·马昆德：美国小说家，他的作品讽刺了美国的新英格兰上流社会人士在风云变幻的20世纪，仍竭力维持其贵族气派和清教徒准则。其长篇小说《已故的乔治·阿普利》冲破了通俗小说的模式，获得了普利策小说奖，从而确定了他作为小说家的地位。

难的显然是写论文。她用半年时间写了一篇题为"我希望能结识的人"的论文，最终打败了225所大学的1280位应征者而获胜。

同年，杰奎琳获得了华盛顿大学的学士学位。大学刚刚毕业，她又跑到欧洲去旅游了，欧洲对她的吸引力实在是太大了。此时，她和情人马昆德已经分手，她希望这一次会有新的艳遇出现，因为猎艳是她最重要的目的之一。不过，这次她的运气没有妹妹好，没有遇到自己中意的。

杰奎琳回国后，在纽约一时找不到喜欢的工作，也不愿意去父亲黑肯尼迪的证券交易所帮忙，而是去了华盛顿，在《华盛顿时代先驱报》做了一名"调查摄影记者"。此时，肯尼迪正在华盛顿利用报纸杂志和电台，大张旗鼓地为竞选做宣传。杰奎琳在一次茶话会上专门为肯尼迪作了一次采访报道，也由此开始了她与肯尼迪的恋爱。

肯尼迪当选国会参议员后，与杰奎琳的恋情发展十分顺利。杰奎琳给《华盛顿先驱报》专栏写了几篇杂七杂八的文章后，完全丧失了当记者的兴趣，她把谈恋爱作为了专职工作。她坚信肯尼迪就是她寻觅已久的最佳对象：年轻的国会议员（有权），肯尼迪家族的杰出代表，这个家族有几千万美元的资产（有钱）。而肯尼迪潇洒的外表、幽默的谈吐、坚韧乐观的个性，也让她感受到了一个成熟男人的魅力（符合母亲找大男人的要求）。所以，杰奎琳愿意为赢得他的心而努力改变自己。

相处一段时间后，杰奎琳就把肯尼迪的人生奋斗目标和兴趣爱好了解得一清二楚，集中精力把自己塑造成一个温顺、热情、心情愉快的好伴侣，一个爱好写作、爱好文学艺术和音乐的有教养的女性。同时，她迫使自己热爱政治活动，因为肯尼迪有把她变成美国"第一夫人"的强烈愿望。她花了不少心思配合肯尼迪家族对肯尼迪进行公众形象塑造，参加一些政治活动和舞会，每次出场都是光彩照人，好像一座耀眼而迷人的灯塔照亮暗夜。由此，她得到了老约瑟夫的青睐。

1953年夏，杰奎琳应邀到海恩尼斯港别墅度假，来过这里的年轻女性不计其数，但杰奎琳是老约瑟夫唯一当作准儿媳的女人。他要把她变成肯尼迪的人生伴侣和政治伴侣。他安排了一场盛大的定婚仪式，让肯尼迪和杰奎琳定了婚。

对于肯尼迪家族与布维尔家族的联姻，杰奎琳的外公詹姆斯·李是反对的，因为他十分讨厌老约瑟夫，认为这个人既不像企业家，也不像政治家，却野心勃勃，既想捞钱，又想抓权。他担心外孙女会被当作利用工具。杰奎琳的母亲珍妮特则勉强表示同意。之所以"勉强"，是因为这几年肯尼迪家族为了实现政治目标，大把撒钱，财富资产已经退居前十之外，与杜邦、范德比尔特、洛克菲勒等家族相比有很大差距，不能算是理想的联姻对象。这不能怪珍妮特贪婪，因为当时的美国人，都在为三大目标——权势、金钱、声望而努力拼命。杰奎琳说，她嫁给政客的最大回报就是加入了政治。她最看重的是肯尼迪给她的承诺——让她成为美国第一夫人。现在，他们开始为这个共同目标而努力奋斗。

1953年9月12日，肯尼迪和杰奎琳在罗得岛纽波特的圣玛丽教堂举行了隆重的结婚典礼，有750名受邀客人和3000多名观众参加或目睹了这场盛况空前的典礼。仪式上最引人注目的是著名设计师Ann Lowe为杰奎琳设计的婚纱，身着象牙白结婚礼服的新娘宛若女神。这场婚礼也是美国人最接近皇室婚礼的盛典，被人们描写为"年度名人婚姻"和"社交盛事"。仪式结束后，800名宾客来到了杰奎琳的继父休·杜德黎·奥金克洛斯的农场，在这里共享晚宴。吃过糕点后，婚礼派对开始，新娘和新郎在数百名宾客面前分享了他们的第一支舞。

新婚第三天，他们前往墨西哥南部的旅游胜地阿卡普尔科度蜜月。杰奎琳故地重游，却不曾想到自己能在墨西哥总统的别墅里度过缠绵而甜蜜的夜晚，并第一次品味到权势给她带来的心灵的满足和肉体的

1953年9月12日，约翰·肯尼迪和杰奎琳·李·布维尔结婚，他当时是马萨诸塞州州参议员

快感。

  度过快乐的蜜月后，杰奎琳本想回纽约工作，但因为肯尼迪必须去华盛顿，她便放弃了纽约的工作，也跟着去了华盛顿。他们住在华盛顿哥伦比亚特区乔治敦，杰奎琳差不多成了一个家庭主妇。但他们都利用晚上的时间，分别去约翰·霍普金斯大学和乔治城大学的外交学院进修，以进一步充实自己，为下一届选举做一些前期准备。杰奎琳利用自己的表演天赋，将口才极佳的肯尼迪锻炼成一个出色的演说家。杰奎琳自己也成为一个代表时尚的典范。她并不美艳惊人，但卓越不群的气质和勇敢坚定的意志为她扫除了一切障碍。

  有了杰奎琳的加入，肯尼迪家族的名声和影响力更大了。对于这个家庭，每一个和他们有所接触的人都留下了深刻的印象。肯尼迪儿时的密友查尔斯·斯波尔丁后来回忆说："当你看到这些人，只有一种感觉——他们生活在一般规律之外。永无休止的行动……永无休止的交谈……永无休止的竞争，人们相互拉扯提携，获取更大的力量。肯尼迪家族有一种被抬高的感觉，并对前来与他们交往的人们产生着不可抗拒的影响。我记得自己心里想，像这样一种团队，不可能有第二家。"

第五章　平步青云终有时

1. 连任国会参议员

肯尼迪结婚后，家庭幸福，仕途更加明朗。可是，疾病总是在他顺畅的时候给他带来些障碍。1954年10月11日，肯尼迪又住进了医院，经过康奈尔大学外科专科医院纽约曼哈顿医疗中心的X光检查及其他检查，确诊依然是他的老毛病——背部周期性疼痛引起的，他的脊椎第五节已经断裂。医生认为，要根除老毛病，除了手术别无他法。但做手术有很大风险，因为肯尼迪还患有阿狄森氏病，肾上腺素缺乏，极有可能因手术引起休克、感染或其他病变。肯尼迪一直视罗斯福为楷模，他有信心战胜疾病，或者说愿意为战胜疾病冒一次险。他对妻子杰奎琳说："我宁愿马上就死，也不愿后半辈子拄着拐杖走路。"

肯尼迪既已下定决心，杰奎琳也不便反对，只能听之任之。随后，肯尼迪住进了医院，观察复诊后再安排手术。为了缓解内心的恐惧，他把当红影星玛丽莲·梦露"请"了进来——将一张她穿着短裤和紧身汗衫的招贴画挂在墙上。杰奎琳给他搬来一个鱼缸，里面有几条颜色各异的金鱼，再摆上一盆含苞待放的月季，使病房呈现出一片生机。但肯尼迪明白将有一次痛苦的心理和肉体折磨等待着他。

10月21日，肯尼迪做了一个长达三小时的手术，医生将一个金属盘插入他的腰椎中，以支撑固定腰椎骨。这次手术非常成功，菲利普·威尔逊医生拿出了他的独门绝技，使一个几乎是无药可救的人起死回生。

可是没过几天，手术部位发生了感染，肯尼迪被送进了重症监护病房。

20多天后，危险期终于过去了。肯尼迪的同僚及政府官员想来看望他，但都被杰奎琳挡了回去，其中包括伊利诺伊州州长艾德莱·史蒂文森①、贝尔纳德·巴鲁赫等人。回绝他们后，杰奎琳又专门写信向他们表示感谢，将事情处理得非常好，表现了她在接待一些显要的政治人物方面的高超技巧，或者说显露出她在政治方面的才能。过了几天，民主党多数派领袖林登·约翰逊前来探视，但被医院的一个护士劝阻，杰奎琳同样写信向他表示感谢和歉意。她在信中说："您要是知道我们是多么想念您就好了。我知道肯尼迪因此很难过，因为他想见您想得要命。但是我敢肯定，我比他更想见到您，因为在这个世界上我最想见的就是您。现在我感觉您就像一艘在夜间驶过的航船。"林登看过信后非常高兴，并对杰奎琳的社交才能大加赞赏。接着，艾森豪威尔总统也写来慰问信，还是杰奎琳写信回复，她说："您为他做的事，比任何一位医生所能做的对他都要好。"她对总统的称颂恰如其分，应酬水准非常人所能比。

除此之外，在照顾肯尼迪的生活方面，杰奎琳也非常用心。她每天坐在他床边几个小时，给他按摩，拿各种玩具陪他玩，还给他讲读史书中的人物故事，可谓无微不至。很快，肯尼迪的病情大为好转，医生建议他到温暖清静的地方去疗养。肯尼迪采纳了医生的建议，准备去父亲在棕榈滩的别墅住一些日子。但他行动不便，杰奎琳和护士不得不大费周章，用担架将他抬上巴士，再送上飞往迈阿密的飞机。他们好不容易到达棕榈滩，还没待上两个月，肯尼迪的手术部位再次感染。他一边考虑新的治疗方案，一边思考着将于1956年进行的全国大选。

1955年2月，经过深思熟虑后，肯尼迪重返纽约进行第二次手术。从常规来说，这次手术比第一次手术更麻烦也更危险，但为了赶在竞选

---

① 艾德莱·史蒂文森：美国政治家，以辩论技巧闻名，被誉为当时仅次于温斯顿·丘吉尔的天才。1952年、1956年两次代表民主党参加总统竞选，但都败给艾森豪威尔。后来被任命为美国驻联合国大使，在古巴导弹危机中发挥了重要作用。

开始之前处理好这个大麻烦，肯尼迪别无选择。到纽约医院后，医生帮他把第一次植入背肌体里的金属片拿掉，重新植入新的金属片。但医生也不能保证短期内不会再感染。肯尼迪希望它在两三年内不会出问题。几周后，肯尼迪再次回到棕榈滩疗养。随着竞选时间的迫近，他越来越焦虑。杰奎琳鼓励他阅读、写作和绘画，他的身体渐渐康复了。当他能够独自行走之后，他的雄心又勃发起来，希望争取获得竞选副总统的党内提名。

这一次，肯尼迪不准备竞选国会参议员连任，因为他把进入参议院视为获得更高权力的一个跳板，参加副总统竞选自然也在人们的意料之中。这样一来，他就成了民主党内准备竞选副总统的那些人的对手，包括田纳西州的凯弗维尔、明尼苏达州的休伯特·汉弗莱①、纽约州的瓦格纳以及肯塔基州的戈尔，他们都决定参加副总统提名竞选。肯尼迪已充分预料到对手的强大，所以他在病情刚有好转时就深入南部及非天主教徒中间，与保守的南方人成为朋友。

所谓南部，主要指南大西洋地区、中央东南地区和中央西南地区的16个州，与旧南部地区的划分有所不同。由于这些州带有特殊的文化和历史背景，包括早期欧洲殖民时期留下的痕迹、对于州权原则的坚持、早期的奴隶制度，以及联盟国分裂时在南北战争中受到的冲击，南部发展出了它独特的传统思想、文化和宗教观点。肯尼迪在南部地区主要是和他们进行政治民主和民权方面的交流。同时，他也在利用天主教教义，与非天主教教派进行宗教思想的探讨。他亲密的友人既有约翰·谢尔曼·库珀②这样的自由派共和党人，也有乔治·斯马瑟斯这样的保守派民主党人。

为了给自己参加竞选造势，肯尼迪将自己撰写的《勇者之像》于

---

① 休伯特·汉弗莱：美国政治家，曾任明尼苏达州联邦参议员，第38任副总统。提出"部分禁止核试验条约"和"民权法"。支持约翰逊的越南战争政策。1968年为民主党候选人，在竞选中败给共和党候选人理查德·尼克松。

② 约翰·谢尔曼·库珀（1901—1991）：美国政治家、法学家和外交官，曾四次当选联邦参议员。担任过美国驻印度大使、美国驻东德大使。

1956年1月正式出版。他还请西奥多·索伦森①做他的特别顾问（索伦森从1953年就开始追随肯尼迪），他的各种演讲稿几乎都由索伦森修改过。在民主党1956年代表大会召开前，索伦森透露了以康涅狄格州民主党领袖命名的贝利备忘录，认为一位天主教候选人将会加强本党在全国的候选人中的竞争力。因为从1928年到1956年，天主教人口大幅度增加，而且大部分集中在拥有大量选票的州里。天主教徒的政治势力不断得到加强，民主党开始关注这股势力所产生的影响。

同年，哈佛大学授予肯尼迪荣誉学位，并附有一张证书，其措辞同他最精彩的演说一样简洁而对称："勇敢的军官，干练的参议员，哈佛的儿子。他对党忠诚，坚持原则。"在宣传自己的时候，肯尼迪从不隐瞒自己的宗教信仰，更不会隐瞒自己的党派。关于政治问题，他很少在意个人因素，而且他不厌恶反对甚至攻击他的人，只要他们的立场没问题，对事不对人，他就不会理会。他在《勇者之像》一书中写道："我们不能容许对党负责的压力在所有问题上把表达个人责任感的要求全淹没了。"在国会里，人们都相信肯尼迪是最能坚持原则的议员，并"很乐于工作，工作非常认真"，也很乐意助人，在民主党内总是有求必应。

在1956年的大选中，艾德莱·史蒂文森力争成为民主党总统候选人，准备再次挑战艾森豪威尔竞选总统。肯尼迪为史蒂文森发表了一篇激动人心的总统提名演说，史蒂文森最终争取到了总统候选人提名，也增添了肯尼迪自身的光辉及其在民主党中的影响力。《纽约时报》称肯尼迪为"电影明星"，但也有人认为肯尼迪的演讲稿大部分出自他的撰稿人索伦森之手，《勇者之像》也靠索伦森代笔。其实，从1947年开始，肯尼迪家族就一直在塑造肯尼迪的英雄形象，他自己也从未放弃过这方面的努力。曾有记者问他："肯尼迪先生，你是怎么成为一名战争英雄的？"肯尼迪当时很幽默地回答："这绝对不是自愿的，他们把我

---

① 西奥多·索伦森：先后当过肯尼迪的参议员助理和总统特别顾问，追随肯尼迪达11年之久，是肯尼迪的头号亲信兼捉刀人。曾参与美国政府的重大决策，掌握许多重要的第一手材料。

的船击沉了。"创作《勇者之像》时的肯尼迪，正是带着战斗英雄的勋章走上仕途的，即使后来有索伦森帮他做文字润色，其主题和主要内容仍由肯尼迪自己来确定的。他无疑是要塑造一个顽强的智者形象，"他渴望能出现一个挑战，使他有机会表现出一个政治英雄的形象"。

可是，史蒂文森在赢得民主党总统候选人提名的第二天，突然宣布对副总统人选将举行一次真正的投票。肯尼迪家族成员闻风而动，分别到各州代表团去替肯尼迪游说。肯尼迪自己也在最短的时间内会见了各州的领袖，访问了几个州的核心小组。但是，最终在民主党全国代表大会上，田纳西州参议员、民主党多数派领袖埃斯蒂斯·基福弗获得了副总统候选人的党内提名，肯尼迪的愿望落空了。

竞选提名虽然失败，但肯尼迪终于明白了失败的根源。过去肯尼迪家族一直与麦卡锡关系密切，所以很多人对肯尼迪持怀疑态度，尤其对他的父亲有所怀疑。还有一个原因是他的宗教信仰，他是一个天主教徒，当时仍有很大一批人反对罗马天主教。这让肯尼迪很不甘心，但他没有气馁，重新制定了一个新战略，以照顾到民主党在民权问题上的各个派别。

1956年10月，围绕陪审团庭审修正案的争论引起了相当的关注，从根本上讲，这是一种政治制度，肯尼迪投票支持设陪审团庭审。此时美国人民对麦卡锡主义已经有了清醒的认识，恰好这一年陆军部部长罗伯特·史蒂文森与麦卡锡的一场官司（一个叫沙因的人因为麦卡锡的变相干涉而被免除了兵役，却取得了军官头衔，结果遭到控诉）了结，人们完全抛弃了麦卡锡主义。肯尼迪最终也随大流与麦卡锡真正划清了界限。

随着《勇者之像》一书的畅销，肯尼迪的名声与日俱增。这本书出版的正是时候，书中谈到的民主政治的若干问题及对民主党发展史的思索，鲜明地表现了肯尼迪的政治立场和主张。杰奎琳还发挥她的写作天赋，对书中的主题和内容进行提炼、修改。其主题是：参议员面临了三种压力，即受欢迎的压力、连任的压力，以及来自选区和利益集团的压力。肯尼迪是这样解释的：这本书是向民选政治领袖所表现的勇气致敬，对峙的派别（如选民、民意调查委员会和政治行动委员会）虽然往不同方向拉扯，但他们却表现出"最令人羡慕的人类美德，也就是勇气，也正如海明威所说的'压力下的优雅'"。这本书描写了美国历史上 8 位无畏、可敬的参议员，其中也有肯尼迪自己的影子。

《勇者之像》一书出版后不久，好莱坞摄制人多尔·沙里表现出了特别关注，他运用书中的部分内容，给民主党全国委员会摄制了一部关于民主党历史的彩色影片。老约瑟夫又动用自己的势力推波助澜，对这本书大加宣传，使《勇者之像》成为一本政治廉正的畅销书。很多地区邀请肯尼迪去演讲。在各地的演讲中，肯尼迪不仅叙述了民主党的由来，还从杰斐逊和林肯起，一直讲述到"二战"后与共产主义的冲突。他的政治观点逐渐左移，并为美国的民权运动开了一个好头。

1957 年，《勇者之像》获得了普利策奖的人物传记奖。哥伦比亚大学的理事们认为，对于那些也许有志于成为政治家的男孩来说，它是一本极好的书，所以排除了学术顾问委员会的其他选择。《勇者之像》带来的荣誉和影响力，让肯尼迪在政坛大放异彩。回到华盛顿后，他继续担任参议院劳工管理特别委员会的委员，进一步推动民权运动，支持一个强有力的公平就业委员会，支持取消人头税，支持反对私刑的立法，并支持修订关于妨碍议事活动的规则。他在参议院这么多年，还是可以为他在委员会中不那么引人注目的工作、为他参与的重大辩论、为他帮助挫败了不一定有益的措施，以及为他可以居功的一些较小的法案、修正案和法案修订而感到自豪。

肯尼迪很少主动树敌，虽然缅因州的女参议员玛格丽特·蔡斯·史密斯老是与他作对，但他还是认为只是政见不同，不存在个人恩怨。当然，肯尼迪也和一些共和党反对派做过斗争，比如，他支持行政部门提出的温和的但是创先例的选举权法案，并赞成由专门委员会审议通过，而不是由副总统理查德·尼克松绕过委员会来裁定该法案。许多民主党人私下也同意肯尼迪的意见，认为放弃传统程序所引起的恶果会使一个强有力的议案更难获得通过。但因为担心在政治上被尼克松和共和党人的策略击败,因此大多数人都投票支持尼克松的裁定。肯尼迪仍坚持自己的观点,结果被民权派的领袖们谴责为企图争取南方的支持。肯尼迪的原则性受到党内外纯粹的政治玩家的挑战。另外,在国会中,他是第一个委派黑人作为工作人员的。与众不同往往会受到排斥,在全国有色人种协进会的一次代表大会上,在波士顿黑人领袖们的信件中,在报刊社论和专栏文章里,他的投票行为都受到了攻击。

肯尼迪不准备对任何攻击者进行反击,而是在一个逝世的议员的文件中找到了非常富有哲理的诗篇,将之登载于报端:

在生命行将熄灭的余烬里,
我感到遗憾的是:
我做"对"时,没有人会记住,
我做"错"时,没有人会忘记。

为了实现自己的政治目标,肯尼迪一再告诫自己,要兼容并蓄、刚柔相济。从他在国会的言论和作为,可以看出他那日益扩大的视野、日渐加深的信念,以及对选民、对各种思想日益增长的兴趣。

但接下来发生的一件事,把肯尼迪推到了非常尴尬的境地。他在国会任职期间,始终都在劳工管理特别委员会工作,有组织的劳工一直是他的强有力的同盟者。他曾坚决反对《塔夫脱-哈特莱法案》①,在参议院带头争取提高最低工资、改善社会保险,受到了劳工组织的夸赞和支持。但在1957—1959年间,他和劳工界朋友之间的关系却变得紧张起来。事情的起因是有人揭发工会贪污,肯尼迪的弟弟罗伯特·肯尼迪

---

① 《塔夫脱-哈特莱法案》:即《劳资关系法》,镇压工人运动的反劳工法案之一。该法案由参议员塔夫脱和众议员哈特莱提出,于1947年6月23日在国会获得通过,同年8月22日付诸实施。该法规定:法院有权禁止罢工;工会会员必须书面声明他不是共产党员;工会不得要求同一企业工人加入同一工会;不准将工会基金用于"政治目的"的活动。该法案后来被当时的美国总统杜鲁门否决。

是常设调查小组委员会总顾问，与调查小组主席约翰·麦克莱伦等人一起负责调查这一案件。劳工组织曾暗示，只要罗伯特"做得漂亮"，全国卡车司机工会就支持肯尼迪当总统候选人。

然而，肯尼迪不仅不能支持弟弟罗伯特对这件事网开一面，还应邀加入了国会成立的劳工立法小组委员会，并担任主席。他心里清楚，这意味着要拿他和劳工组织的良好关系去冒险。如果他对劳工组织手下留情，那他在有关立法问题的听证会上就得妥协。最终，他选择了坚持原则，相对于劳资立法改革，他个人的利益是微不足道的。肯尼迪因此遭到很多人的口诛笔伐，这是情理之中的事情。《基督教科学箴言报》评议说，肯尼迪是"破釜沉舟"，不争取劳工支持他竞选总统了。劳工组织领袖们对肯尼迪先是冷淡、猜疑，后来则是激烈反对。劳联－产联主席乔治·米尼①在一次听证会上大声嚷道："愿上帝把我们从我们朋友的手中拯救出来吧！"机械工人工会主席艾尔·海斯则把肯尼迪比作阿根廷独裁者庇隆②。包括政敌在内的其他人则试图在全国代表大会上谴责肯尼迪。

尽管如此，肯尼迪并不准备在原则问题上做出让步和妥协，他认为立法改革应该是严肃、公正，甚至非常神圣的，所以他始终坚持自己提出的《劳资改革法案》，以铲除他们既不能否认也不能宽恕的舞弊行为。这时，参议院共和党领袖威廉·诺兰就一项福利及养老金法案提出了自己的观点，正好与肯尼迪的观点相左，其中最明显的一点是要限制工会谈判的权利。在听证会上，肯尼迪又身不由己地站到了威廉·诺兰的对立面。这场斗争使肯尼迪认清了劳工领袖们的本质——他们代表的不是工人阶级的利益，而是代表资本家，但随着改革的推进，他们既支持建设性的法案，又支持他们自己志愿的法规。

有人说，肯尼迪生活在一个以贵族为荣的家族里，走下层路线纯粹

---

① 乔治·米尼：美国劳工领袖，脾气暴躁且爱独裁，20世纪70年代在民主党内颇有影响。在1963年获得总统自由勋章，被林登·约翰逊总统称为"公民和国家的领导人"。

② 庇隆：阿根廷民粹主义政治家，1946—1955年、1973—1974年三次出任阿根廷总统。

是为了拉选票。但从这件事的结果来看，结论却完全相反，因为他坚持改革法案而失去一大批老朋友的支持，从这一点来看，他是一个很有责任感的议员。

在拉尔夫·邓根、哈佛大学劳工法专家阿奇博尔德·考克斯，以及由其他6位学者组成的一个小组的帮助下，肯尼迪起草了一份《劳工改革法案》，掌握了劳工法的错综复杂的细节，并且第一次真正掌握了立法的程序。

1958年，肯尼迪向国会参议院提交了有关劳工改革的《肯尼迪－艾夫斯法案》，并于当年在参议院以88票赞成、1票反对获得通过。但该法案送交众议院审议时却被否决了。

肯尼迪当然希望通过一项折中方案而不是什么法案也通不过，所以，他们不得不对法案进行一些删改，比如删去了15项限制工会正常活动的条款。肯尼迪认为，这个法案已经不是自己最初想要的那些东西了，不希望再以他的名字命名该法案。而且，在这项长期的立法努力中，贯穿了调查性的探索工作。无论法案是否通过，都将使他失去那些有钱的朋友的支持。1959年，经过长期艰巨的斗争，《肯尼迪－欧文法案》（更名后）在众议院以90票对1票获得通过。但肯尼迪对此并不满意，他在法案的制定修改过程中，一直在"为马萨诸塞州多做一些工作"，并将谋求提出立法和行政行动的详细报告遍寄本州的各个地方。同时，他在其他一些州发表演讲，特别是在小市镇上发表的演讲，都是超党派的，而且口气相当温和。他在努力挽回因坚持原则而给自己带来的不利影响，培育马萨诸塞州以及他想极力争取的其他各州的各种报刊对他的好感。

幸运的是，随着《勇者之像》被广泛传阅，以及肯尼迪在国会的种种特殊表现，比如，他和索顿斯托尔合作，他支持艾森豪威尔的外交政策措施以及他的独立投票纪录；他经常使工商界人士知道，他努力繁荣马萨诸塞州的经济并制止工会的不法行为；他告诉主张削减预算的人们，他对参议院的"第二届胡佛委员会报告"起着领导作用，并向他们散发他父亲的另一个老朋友赫伯特·胡佛①热情洋溢的感谢信的翻印本……这些使人们开始重新认识这个资历不深但很想有所作为的年轻勇士，无论是党内还是党外，无论白人还是黑人，无论是工薪阶层还是资本家，都认为肯尼迪是一位正直公正的政治家，而且是独一无二的，代表着美国新一代政治人物的诞生。

在1958年国会参议员的竞选中，肯尼迪比对手多得873 000余张选票，以创纪录的3∶1赢得了胜利，再次当选为国会参议员。

2. 最年轻的总统候选人

作为政坛新星，肯尼迪虽然遭遇了一些挫折，但从仕途升迁速度来看，他爬得还是挺快的。一个经历了"二战"的小小中尉，仅用两三年时间就进入国会众议院，很快又进了国会参议院。既然已经登上了楼梯，他这么年轻，更上一层楼也是必然的了。

不过，肯尼迪还有缺点和不足，比如太年轻、太自由主义、太直言不讳。的确，在竞选总统候选人提名的过程中，肯尼迪的年轻和孩子般的外表成了一个明显的不利条件。众议院发言人萨姆·雷伯恩就是攻击肯尼迪乳臭未干的几个民主党领导人之一。但肯尼迪并没有努力证明自己到底有多少经验，只是哈哈一笑，把问题抛到一边，然后幽默地说："萨姆·雷伯恩可能认为我年轻。不过对于一位已经78岁的人来说，他眼中的大部分人都年轻。"

肯尼迪轻松地化解了责难，可是，这个问题始终纠缠着他。前总统杜鲁门在一次全国性演讲中也向肯尼迪发起挑战："我们需要的是一个极其成熟的人。"杜鲁门说得比较委婉一点，肯尼迪回敬时自然也绵中藏针，机智而敏锐。他说，如果年龄一直被认为是一个标准的话，那么

---

① 赫伯特·胡佛：美国第31任总统，"一战"期间曾出任美国粮食总署署长。作为一名非常成功的工程师和人道主义者，他并不是一个好总统，未能在大萧条时期有效地领导美国。

美国将放弃对44岁以下所有人的信任。这种排斥可能阻止杰斐逊起草《独立宣言》、华盛顿指挥独立战争中的美国军队、麦迪逊成为起草美国宪法的先驱、哥伦布去发现新大陆。

除了年轻，肯尼迪还面临着一个无法回避的问题：他是一个罗马天主教徒。他让特别顾问索伦森搜集一些材料交给《展望》杂志的弗莱彻·克内贝尔，这些材料说明潜在的"天主教徒选票"的增加，可能有助于抵消任何损失。克内贝尔要索伦森对这些材料进一步加工，为他的《展望》杂志写一篇文章。其"结果，就是在几个月以后写成一篇16页的备忘录，其中包括统计数字、引文、分析和论据。它综述了史蒂文森需要夺回的那些居于战略地位的、在一般情况下会投民主党票的天主教徒的投票问题"。但各种资料显示，自1928年以来，甚至从来没有人认真地在天主教徒中考虑过总统人选。肯尼迪不喜欢人们关注他的宗教信仰问题，更不喜欢冒险使自己的助手被宣扬为这种争议的促进者。因此，他与民主党康涅狄格州委员会主席约翰·贝利商定，由贝利来撰写这篇备忘录。"贝利备忘录"并不冒充一份全面客观的研究文章，它只是对不分青红皂白地反对提名一位天主教徒当总统的那些意见的一项政治性答复。

肯尼迪一再强调说：总统"这个职位是行动的中心，是美国制度的主要动力和力量源泉"。正因为如此，他反复说，"对于这些问题，我作为一个父亲或者一个公民，（反正）都会十分关心的……而且，如果你的所作所为是有益而成功的话，那么……这本身就是一件极大的快事"。作为一个公民，他为自己国家在20世纪60年代的趋向感到担心。作为一个政治家和人民公仆，他像许多人那样，渴望登上政治生涯的顶点。他有一些非常自信的估计。他觉得，民主党内最有希望的候选人只有四五个人，而这些人的才干绝不会在他之上。他对共和党人也作了基本估计，认为理查德·尼克松将是一位"顽强、老练、精明的对手"，但他的缺点也是很明显的，肯尼迪完全有信心与这位前副总统一较高低。

看到儿子拿出了拼命一搏的劲头，老约瑟夫又开始担心起来，他知道儿子的身体状况，只是整个家族都对他的疾病讳莫如深，外界不知实情罢了。他告诫儿子说，总统职位之艰难繁忙，可能使它成为"世界上最坏的工作"。肯尼迪知道父亲的话显然是违心的，他回答说，困难的问题总还是得由人来解决。他知道这个职位的职责往往遭到苛求，而且必须独力承担。他不仅有信心，而且已经做好了应对任何困难的准备。在解答新闻记者的疑问时，他答复说："担子是沉重的……这个职位总要有人去干。我是考虑去担任这个职务的四五名候选人之一。我认为我能胜任这个职务，我是以这样的认识来争取它的。"同时，他表示，拒绝考虑在任何情况下接受副总统候选人的提名。

肯尼迪自信的表白引来了一片嘘声，因为大部分人认为他更适合作为副总统候选人，鉴于他的宗教信仰、年龄、职务以及籍贯等因素，提名和选举他当总统都是不恰当的。国会参众两院的民主党多数派领袖赞成提名林登·约翰逊，民主党领袖艾德莱·史蒂文森没有公开表态，他最初还在考虑自己，接下来的民意测验显示，"有影响的知识分子"大多赞成史蒂文森；自由派的"美国人争取民主行动委员会"则赞成汉弗莱或史蒂文森；大多数黑人领袖则认为应该提名汉弗莱；而大多数劳工领袖，特别是那些被反舞弊调查和立法激怒了的人，大多支持汉弗莱或赛明顿。肯尼迪只在南方地区被排在提名人选的前面。

所以，肯尼迪在1960年上半年一直为自己做各种宣传，努力争取各地方两党领袖的支持。他继续走下层路线，更多地与群众接触，倾听他们的呼声。不管是在群众的普通宴会还是政治性集会上，他都寻机发表讲话，并为这些竞选活动筹集经费。他征求广大群众的意见和帮助，对每个人都表示关怀，从来不拒绝任何人的电话，也从不忽视一封来信或怠慢一个来访的客人。他还经常将登有他文章的报纸和书寄给那些关心他的人，写信或者打电话给那些政治领袖、知识分子、劳工领袖、黑人领袖。这一年，肯尼迪乘飞机巡行超过 24 个州，行程约 65 000 英里，发表了大约 350 次演说。在预选的多次关键性搏斗中，他和杰奎琳一起

1960年，美国民主党总统候选人肯尼迪和他的夫人杰奎琳
在纽约曼哈顿街头进行一场盛大的游行

迎接了这一艰难而光荣的挑战。肯尼迪这些细致的工作赢得了不少选民的理解和支持。

现在肯尼迪在党内至少有四个对手，即俄勒冈州的史蒂文森、印第安纳州的斯图尔特·赛明顿、西弗吉尼亚州的约翰逊和威斯康星州的汉弗莱。而且，在7月份，前总统杜鲁门公开表示支持赛明顿和约翰逊，如果这两个人不行，则可以选择鲍尔斯、迈纳。这位前总统的态度非常明确，即使约翰逊和汉弗莱不被提名，也轮不到肯尼迪。

1960年7月4日，肯尼迪前往纽约，在一个电视节目中对杜鲁门的言论进行了反驳。他最后说，虽然1960年世界各地主要领导人大多数都出生于上个世纪（19世纪），而在另一个时代受的教育，但是他们在改善世界命运方面有多大的成功呢？亚洲和非洲那些新兴的国家正在挑选一些"能够抛弃老旧的口号、幻想和猜疑的"年轻人。然后，他以自己竞选总统的结论结束电视辩论："因为有一个新世界要去争取——一个和平和友好的世界，一个充满希望和富饶丰裕的世界。我要美国带头走向这个新世界。"

新世界、新一代，当这两个词连接起来后，人们很快忘记了杜鲁门的言论，准备迎接一个新时代的到来。不料半路又有一个重要人物杀了出来，她就是极具影响力的前总统罗斯福夫人埃莉诺·罗斯福。她在多个场合发表了对肯尼迪非常不利的讲话，虽然矛头主要是对着老约瑟夫，但实际上已经表明她对肯尼迪的不满。她还把肯尼迪家族与麦卡锡之间的暧昧关系再次拿出来作为例证，对肯尼迪提出了尖锐的批评。她甚至对一个电视节目主持人说，在争取民主党总统候选人的竞争者中，除了艾德莱·史蒂文森以外，没有人具有"我们所需要的伟大人物的素质"。

肯尼迪认为罗斯福夫人因为他父亲的观点来责备他，这很不公平。他认为罗斯福夫人的反对是赤裸裸的偏见，感到非常气愤，但又担心与这位妇女运动的领袖对抗对自己有害无益。经过审慎的思考，他终于有了摆脱困境的良策。前总统罗斯福是他的偶像，他把自己的奋斗历程与罗斯福联系起来，他的动力源于榜样的力量。他在巡回演讲中引用罗斯福在纪念日集会上和民主党人的宴会上的讲话，高度称赞富兰克林·罗斯福——"他的进步形象必将永远成为民主党的楷模"。他还特别提到罗斯福1936年在富兰克林运动场的那次演讲，当时罗斯福督促通过了《全国劳工关系法》《全国产业复兴法》，强烈呼吁恢复美国经济，走出大萧条。肯尼迪把自己装扮成一个能扭转艾森豪威尔时期的经济停滞状态、推动美国快速发展的人，正如罗斯福在第31任总统胡佛之后鼓舞全国人民奋进一样，并客观地认为他有获得提名、当选并领导这个国家渡过一个危险时期的能力。这就是肯尼迪的精明之处，从此埃莉诺对他的批评逐渐转为温和的激励。

在民主党的四位竞争者中，肯尼迪认为约翰逊最有才干，而赛明顿则是各党各派最有可能一致接受的人选。从个人情感上讲，他对他们怀有好感，平常也很尊重他们。史蒂文森已经参加过两次竞选，是民主党的旗手，但他似乎对自己失去了信心，竞选刚开始他就表示他有退出的打算，只因埃莉诺最看好他，他才又坚持下去。至于汉弗莱，是肯尼迪最强劲的对手。而且，汉弗莱正以各种方式向他挑战，其中之一也是打着罗斯福的旗号。汉弗莱的竞选班子散发了成千上万张传单，上面印着汉弗莱站在装饰着菊花、挂着罗斯福画像的演讲台上的形象；他的特邀评论员在报刊上发表评论肯尼迪的文章说："这不是一个喷气时代需要的候选人，他不适合年轻而兴旺的美国；他只是一个拼命挖掘20年前大萧条的记忆，想用魔法召回正在消退的富兰克林·D.罗斯福偶像的政治家。"

西弗吉尼亚州是汉弗莱的地盘，他在那里有着巨大的号召力。为了争取这个州的选票，肯尼迪的弟弟罗伯特去那里走访了很多人，寻求应对之策。一个朋友告诉他除了抓住四个"F"，即旗帜、食品、家庭和富兰克林，别无他法。"我觉得在我们州的任何地方，参议员约翰·肯尼迪只要讲述富兰克林·D.罗斯福，就可以获得许多的同情者和选票。"肯尼迪还真的这么做了，而且很有成效。

肯尼迪的巡回演讲、写文章以及对劳工改革所进行的斗争，使人们日益注意到他的品质。据美国民意测验显示，他的支持率在不断地增长。不管是和几个民主党候选人还是两个有希望的共和党候选人进行较量，肯尼迪都越来越被广大民众所接受。从牙买加休假回来后，肯尼迪召开了一次记者招待会，他在会上用自信而干脆的声音宣读了一份关于他参加竞选总统的重要声明。他说："今天我宣布参加竞选美国总统……在过去的三年零四个月里，我访问了联邦的每一个州，并和各界的民主党人交谈过。因此，我参加竞选是以这一信念为基础的，即我能在提名和大选中获得胜利。"

虽然肯尼迪参加总统竞选在人们的预料之中，但一般都认为那是在不久的将来而非现在，因为从来没有这么年轻的候选人当选过美国总统，甚至在20世纪内，民主党全国代表大会也不曾提名过如此年轻的候选人。但肯尼迪创造了一些新的总统竞选方式，使那些习惯于老办法的人不得不钦佩他。他曾就每一个当前的问题进行投票、提出法案或发表演说，从不退缩或敷衍了事。当他飞往洛杉矶去出席民主党全国代表大会时，已经精疲力竭，憔悴不堪。在大会上，赛明顿说："他不过是比我们这些人中的任何一个人胆子大一点……更富有精力、智慧和刚强之气罢了。"可见，年轻人也有不可忽视的优势。肯尼迪已经把自己年纪较轻这一不利因素转变成了一个有利因素。

肯尼迪参加民主党全国代表大会的时候，他的小弟爱德华和特别顾问索伦森的竞选工作班子正在最后落实各个事项的细节问题，包括住宿、运输、通信、游行、接待代表、公共关系等方面和许多其他事情的具体安排。他们坚信肯尼迪会获得民主党总统候选人提名，除了派工作班子中的罗伯特·特劳特曼和戴维·哈克特去洛杉矶外，其余人都在坐等消息。洛杉矶的各大媒体都在跟进报道会议的进展情况，肯尼迪的助选工作人员将每天发生的事情事无巨细地汇报给他。设在洛杉矶的助选办公室里存有每个与会代表的档案卡片，"代表接待处"有许多年轻漂亮的姑娘忙着分发附有竞选徽章的免费咖啡，并且放映一部介绍候选人的影片。

7月9日，肯尼迪飞抵洛杉矶，在2000多人的欢迎队伍前呼后拥下，在电视节目《会见报界》中闪亮登场。他自信地说："我认为我们将赢得提名，但我并不认为大局已定。……因为没有一次代表大会是这样的。"正如他所说，大会开幕后第三天，掀起了一场以埃莉诺为代表的声势越来越大的推举史蒂文森的运动。埃莉诺表示赞同沃尔特·李普曼的主张，希望肯尼迪担任副总统。埃莉诺一度不准备公开表态，但当小阿瑟·施莱辛格①和约翰·肯尼思·加尔布雷思等一群自由派站出来支持肯尼迪时，她立即公开表示反对。她宣称："我将改变我的主意，行使我作为一名妇女所拥有的权利。"她继续说，"毫无疑问，民主党产生的最强有力的候选人应该是史蒂文森。"在这场突发的运动推动下，连汉弗莱也转而支持史蒂文森了。其他代表吵吵嚷嚷地表示支持史蒂文森再一次竞选总统。

这一情况让史蒂文森始料不及，他在会前曾表示看好肯尼迪，并愿意尽他的力量为肯尼迪拉选票。但现在大家突然把他推到最前面，成为肯尼迪的最大对手，他一时不知所措。肯尼迪知道这是有人在耍手段，但他的阵脚丝毫未乱。他心里明白不管用什么手段，都是为了获得足够多的选票，大会上真正重要的事情，是争取761名代表的选票，即超过1520票的半数。史蒂文森在会前的竞选活动中并不是很积极，所以临时"叛投"到他这边的人并不多，肯尼迪很快就心中有数了。那些竞争者只是抱有希望，而肯尼迪则是志在必得。所以对他的支持者来说，要让走势简单明了，就得在第一轮投票中领先。如果必须搞第二次投票的话，变数就大了；如果有必要搞第三、第四次投票，一种僵持局面就可能导致幕后妥协。

结果正如肯尼迪所料，1960年7月14日上午10点07分，所有代表都将票投进了票箱，下午3点，唱票结束并公布。肯尼迪在第一次投票中取得超过一半的票数，赢得了胜利。

得到被提名的消息后，肯尼迪第一件事就是给在海恩尼斯港待产的杰奎琳打电话，告知这一喜讯。接着，他匆匆赶到会场，向他的家人和政治上的主要支持者表示谢意，并作简短的致辞。然后，他就返回寓所睡觉了。他已经几天几夜没有合眼，实在是太困了。

---

① 小阿瑟·施莱辛格：美国著名历史学家、政治评论家，曾任美国总统肯尼迪的白宫特别助理，被称为"最了解罗斯福和肯尼迪时代的人"，以《杰克逊时代》和《肯尼迪在白宫的一千天》两次获得普利策奖。

3. 化被动为主动

赢得总统候选人提名后，肯尼迪接着要做的重要事情就是挑选一个好的竞选伙伴——副总统候选人。在一次接受采访时，肯尼迪透露了他对竞选伙伴的要求："我认为他应该有能力履行总统的职责，他应该是一位对美国的各种问题，特别是对农场事务很有经验的人……他是一个中西部或西部的人。"也有记者问他，既然副总统的职位这么重要，为什么当初他要断然拒绝接受副总统候选人提名？肯尼迪的回答是，总统不一定比副总统的能力强，只是总统要承担更多的责任。他进一步解释说："我一定挑选我所能得到的最优秀的人。倘若我的寿命不是像我希望的那么长……不过这对二把手来说，确实不是……一个令人羡慕的前景……那就是，只有在我万一死去以后，他才能对事态的进展发挥影响。"

按照肯尼迪提出的标准，他的助手们为他找到了 22 个人选。经过一二轮的筛选，最后剩下 6 位。挑选副总统人选实际上是寻求一个可以加强竞选力量的人，与共和党总统、副总统候选人竞争。选择标准除了个人能力外，在政见上也应该与肯尼迪基本一致，凡是过于激进的人、过于保守的人、不善言谈的人、为党内某些派别所讨厌的人，或者优缺点与肯尼迪过于相似的人，都从名单上去掉了。挑来挑去，他们最后选中了林登·约翰逊。

约翰逊除了具备许多基本条件外，最重要的在于他是一个全国性的人物，也是历史上最年轻的多数党领袖。从能力来讲，他对农业和西部都不陌生，在艾森豪威尔主政时期是国会颇有建树的参议员。从政治主张来讲，他在对外援助、社会立法，特别是民权方面所做的工作，使自由派的反对局面有所缓和。

人选确定下来后，肯尼迪马上与约翰逊电话沟通。因为约翰逊是在竞争总统提名中败落下来的，不一定愿意接受副总统候选人提名。

肯尼迪心里没底，一大早就把约翰逊从床上叫起来，希望尽快得到明确的答复。两个小时后，约翰逊赶到比尔特摩酒店与肯尼迪见面，表示对此感兴趣。于是，肯尼迪竞选办公室对外公布了这一消息，同时向民主党全国代表大会提交副总统人选名单。因为约翰逊在竞选总统提名时得票第二，所以代表们在一片欢呼声中举手表决通过。在历史上，总统和副总统候选人由两个现任的参议员组成，尚属首次。

事情进展顺利，肯尼迪有了更多的时间来考虑接受提名的演说辞。以前他的演说稿大多出自索伦森之手，至少是他们一起讨论修改的，索伦森是最熟悉肯尼迪演讲风格的人。这一次更不必说，所有帮肯尼迪起草的演讲稿件都由索伦森过目，从中挑出适合作为接受提名致辞的稿件，内容至少涉及四个方面：其一，接受提名和阐述政治纲领；其二，为重建党内的团结而伸出橄榄枝，尤其要赞扬回头支持肯尼迪的约翰逊、赛明顿、史蒂文森和杜鲁门；其三，要精心地在人们不知不觉中消除反天主教人士的顾虑，求同存异，淡化矛盾；其四，要对共和党总统候选人尼克松做出相应的批评甚至攻击。肯尼迪看后比较满意，只要求增加一条，那就是对无党派人士发出超党派的呼吁，他要争取更多的人来支持他。

7月15日，肯尼迪发表了演讲。他首先提出了"新边疆"的施政纲领。他说："这是我们这个民族必须做出的选择，这是公共利益和个人安逸之间的选择，是民族兴盛和民族衰亡之间的选择，是'进步'的新鲜空气和'常态'的陈旧凝重空气之间的选择，是积极奉献和无所作为之间的选择。"他呼吁加强党内团结，"由于他们又站到了我一边，我感到安全了"。他没有指责反对天主教的人，而是说"民主党……信任美国人民，也信任他们有做出自由、公平判断的能力——信任我有做出自由、公平判断的能力"。他对尼克松所代表的共和党的政治主张进行了批评，然后指出美国人民站在"一个历史的转折点"，呼吁各党各派摒弃前嫌，为迎接新世界的到来共同努力。他在演讲中留下了一段经典名言："我们在这里不是为了诅咒黑暗，而是为了点亮蜡烛，可以引导我们走过黑暗，到达一个安全而明智的未来。"他最后呼吁说："全人类都在等待着我们的决定。全世界都在期待着，想看看我们如何行动。我们不能辜负他们的信任。我们不能不去尝试一下。……请你们伸出手来帮助我，请你们发表意见并投我的票。"

从这一天开始，肯尼迪和尼克松的较量就正式开始了。与其说是肯尼迪与尼克松的较量，还不如说是民主党与共和党的较量。自1944年罗斯福当选以后，全国选举一直被共和党所把持，共和党处于极其有利的地位，控制着行政部门，掌握着用人、宣传和分配公款的全部权力。而尼克松本人担任过全国性的职务并参加过四次全国性的竞选，名气远远超过肯尼迪，他不仅有经验，还有这些年建立起来的庞大关系网，可以利用的资源远比肯尼迪多。最近他还得到了洛克菲勒和戈德华特①的支持，获得大笔捐款，这使肯尼迪的财富优势丧失殆尽。尼克松的竞选伙伴亨利·洛奇在党内也很有号召力，他的演说几乎让共和党内的力量完全形成了一股绳。尼克松还有一个效率很高的组织和私人班子来领导他那团结一致、经费充足的共和党。所以，人们预测，即使撇开肯尼迪没有先例的宗教和年龄问题不谈，他获胜的希望也十分渺茫。

另一方面，由于肯尼迪选择约翰逊作为竞选伙伴，使得原来支持肯尼迪、反对约翰逊的那些人有些尴尬，包括一批农场主、劳工组织领袖、黑人，他们对肯尼迪心存疑虑。而且，民主党内部不够团结，肯尼迪在党内的号召力也不是很强大，不可能得到党内人士的一致拥护。此外，他的经验和人脉也无法与尼克松相比。

面对不利的局面，肯尼迪不能不独辟蹊径，低调行事。他很快和他的兄弟及约翰逊、史蒂文森、鲍尔斯一起制定出相应的策略和计划：继续走下层路线，并重点求助于青年人，寻求蓝领阶层的选票，同时尽力争取广大妇女的选票。

---

① 戈德华特：美国政治家、共和党人，曾任国会参议员，1964年代表共和党参加总统选举。他被视为20世纪60年代美国保守主义运动复苏的主要人物，常被誉为美国的"保守派先生"。

首先，巩固好自己的几块地盘——马萨诸塞、加利福尼亚、纽约、得克萨斯、新泽西、伊利诺伊、俄亥俄、密歇根和宾夕法尼亚，对这些地区700万未登记的选民进行集体登记，不能漏掉青年和妇女。他将这个重任交给了竞选伙伴约翰逊。约翰逊做过国会众议员和参议员，在国会有着丰富的人脉，46岁便成为参议院历史上最年轻的多数党领袖，具有很强的运作、策划和说服能力。第二步，努力化解劳工组织领袖对肯尼迪的误解，同时争取中下阶层劳工选民。第三步，展现个人魅力，以电影新闻媒体为主力，打造肯尼迪个人的独特风格，人们称之为"肯尼迪风格"。第四步，为国人设计一个美好的未来蓝图，并把创造这一全新世界的重任交付给每一个美国公民，而不是自己许下承诺，独自承担，以期唤醒民众的使命感和责任感。

战略制定好后，肯尼迪便全力以赴，一步步开始实施。他先到海德公园去访问埃莉诺，再到独立城去访问杜鲁门，恳请他们给予支持，目的是促进党内团结，至少让那些反对派保持沉默。有关民主党的政见宣传方面，比如民族问题、少数民族问题和农业问题，都安排了专门的发言人。经过整个夏季的努力，从纽约到佛罗里达，再到西部加利福尼亚，党内长期不和的各派虽然没有统一起来，却比以前协调了。

针对中下阶层的选民，肯尼迪知道怎样最有效地运用各种现代化的工具——空中旅行、电视、先遣宣导人员，去唤起和号召群众。他将在马萨诸塞州竞选议员的套路发扬光大，使之在南部各州起到了出人意料的效果。在竞选经费方面，由于尼克松得到了几个大财团的赞助，肯尼迪在经费方面已经没有优势可言，何况全国性的竞选活动比以前任何一次竞选的花费都大，即便肯尼迪家族财大气粗，也很难一力承担。拉赞助是一项艰难的工作，如果竞选失败，那么所有赞助者的钱和肯尼迪家族的钱都将打水漂。有评论说："共和党人准备承担——而且是承担了——超过1952年和1956年为艾森豪威尔竞选所花费用的水平。肯尼迪缺乏他们那样的收入来源，但是又需要同样的竞选财力，他准备承担——而且是承担了——美国政治史上最大的竞选赤字。"尽管风险巨大，但肯尼迪家族仍在全力以赴。当然，最大的困难并不在金钱上，而在于美国民众对竞选者的信心。幸运的是由于肯尼迪的路线正确，他的群众基础要比尼克松好得多。

从某种意义上说，他们虽然不是处在同一起跑线上，但最终决定胜负仍要看谁跑得更快、耐力更持久。夏秋之交，肯尼迪和尼克松都在各地进行巡回演讲。肯尼迪始终围绕他的主题不变，即使演讲稿是针对不同地区、不同对象写出来的，但他很多时候不由自主地撇开演讲稿，将以前讲过的比较受欢迎的句子和段落插进来，这就保证了他的演讲内容的一贯性和逻辑性，不容易让对手找出漏洞。但他几乎在每篇演说中都力图抓住一个新问题或一组新问题来谈，比如失业问题、外层空间研究问题、裁军和军备竞争问题、"迷惘的一代"问题、社会福利问题，等等。他"离题发挥"，却始终围绕着"让美国走出困境，迎接全新世界的到来"这一主题；他从不曾说要担当起带领美国人民实现这一目标的责任，而是说让美国人民和各党各派团结一致，与他一起承担。他的演说一般都言之有物、直截了当、具体明确，而且演讲时间也控制得很好，一般在5~20分钟。简洁、幽默也是他演讲的一大特色。他给美国人民勾画出来的全新蓝图，远比尼克松信誓旦旦的承诺更有吸引力。有时部分听众还没赶到现场，他的演讲就结束了，没有听到演讲的群众不得不追着他到下一个演讲地点去。如此造成的连锁反应，使他的听众一场比一场多。他的演说给人以关切与自信的感觉，显得他非常了解情况，不屑于蛊惑人心，而且有一种冷静而果断的领袖气度。不管是冷场还是掌声如雷，他都不会故意停顿或有丝毫的犹豫，显得非常自然和自信。

与之相反，尼克松一直处于经验引导下，演讲多是老生常谈。在群众中，他本人比他所在的共和党更受欢迎，正因为如此，他才处处展示他个人的才干，对民众做出一个个许诺。虽然他头脑冷静、思维敏捷、口齿伶俐，但给人的感觉是他在传承老一辈的那一套，阐述的是政府的权力、责任、过失，以及新政府的施政目标。他仅仅比肯尼迪大4岁，但人们却称他为"老家伙尼克松"。更不幸的是，尼克松在 8 月下旬去南方演讲时，在北卡罗来纳州的格林斯伯勒，被汽车车门撞伤右膝盖，伤势看上去并不是很严重，但后来检查发现伤口已受到溶血葡萄球霉菌感染。尼克松不得不在病床上躺了两周，为平白失去的宝贵时间而懊恼不已。与此同时，他的竞选伙伴亨利·洛奇似乎也没有发挥出应有水平。

肯尼迪的被动局面渐渐好转，但是顽固的宗教问题一直困扰着他。9 月 7 日，在南方地区，由新教牧师诺曼·文森特·皮尔①博士等人发起成立了一个新机构"全国争取宗教自由公民大会"，向肯尼迪提出了一连串的质疑，公开表示不能信任信仰罗马天主教的总统。他们说，肯尼迪没有完全抛弃他的教会的教义，不能摆脱天主教统治集团的"破坏政教分离之墙的……坚决的努力"。波士顿牧师哈罗德·奥肯加说，肯尼迪像赫鲁晓夫那样，是"一种制度的俘虏"，并要求肯尼迪参加得克萨斯州休斯敦的牧师协会组织的答辩会。

皮尔博士是尼克松的好朋友，他也邀请尼克松参加这次答辩会。这意味着尼克松也被卷进宗教信仰的争论中来，这是他极力想要回避的一个重大问题，所以他不准备出席任何类似的会议。而肯尼迪经过认真考虑，决定出席答辩会，以求解决这个迟早都要面对的难题。

9 月 12 日晚上，在休斯敦赖斯大饭店，由当地电视台直播的答辩会开始了。肯尼迪的穿戴有些严肃，黑色的西服，再加一条黑领带。他坐在两个主持会议的牧师中间，望着电视摄像镜头，觉得自己就像在批斗会上等待挨批一样，表情略显木讷、紧张。

会议主持人首先向与会者介绍了几位全国性报刊的权威评论家，宣布了辩论的原则和宗旨，也营造出了一种敌对气氛。在这种氛围下，肯尼迪被主持人介绍给与会者。肯尼迪一站到讲台上，自信和胆气都有

---

① 诺曼·文森特·皮尔：著名牧师、演讲家和作家，被誉为"积极思考的救星""美国人宗教价值的引路人"和"奠定当代企业价值观的商业思想家"。他的一生充满传奇色彩，曾做过几任美国总统的顾问，获得过里根总统颁发的美国自由勋章——美国公民最高荣誉。

了。他面对300多名新教牧师和全国几千万电视观众，开宗明义地说"有必要谈谈宗教问题"，接着话锋一转："问题不在于我信奉的是什么宗教，因为这只有对我个人才是重要的事情；问题在于我所信奉的是一个什么样的美国。……我信奉的是一个政教绝对分离的美国——在这里，没有哪一个天主教枢机主教会命令总统（假如他是一个天主教徒的话）怎样行事，也没有哪一个新教牧师会命令他的教区居民去投谁的票……在这里，宗教自由具有如此的不可分割性，以致反对一个教会的行为就被看作是反对所有教会的行为。"他用肺腑之言打动了那些攻击其宗教信仰的人的心。尽管这个问题没有彻底解决，但他在整个得克萨斯州和全国其他地方都受到了广泛而热烈的赞扬。

竞选决战临近的时候，又发生了一件引人注目的事情，苏联共产党中央委员会第一书记赫鲁晓夫访问联合国，新闻媒体对此事进行了大肆渲染报道。影响竞选的不在于事件本身，而在于突出报道了尼克松自称的"与赫鲁晓夫分庭抗礼"的优越经历。社会舆论原本就是倾向共和党和尼克松的，这下各大媒体越发大捧尼克松，几乎占据了各大报纸的头版新闻。形势对肯尼迪很不利，他感觉到最迫切的任务就是要用别的事情来转移人们对自己宗教信仰问题的视线，迅速树立起一个比尼克松更受欢迎的新形象。

当时美国约有4000万个家庭拥有电视机。肯尼迪意识到，再没有什么能比电视更快捷地帮自己打造新形象了，尽管他之前已经在45个州进行了500多次演讲，却不如几个晚上在大型电视台上演讲的观众多。问题是租用电视台费用高昂，将使民主党的经费更为紧张。如果租用全国性的电视台进行联播，恐怕花费将达百万美元以上。

幸好8月份曾有一家电视台听取全国人民的呼声，表示可以免费让两位竞选者作一次现场直播大辩论。两位竞选者都兴趣极大，都想借此良机一举击败对手。于是，他们达成协议，决定请这家电视台连续进行四次直播，每次一个小时，并由所有的电视台和无线电台同时联播。

在美国历史上，类似的对决仅在林肯和道格拉斯①之间有过，而这一次将产生空前的影响。肯尼迪重视这件事胜过以前的任何一件事。他唯一的希望是自己可以为此做好充分的准备和获得充分的情报。为此，他让写作班子把材料压缩制成卡片，并花了很多时间去探讨国内每一个问题的事实和数字、每一项指责和尼克松的每一项反指责，然后进行模拟演讲，做好笔记，直到烂熟于心。

1960年9月25日，在芝加哥，一场盛况空前的总统竞选全国电视辩论开始了，尼克松和肯尼迪两位总统候选人在辩论中第一次交锋。肯尼迪首先发言，他讲得平静、直率，比他平时讲得稍快，似乎是为了抢时间，声音有力但不够生动。他说："我认为摆在美国人民面前的问题是：我们是不是在尽可能地做我们所能做的一切呢？……如果我们失败了，自由也就失败了。……作为一个美国人，我对我们所取得的进展并不满意。……这是一个伟大的国家，但是我认为它能够成为一个更伟大的国家。"他的主题依然是号召人民一起将危机中的美国拯救出来，一起建设美国，推动美国，使美国振作起来，迎接一个崭新的世界。

尼克松也进行了主题演讲，但他的演讲结尾内容空洞、处于守势。接着，对两位竞选人进行提问答辩。这次辩论被所有的主要电视台和无线电台列入节目表。向这两位候选人提问的有哥伦比亚广播公司的斯图亚特·诺汶斯、互助广播公司的查尔斯·华伦、美国广播公司的罗伯特·弗莱明。主持人是哥伦比亚广播公司的霍华德·K.史密斯。在两个小时的演播后，面对许多提出问题的电视观众，双方首战以平局告终。

但这对肯尼迪来说却是一次胜利，因为在此之前，舆论界基本是倾向于尼克松的，这场电视辩论成了一个转折点。事后人们讨论尼克松失败的原因认为：辩论前，尼克松独自躲在旅馆里钻研辩论答问攻防，流

---

① 道格拉斯：美国政治家、辩论家、民主党人，曾担任美国国会众议员和参议员，绰号"小巨人"，这是因为他的身材比较矮小，但是在国会里的影响力却很大。

1960年9月26日，美国副总统尼克松和肯尼迪进行的第一场电视辩论

于闭门造车，而肯尼迪则与智囊团一起讨论，而且专门训练了个人仪态及身体语言；尼克松天生怕热，辩论时头上直冒汗，状似紧张，而且他脸上的"懒汉剃须"粉被汗水冲出隐隐约约的沟痕，两眼夸大了黑色的深邃，嘴部、下巴和面孔因为紧张而下垂；尼克松因膝盖受伤不耐久站，表情痛苦，显得容貌憔悴，缺少生气，与神态自若的肯尼迪站在一起，可以说相形见绌。芝加哥市市长理查德·戴利在现场观战后说："我的上帝！他还没死，他们就给他做了防腐处理。"

除了屏幕形象之外，关于两人的讲话内容，肯尼迪给人的印象是一个打算应对国家最大问题的领导人，而尼克松给选民的感觉是试图在一个政敌面前占上风。尼克松的竞选伙伴洛奇在辩论结束后的第一句话就说："那个狗娘养的刚刚输掉了大选。"

不是两人打成了平局吗，为什么洛奇会这样讲呢？因为常识告诉他，一个竞跑选手在起跑线领先的情况下，竭尽全力想保持优势却仍被对手赶上，接下来被超越就是很自然的事情了。

肯尼迪正是利用这一平局，将各种潜在的力量集聚集到了自己身边。在赞许的气氛中，抱怀疑态度和持异议的民主党人现在全都团结到他这边来了。震惊的共和党人再也不能说他不成熟和没经验了。新教徒也不再只把他当作一个天主教徒。拥护他的群众的人数和热情立即大为增长。

第二次、第三次和第四次辩论的观众一次比一次少，因为人们不用浪费时间观看就能预知结果。辩论过去了，美国棒球锦标赛也已经结束，赫鲁晓夫已经离开联合国返回苏联，人们在抢的新闻热点便是肯尼迪的所有活动。一位《纽约时报》的专栏作家以充满嫉妒的语气写道："约翰·肯尼迪对于女性选民的影响力是骇人听闻的，所有的女性要么想成为他的母亲，要么想成为他的妻子。"他留给美国和世人的是一个年轻而强有力的形象。

11月7日晚上，肯尼迪在波士顿古老的法纽尔会堂里，通过电视节目宣布1960年的总统竞选活动结束。他说："我们做了所能做的一切。"他与妻子杰奎琳一起在波士顿选区投完票，然后去海恩尼斯港的别墅里静候竞选结果。第二天，肯尼迪无所事事，显得漫不经心，以掩饰内心的焦灼不安。他的竞选班子不断将各州的投票情况传递给他，直到选举团中以303票对219票获胜。

1960年11月9日刚过晌午，新闻界正式宣布：约翰·F.肯尼迪成为第35届美国总统。约翰·斯瓦洛·赖特写道："他是我们的总统，是本世纪（20世纪）诞生的第一个总统，是历来当选总统中最年轻的一个，而且我们可以肯定地说，也一定会是最好的一个。"

第六章 一着不慎惹风波

1. 白宫的新主人

1960年11月9日中午，肯尼迪先在海恩尼斯海滨散了一会儿步，然后准时返回与杰奎琳一起观看尼克松表示认输的电视直播节目。随后，他给发来贺电的尼克松和艾森豪威尔总统回电表示感谢。

当天傍晚时分，肯尼迪精心打扮一番，西装革履，穿戴非常正式。他亲吻了妻子后，径直走向海恩尼斯港兵工厂，向聚集在那儿的全国新闻界人士发表一个表示感谢的简短致辞。

人们发现，取胜后的肯尼迪并没有他们想象的那么高兴，黝黑的脸上甚至透露出一丝忧虑。当他撇下几个特工独自一人沿着海边的蜿蜒小路往家走时，他向大海远处眺望，雾茫茫一片，出乎寻常的平静。几天以前、几个月以前的喧喧嚷嚷、吵吵闹闹的情景，一幕幕地在眼前浮现。按理说，肯尼迪家族几代人为之奋斗的终极目标已经达成，肯尼迪应该踌躇满志、春风得意，可是他怎么也找不到那样的感觉。他只觉得，在享有最高权力和荣誉的同时，也担起了一副他无法独力承担的重担。这让他感到疲惫至极，他需要在一个空寂的地方好好补充一下睡眠了。

肯尼迪回到豪华的别墅，躺在舒适的床上却睡意全无。在上任前的72天过渡时间里，他有很多以前从未做过的工作要做：重组政府内阁班子；任命大约75个重要部门成员；对600个其他重要职位进行提名；

筛选出留用官员；对支持忠于他的人委以官职；制定政府人事政策；与总统交接和处理过渡阶段的一切行政事务，诸如财政、交通运输、膳宿供应、与新闻界的关系等；处理来自世界各国首脑以及请愿者、求职者、老朋友等的来信；计划就职典礼仪式，写一份就职演说稿……

他先在马萨诸塞州发表了告别演讲，又推举了他的同学、前格洛斯特县县长本杰明·史密斯去填补他在参议院的席位。接下来是进行接连不断的拜访，其中包括劳工领袖们、农场主的领袖们、黑人领袖们以及各党各派的领袖们；举行各种形式的记者招待会，向他们透露政府可能任命的内阁成员和其他重要部门成员人选，并作适当的介绍和宣传；组建一系列研究小组，负责对包括对外经济政策、剩余粮食、非洲、美国新闻署、海外人事及裁军等问题进行调查、研究、报告；制定新总统施政纲领；拟定所有关于立法、预算和行政问题的查核清单……

到1961年1月初，肯尼迪将工作重点放在就职典礼的准备工作上。仪式内容包括举行盛大音乐会和同时举行的五个舞会，检阅长达四个小时的就职典礼的游行，还将发表罗伯特·弗罗斯特①专为就职典礼写的一首诗，由黑人女低音歌唱家玛丽安·安德森演唱《星条旗》。当然，核心部分是他的就职演讲，正在不断修改中。

对于肯尼迪当选总统，艾森豪威尔感到十分意外，他一直把肯尼迪看作一个不成熟的孩子。但12月6日肯尼迪以继任总统的身份去白宫与他会晤时，他对这位继任者有了几分好感。他们进行了友好而愉快的交谈，肯尼迪给了他"极其深刻的印象"。1961年1月19日第二会晤时，艾森豪威尔表现出长者风范，与肯尼迪交接了必须马上交接的工作，这位即将卸任的总统洋溢着真诚、亲密、关爱的笑意。肯尼迪后来说："我认为我们要求的事情，他们都做到了。"

这一天下午，北部地区下起了大雪，暗蓝的天空和飞洒满天的白色

---

① 罗伯特·弗罗斯特：20世纪最受欢迎的美国诗人之一，曾获得四次普利策奖和许多其他的奖励及荣誉，被称为"美国文学中的桂冠诗人"。代表作品有《一棵作证的树》《山间》《新罕布什尔》《西去的溪流》《又一片牧场》等。

雪花交相辉映，有一种苍劲而大气的美。到傍晚时分，华盛顿的积雪达到了半英尺①厚。一个失败者和一个成功者触景生情，各有不同的感受。尼克松从F街俱乐部出来坐上他的副总统专用轿车，司机客气地提醒他：今天是使用专车的最后一天。尼克松驱车到国会山，一路上始终一言未发。他默默地望着窗外飞舞的大雪，觉得华盛顿像一座荒无人烟的废城。他后来在回忆录中写道："我走下汽车，再一次俯视我心目中认为是世界上最为壮观的景色——现在已为皑皑白雪所覆盖的林荫大道，远处耸立着的华盛顿纪念塔和林肯纪念堂。"

与此同时，肯尼迪和妻子杰奎琳听完在宪法大厅举行的音乐会，站在大厅的廊道上向窗外望去，外面的世界已是银装素裹，一片洁白。肯尼迪突然想到，他要迎接的全新世界，也应该是这样的洁净而美丽。尽管寒风刺骨、道路冰封，但他的内心却有一团熊熊火焰在燃烧，他想象着明天就职典礼的情形……

1961年1月20日晨，华盛顿几条大街部分路段的积雪已被驻军清理过，寒风也稍为减弱，空气又纯净又料峭。一大早就有大约2000名穿着大衣、围着围巾的观光者聚集在国会山的东门廊前面，不断跺脚拍胳膊，向手心哈气。观礼台上挤满了官方代表，主要有外国使节和显要人物、新上任和刚卸任的官员，还有一个特邀的由155名作家、艺术家和学者组成的团体。

临近午时，肯尼迪和夫人杰奎琳等人来到国会山，人群中欢呼声顿起。肯尼迪走上临时搭建的观礼台，脱下大礼帽，一边跟人们打招呼，一边走到艾森豪威尔旁边坐下。这"一老一少"形成了鲜明对比。

86岁的诗人罗伯特·弗罗斯特献上他专门为新总统创作的一首诗，但因阳光和白雪刺眼，他难以看清稿子上的诗句，于是，他改为吟诵另一首名诗《彻底的礼物》：

---

① 1英尺=0.3048米。

国土属于我们，即使在我们拥有之前，

我们的国土属于我们已经有一百多年，

在我们尚未是她的子民之前，就属于我们。

……

占有我们尚不为之占有的，

被已不再占有的所占有。

我们怯于奉献使我们变得虚弱，

直到发现，其咎于我们自己。

我们拒绝奉献给予我们生活的土地，

却冀望马上在屈服中获得新生。

……

接着，枢机主教理查德·库欣为教区居民发表了一篇自认为很感人的祈祷文。虽然电路中途出现了故障，但肯尼迪依然从容脱下大衣，来到讲桌前，与首席法官厄尔·沃伦一起庄严宣誓。他高声说完"让上帝保佑我吧"之后，以惊人的清晰语调，开始了准备已久的就职演讲：

我们今天庆祝的并不是一次政党的胜利，而是一次自由的庆典；它象征着结束，也象征着开始；意味着更新，也意味着变革。因为我已在你们和全能的上帝面前，作了跟我们的祖先将近一又四分之三世纪以前所拟定的相同的庄严誓言。

现在的世界已经非常不同了，因为人类的巨手掌握着消灭人类一切形式的贫困和消灭人类一切形式的生存的力量。但是，我们的祖先为之奋斗的那种革命信念，在世界各地仍然是有争论的。这个信念就是：人权并不是政府的施舍，而是上帝之手所赐予。

我们今天不敢忘记我们是第一次革命的继承人，让我从此时此地告诉我们的朋友，并且也告诉我们的敌人，这支火炬已传交给新一代的美国人，他们出生在本世纪，经历过战争的洗礼，受过严酷而艰苦的和平的熏陶，以我们的古代传统自豪，而且不愿目睹或容许人权逐步被褫

肯尼迪总统演讲

夺。对于这些人权,我国一向坚贞不移,即使在国内和全世界,我们也是对此力加维护的。

让每一个国家知道,不管它盼我们好或盼我们坏,我们将付出任何代价,忍受任何重负,应付任何艰辛,支持任何朋友,反对任何敌人,以确保自由的存在与实现。这是我们矢志不移的事业——而且还不止于此。

对于那些和我们拥有共同文化和精神传统的老盟邦,我们保证以挚友之诚相待。只要团结,那么在许多合作事业中几乎没有什么是办不到的。倘若分裂,我们则无可作为,因为我们在意见分歧、各行其是的情况下,是不敢应付强大挑战的。

对于那些我们欢迎其参与自由国家行列的新国家，我们要提出保证，绝不让一种形成的殖民统治消失后，却代之以另一种更为残酷的暴政。我们不能老是期望他们会支持我们的观点，但我们却一直希望他们能坚决维护他们自身的自由，并应记取，在过去，那些愚蠢得要骑在虎背上以壮声势的人，结果却被虎所吞噬。

对于那些住在布满半个地球的茅舍和乡村中，力求打破普遍贫困的桎梏的人们，我们保证尽最大努力助其自救，不管需要多长时间。这并非因为共产党会那样做，也不是因为我们要求他们的选票，而是因为那样做是正确的。自由社会若不能帮助众多的穷人，也就不能保全少数的富人。

对于我国边界以内的各姐妹共和国，我们提出一项特殊的保证：要把我们美好的诺言化作善行，在争取进步的新联盟中援助自由人和自由政府来摆脱贫困的枷锁。但这种为实现本身愿望而进行的和平革命不应成为不怀好意的国家的俎上肉。让我们所有的邻邦都知道，我们将与他们联合抵御对美洲任何地区的侵略或颠覆。让其他国家都知道，西半球的事，西半球自己会管。

至于联合国这个各主权国家的世界性议会，在今天这个战争工具的发展速度超过和平工具的时代中，它是我们最后的、最美好的希望。我们愿重申我们的支持诺言；不让它变成仅供谩骂的讲坛，加强其对于新国弱国的保护，并扩大其权力所能运用的领域。

最后，对于那些与我们为敌的国家，我们所要提供的不是保证，而是要求：双方重新着手寻求和平，不要等到科学所释出的危险破坏力量在有意或无意中使全人类沦于自我毁灭。

我们不敢以示弱去诱惑他们。因为只有当我们的武力无可置疑地壮大时，我们才能毫无疑问地确信永远不会使用武力。可是，这两个强有力的国家集团，谁也不能对当前的趋势放心——双方都因现代武器的代价而感到不胜重负，双方都对于致命的原子力量不断发展而产生应有的惊骇，可是双方都在竞谋改变那不稳定的恐怖均衡，而这种均衡却可以暂时阻止人类最后从事战争。

因此让我们重新开始，双方都应记住，谦恭并非懦弱的征象，而诚意则永远需要验证。让我们永不因畏惧而谈判，但让我们永不要畏惧谈判。让双方探究能使我们团结在一起的是什么问题，而不要虚耗心力于使我们分裂的问题。让双方首次制定有关视察和管制武器的真诚而确切的建议，并且把那足以毁灭其他国家的漫无限制的力量置于所有国家的绝对管制之下。让双方都谋求激发科学的神奇力量而不是科学的恐怖因素。让我们联合起来去探索星球，治理沙漠，消除疾病，开发海洋深处，并鼓励艺术和商务。让双方携手在世界各个角落遵循以赛亚的命令，去"卸下沉重的负担……（并）让被压迫者得到自由"。如果建立合作的滩头堡能够遏制重重猜疑，那么，让双方联合作一次新的努力吧，这不是追求新的权力均衡，而是建立一个新的法治世界，在那个世界上，强者公正，弱者安全，和平在握。

凡此种种不会在最初的100天中完成，不会在最初的1000天中完成，不会在本政府任期中完成，甚至也不能在我们活在地球上的毕生期间完成，但让我们开始。

同胞们，我们事业的最后成效，主要不是掌握在我手里，而是操在你们手中。自从我国建立以来，每一代的美国人都曾应召以验证他们对国家的忠诚。响应此项召唤而服军役的美国青年人的坟墓遍布全球各处。现在那号角又再度召唤我们——不是号召我们拿起武器，虽然武器是我们所需要的；不是号召我们去作战，虽然我们准备应战；那是号召我们年复一年肩负起持久和胜败未分的斗争，"在希望中欢乐，在患难中忍耐"；这是一场对抗人类公敌——暴政、贫困、疾病以及战争本身——的斗争。我们能否结成一个遍及东西南北的全球性伟大联盟来对付这些敌人，来确保全人类享有更为富裕的生活？你们是否愿意参与这历史性的努力？在世界的悠久历史中，只有很少几个世代的人负有这种在自由遭遇最大危机时保卫自由的任务。我决不在这责任之前退缩，我欢迎它。我不相信我们中间会有人愿意跟别人及别的世代交换地位。我们在这场努力中所献出的精力、信念与虔诚，将照亮我们的国家以及所有为国家服务的人，而从这一火焰所聚出的光辉必能照亮全世界。

所以，同胞们，不要问你们的国家能为你们做些什么，而要问你们能为国家做些什么。全世界的公民，不要问美国愿为你们做些什么，而应问我们在一起能为人类的自由做些什么。

最后，不论你们是美国的公民，还是世界其他国家的公民，你们应要求我们拿出我们同样要求于你们的高度的力量和牺牲。问心无愧是我们唯一可靠的奖赏，历史是我们行动的最后裁判者，我们祈求上帝的保佑和帮助，但是我们都知道，上帝在人间的工作实际上必然是我们自己的工作，那么让我们来引导我们热爱的祖国向前迈进吧！

虽然不少观众希望听到肯尼迪预先准备周详的保证和赞扬全体选民的典型就职演说，但他却未作任何许诺，当他说到"火炬已经传到新一代美国人手中"时，反倒提出种种要求。这时，所有在场者看似忘记了寒冷，忘记了党派界线，忘记了一切旧有的种族、宗教和民族等方面的分歧。大家热血沸腾，似乎准备好了以最大热情迎接新时代的到来。

就职典礼之后举行了盛大的阅兵仪式，然后同时举行了五场舞会。

1961年1月21日，肯尼迪正式成为白宫的主人。从这一天开始，他把有关外交、内政、立法和政治方面渊博的知识带进白宫，同时也将他的工作作风和生活习惯一并带入白宫。他规定所有白宫工作人员上午9点上班，而他自己通常是8点以前就开始工作。白宫的大事小事极为烦琐，会见来访者，开会，打电话，阅签文件，回复必复的来信——每个星期有30 000封信件源源不断地涌入白宫。不仅肯尼迪在奔波忙碌，整个行政部门就像指挥打仗的前线司令部一样，直到深夜办公室仍灯火通明。肯尼迪的弟弟爱德华后来回忆说："正是在那些日子里，我们认为自己正在取得成功，因为所听到的都是每个人在怎样苦干的故事。"白宫的工作班子有30多人，且分工明确，但肯尼迪还得花点时间与他们磨合，即使是总统办公室的那些呼叫按钮，也要花时间熟悉一下，不然可能会叫错人。肯尼迪充满活力、热情奔放的作风，让在白宫工作的所有人都受到了感染。

新总统即任最麻烦的事情莫过于应付那些求职者。肯尼迪对那些不合要求的求职者很少一口回绝，更不会与他们争辩。为了摆脱各种纠缠，让他们死心，他采取的策略是带领求职者参观白宫的房间，让他们从三楼开始一间间参观，到了一楼他就客气地对求职者说，先生（们），参观到此结束。求职者自然明白总统下达的"逐客令"。

白宫坐落于首都华盛顿中心区宾夕法尼亚大街1600号，是一座6层英式别墅风格建筑，有130多个房间。白宫一般每隔4年就会翻新一次。作为白宫新主人，杰奎琳在拿到白宫130多个房间的钥匙之后就决定将白宫变成美国最漂亮的房子。她成立了一个委员会，筹集到上百万美元，用于在全国购买古老的家具和绘画。一股清新之风吹进了白宫，结束了这座房子一成不变的陈规陋习。更重要的是，她以独到的眼光和穿着方式将时尚带进了白宫，给美国的流行时尚吹进了前所未有的优雅之风。

杰奎琳的名气越来越大，以至于电台的播音员在晚间预报完天气之后，总要补上一句："晚安，肯尼迪夫人，不论您现在在哪里。"她享有"美国第一夫人"荣誉的时间不长，却以高贵的气质、优雅的举止、独立的个性，赢得了世人的仰慕。

2. 内阁班子和新政

美国不大讲究"一朝天子一朝臣"，但每更换一任总统，都会对内阁班子进行较大调整。肯尼迪内阁班子大规模搜罗人才的工作始于1960年11月10日。组阁伊始，他不愿内阁成员完全来自同一个阶层。为此，他抛开自己以往的人际圈子，在全国范围内延揽精英，在此后五周时间里选定了内阁的10名部长。

确定人选之前，肯尼迪亲自会见了几十个人，研究了另一些人的著作和资历，并和全国各地通电话去核实情况。他挑选的人才可以不是他的亲信，但一定要是抱着和他同样思想的人。比如，他绕过史蒂文森、鲍尔斯和其他一些全国知名的人物，而挑选不太知名的迪安·腊斯克①担任国务卿；撤下同党前任空军部部长、参议员斯图尔特·赛明顿，而选择默默无闻的共和党人罗伯特·麦克纳马拉②担任国防部部长。史蒂文森不仅没能出任国务卿，甚至连部长也没有当上，因为肯尼迪认为最适合他的职务是驻联合国大使（内阁成员）。

肯尼迪任命内阁成员是审慎、正直的，甚至没有一点丑闻的嫌疑以至于玷污他的内阁。这些内阁成员像肯尼迪一样，在思想观点上重实际胜于理论，重逻辑胜于意识形态；乐于学习和工作，勇于创新和改革；富有创造性、富于想象力、富有献身精神而又不感情用事，年轻而又经验丰富，办事干练；能说会道而又温和动听。他们大多不是总统的亲信，既非左派也非右派，而较接近中间派。

肯尼迪的内阁成员不以财产多少作为考量标准，万贯家财的人并不能打动他；没有持不同政见集团的代言人，没有对于政治献金的回报。道格拉斯·狄龙③是共和党人，曾经捐款支持过肯尼迪的对手尼克松，但肯尼迪却任命他为财政部部长，仅仅因为他是一个"能够对华尔街的一些人直呼其名的人"，肯尼迪需要他来重振疲软的经济。他还很幸运地具有个人的魅力和劝说的本领，使他能把那些具有真才实学的人吸引过来，争取到他的旗帜下。肯尼迪的经济顾问詹姆斯·托宾④在接受任

---

① 迪安·腊斯克：美国著名外交家。"二战"时是史迪威手下主管情报的副参谋长，后任美国助理国务卿、第54任美国国务卿。他在约翰逊政府进行越战时期是"最强硬的鹰派人物之一"。

② 罗伯特·麦克纳马拉：美国商人、政治家，共和党人，曾任美国国防部部长、世界银行行长。作为国防部部长，他在越战期间的作为最具争议；就任世界银行行长后，他致力于解决贫困问题，把世界银行援助重点从发达国家向欠发达国家转移。

③ 道格拉斯·狄龙：美国金融家、外交家、政治家，共和党人，曾任美国驻法国大使、财政部部长。

④ 詹姆斯·托宾：著名经济学家，曾在哈佛大学与耶鲁大学任教，专长于总体经济学，获得过1981年诺贝尔经济学奖。他发展了凯恩斯主义经济学，为新凯恩斯学派的一员，支持政府介入市场经济。

命时表示犹豫，认为自己多少是个"象牙塔里的经济学家"，但肯尼迪对他说："这没有关系，我多少是个象牙塔里的总统。"实际上，肯尼迪所任命的重要官员里，学术界人士——其中包括15个罗德斯奖学金获得者——所占的比重比历史上任何总统都要多。

肯尼迪用人既不避亲，也不避仇。他任命自己的弟弟、年仅36岁的罗伯特为司法部部长就是最典型的例子。他的政敌对此进行攻击，但肯尼迪对各种非议置之不理。事后证明，肯尼迪的任命是正确的。罗伯特不仅促进了民权，而且打击了青少年犯罪活动、有组织的罪恶勾当、垄断性的并吞，以及操纵物价等行为；干预了重定界标的案件；为贫穷的被告提供辩护律师；扩大赦免条例的适用范围；促使移民局的工作变得通情达理；改善了联邦法官的素质；使联邦调查局在打击有组织犯罪的辛迪加①和破坏民权者方面更有成效；制止了《保释条例》的滥用和过分或不适当的惩罚，可谓成绩斐然。不过，很多时候肯尼迪与弟弟的意见并不一致，最后多半多是肯尼迪妥协，因为罗伯特是正确的。人们曾拿他与兄弟的关系开玩笑，说罗伯特是"国内第二个最有权力的人"。

肯尼迪组阁是开放式的，内阁成员有着各种各样的背景。农业部部长奥维尔·弗里曼并不是由农业组织推荐，也从来没有提出过任何农业立法。劳工部部长阿瑟·戈德堡②作为一名律师，尽管曾经和劳工运动有过长期的合作关系，但是有组织的劳工领袖们并不认为他是自己人。另外几个内阁成员，内政部部长斯图尔特·尤德尔、邮政部部长詹姆斯·爱德华·戴③、商业部部长路德·H. 霍奇斯、卫生教育及福利部部

---

① 辛迪加：资本主义垄断组织的主要形式之一，大多是同一生产部门的少数大企业通过签订统一销售商品和采购原料的协定而建立的组织。辛迪加内各企业不能独立地进行商品销售和采购原料，需由总办事处统一办理，从而在争夺产品销售和原料分配份额上进行激烈竞争。

② 阿瑟·戈德堡：美国法学家、外交官，俄罗斯移民后裔，曾任美国劳工部部长、最高法院大法官和美国驻联合国代表。晚年从事人权问题研究。

③ 詹姆斯·爱德华·戴：美国商人、政治家，民主党人，曾任美国邮政部部长。

长亚伯拉罕·A.鲁比科夫，也都是来自国会和州市的能人。这些人在企业界、法律界、政界以及学术事业中都拥有显著的成功经历。同时，内阁成员也明显的年轻化，重要成员的平均年龄不足50岁。

不过，内阁成员的薪水普遍较低，甚至根据州和地方政府的标准来看，联邦行政官员领取的薪金也是偏低的。密苏里州拉杜的督学拿的薪金比国防部部长还要多（上一年麦克纳马拉在福特汽车公司的收入是41万美元）。伊利诺伊州库克郡的首席遗嘱查验法官的薪金比国务卿还高。仅洛杉矶市，就有28个官职的薪俸比任何内阁官职的待遇都高。所以，肯尼迪上任之初，就要求阁员们准备在经济方面做出牺牲。从第一次内阁正式会议之后，"他们就一直是一个和睦的团体，一个忠诚的团体。没有一个人试图牺牲他的同僚或领袖的利益，以增进他自己的政治利益和经济利益"。内阁成员说话、行事低调克制，然而他们和肯尼迪一样，都深信自己能够改变美国的航向。

除了精干的内阁成员，肯尼迪的白宫工作班子也充满了活力。他希望这个班子能体现他个人的方式、方法和目的，为他对一些创见和建议进行概括和分析，对各机构间相互冲突的观点加以斟酌，对总统必须做出决定的一些问题予以阐明，要确保种种现实的政治事实没有遭到忽视，并使他能够根据自己的各种考虑和民众的意见统筹兼顾地做出决定。这个班子在具体事务方面，可以跟议员们、行政官员、记者们、专家们、内阁成员们以及政治家们谈话，可以为各部门间的特别工作组服务，可以检阅文件并起草演说稿、信件以及其他种种公文，可以在有些问题出现危机之前就看出来，在有些建议提出之前就估计其可能性，可以斟酌立法要求、政府法令、各种事件、总统的约会、奖励，以及总统的演说稿，还可以为他传达口信，照料他的日常生活，维护他的利益，执行他的命令，以及确保他的各种决定得以执行。总之，这个班子必须分担他的双手、耳目、大脑要承担的各种各样的工作，唯一不做的工作就是替总统作决定。

当然，对于自己能亲力亲为的事情，肯尼迪也尽量自己去做。他先后废除了白宫班子的金字塔式结构和例会，废除了每周的内阁会议，废除了总统助理、白宫秘书、内阁秘书处以及几十个部际委员会，使沟通更快捷顺畅，指令下达得更迅速。

肯尼迪在上任之前就已经知道，他将接手一摊子烫手的重大事情：

其一，美国经济严重衰退。肯尼迪在就职第二天，签署了第一号行政令：给400万贫苦美国人民增加剩余食物的品种，并把数额加倍。这也是他的内阁首先要面对的问题，因为美国经济7年内发生的第三次经济衰退，造成了20多年来最高的失业人数。

其二，民众对美国失去应对苏联威胁的能力的担忧。苏联自1957年10月把第一颗人造卫星发射到环绕地球的轨道之后，又发动了一波新的"冷战"攻势，美国人民为此感到担忧。肯尼迪在竞选之前就注意到这个问题，他在竞选中提出"新边疆"的概念，正体现了他对待国际关系的态度和立场。

其三，因政府默许所造成的动荡。民权问题、种族隔离问题，使受压迫的黑人日益感到灰心丧气。肯尼迪支持种族融合与公民权益，他还致电给被判刑入狱的马丁·路德·金，以此表示他对黑人的关注及对种族隔离政策的不满。

其四，美国已深陷越南人民的革命斗争中，遭到由越南共产党政权所策划支持的游击战术和革命活动的威胁，进退两难。

肯尼迪要处理的国家事务可谓千头万绪，而他对行政管理一向不感兴趣，也没有多少经验，他希望他的内阁班子和白宫班子在各自的职责范围内担负起管理重任，他只干他最擅长的工作——制定计划、政策、法规。但是，制定各种新计划和新政策需要繁多的资料和事实依据，需要对民心的深入了解，需要对国内政治、经济、军事、宗教、种族、文化等状况进行全面了解和细致分析。他后来回忆说："从当参议员到当总统，这里边可是一个巨大的变化。在开头的几个月中，会感觉非常困难。"

肯尼迪往往会将他的重要计划所涉及的问题列出清单，交给相关的部、局或者白宫的专门班子，让他们先调查讨论。常常涉及的几个论题包括对外经济政策、应对核讹诈、外层空间、剩余粮食、非洲、美国新闻署、海外人事及裁军问题等，这些指定性的国际问题由乔治·鲍尔和约翰·沙伦领导的几个新的特别工作组去研究。詹姆斯·兰迪斯等人提出有关制定规章的机构的报告；理查德·诺伊施塔特就政府改组问题提出报告。总统的特别顾问们接受的任务是：组织一个特别工作组去应对经济衰退的问题；跟总统一起制定其他需要研究的题目，包括经济萧条地区和西弗吉尼亚、住房和城市、卫生和社会保障、教育、税收、最低工资、核讹诈、拉丁美洲、印度、文化交流、美国新闻署以及和平队等问题。

很多时候，肯尼迪在提出问题之初并没有进行细致分类，后来他发现漏掉了他最重视的农业问题，于是又列出了一个有关发展农业问题的清单，并找来许多农业专家进行研究。

肯尼迪依靠总统个人的白宫工作班子、预算局和特别工作小组来为自己的决策进行调查和说明问题，特别工作小组的成员并不是固定的，而是由他根据研究的题目临时确定。有时，他会把直接负责的或者具有第一手材料的低级官员或专家召到白宫去商谈或打电话给他们。他们既不多拿薪水，也不向外界公布他们的名姓，甚至他们所在部门的领导都不知道他们在帮总统做什么，多数人只能充当无名英雄，但没有一个人拒绝到特别工作小组工作的邀请。这也算是肯尼迪的一种风格，当有人对这种做法提出疑问时，肯尼迪会毫不避讳地说："总统不能只管理一个部门。"

为了提高工作效率，肯尼迪一直在改进决策程序，他始终反对那种把总统职务当作集体化、刻板化的东西的概念，没有采纳艾森豪威尔离职时的建议——设置一个政府首席部长来监督所有外事机构，他常常撇开主管部、局，一竿子插到底，直接调用基层人员。有人把前总统艾森豪威尔的工作方法与肯尼迪相比较，评论说前者像打橄榄球，严格分工，定期战术磋商；而后者则像打篮球，让每个出谋划策的人都在不断运动中。

当然,肯尼迪也会召开一些战术磋商会议,但只是在十分必要的时候才召开,而且只需要那些与决策事项有关的人参加会议,以减少不必要的争议。他听取的意见大都是非正式的,不管对不对,他都不会排斥。比如1961年2月初,一个特别工作小组向肯尼迪提交了一份报告,这个报告与其他报告一样提供了有益的材料、论点和主张,并且所有内容几乎都在立法中得到了直接的反映。肯尼迪看过后私下对报告的评价是"很有助益",这就意味着他不会直接援引报告中的某些条款。如果他的评价是"极好",那么这个报告才有可能被他直接使用。

新的施政纲领在肯尼迪还没有正式就职前便开始了,既没有等待,也没有依赖各特别工作小组报告的完成。经过几个月的辛苦工作,肯尼迪从众多难题中找出了重中之重,将它们纳入"新边疆"施政纲要中。

"新边疆"政策包括内政和外交两个方面。内政方面,包括遏制经济衰退,优先发展农业,实行双重利率即降低长期利率、提高短期利率的有限廉价货币政策,采纳"新经济学"的减税主张,实行长期赤字财政政策;进军外层空间,制定和实施太空探索和登月计划;裁军和实行军种改革;实施老年医疗保险,提出解决种族隔离的民权法等。在对外政策方面,积极反核讹诈,并推行称霸世界的全球战略,把大规模报复战略转变为灵活反应战略;建立"和平队";组织"争取进步联盟",加强对拉丁美洲的控制等。

内阁成员大都是各部的首脑,他们既是新政纲、新政策的制定者,也是政纲和政策的执行者,所以,肯尼迪要求国家安全顾问麦乔治·邦迪在讨论国际事务会议上,确保不漏掉任何一个有关的负责官员,不漏掉任何一个有关的观点。在召开讨论内政事务的会议上,则要求他的特别顾问西奥多·索伦森同样做到这一点。讨论问题的时候,肯尼迪总是把自己当成小组成员之一,从不把自己的观点强加于人。他平易近人的作风,以及他坚持和各部首脑接触,也和他们的下属接触,使他不至于得不到中肯的意见或批评。尤其是内阁成员与他的沟通渠道一直畅通无阻，得到各内阁大员的配合和支持。不过，在内阁会议上很少形成正式文件。那些讨论过的问题都由总统的白宫班子整理形成正式文件，有一部分政策、行政法规还得呈报国会审议通过。

最初几个月，肯尼迪日夜奔忙，大部分时间都花在制定政策和法规上，为此而进行的大量准备工作是空前的。他看上去显得十分疲惫，又黑又瘦，好像刚从非洲旅游回来。但他的工作成效确实很大，在几个月时间内，一份完整的施政纲领由白宫班子直接提交给国会的报告几乎包含所有重要的方面，包括经济复苏、经济增长、预算、收支平衡、保健、住宅、公路、教育、税务、资源保护、农业、制定规章的机构、对外援助、拉丁美洲、防务及利益冲突等，共有277个单项的要求。这些都是肯尼迪新政府在执政的头一百天内提交国会的，堪称史无前例。

3. "猪湾事件"受挫

在处理国际事务时，肯尼迪既大胆又细心，但依然避免不了一场来自古巴的灾难。有一天，肯尼迪在棕榈滩海滨别墅刚用过晚餐，觉得背部隐隐作痛，便准备去屋外活动活动。两个仆人一个喝醉了酒，一个正在跟专车司机打闹，而两个特工则像木头人似的站在门边。肯尼迪不想打扰他们，便从侧门出去，独自向海边走去。当他走到海边的时候，突然从海面上卷起一股阴冷的气流直扑海岸，这是暴风欲来的前兆。"主啊，千万别这样惩罚我！"肯尼迪预感到死亡即将来临。那些经常向杰奎琳问晚安的天气预报员昨晚已经预报过将有13级台风从佛罗里达半岛登陆，但他出门的时候忘了这件事。

肯尼迪心里紧张起来，因为他怎么也跑不过速度达每秒40米左右的台风。他注视着在他周围翻腾盘旋的大自然的怒吼，不知道台风会把他吹到哪里去，周围也没有可以求助的人。就在他踌躇不安的时候，一辆越野车飞驰而来，他的一位情报官从车上下来把他扶上车，然后交给他一份重要情报。这是从中央情报局局长艾伦·杜勒斯①那里传来的，核心内容讲的是，在中央情报局的协助下，逃亡美国的古巴人已整装待发，将向菲德尔·卡斯特罗②领导的古巴革命政府进行一次武装进攻。这件事需要肯尼迪作最后指示。这是紧急情况，虽然肯尼迪早有心理准备，但他感到自己还将面对另一场更强烈的风暴。

其实这件事也算不上突发事件，它酝酿的时间已经很久了，这要从古巴的政治背景和美古关系说起。美国与古巴隔海相望，到20世纪50年代末，美国面临的国际环境越来越复杂，"二战"后，西欧、日本进入经济迅猛发展时期，苏联的科技发展有迎头赶上和超过美国之势，美国的经济优势和军事地位逐渐丧失。这些因素迫使美国采取新的对策。美国最担心的是苏联将古巴作为进攻美国的桥头堡。肯尼迪即任后，他的一个专门写作班子为他撰写国情咨文，他在审阅几份讲稿的时候，每次都试图就前途的种种危机向美国人民发出更加明确的警告，其中就有关于古巴的政局及可能出现的危机等问题。这说明美国政府也开始关注古巴了。

据《纽约时报》接连不断的报道称，有一群大胡子的年轻古巴革命者，出没在马埃斯纳山区的莽莽丛林之中，正在进行着一场颠覆政府的革命。他们的领袖是一个身材魁梧、说话啰唆、三十出头的律师，名叫菲德尔·卡斯特罗。从中央情报局掌握的情报分析，卡斯特罗在1956年圣诞节带领12人在古巴登陆，在古巴现任领导人富尔亨西奥·巴蒂斯塔③的军队抓住他们之前跑进了山区，准备与政府展开长期的游

---

① 艾伦·杜勒斯：美国第一号间谍，在"冷战"时期的国际关系中是一个重要角色，也是美国情报史上的传奇人物。在美国组建中央情报局时，他的情报理念深深打动了国会议员和美国民众，此后，他成为美国历史上任职最长、影响最大的中情局局长。

② 菲德尔·卡斯特罗（1926—2016）：古巴政治家、思想家、军事家、无产阶级革命家及马克思主义者。他是古巴共和国、古巴共产党和古巴革命武装力量的主要缔造者，被誉为"古巴国父"。

③ 富尔亨西奥·巴蒂斯塔（1901—1973）：古巴军事领导人，1933—1940年为古巴实际的军事领导人，1940—1944年为民选的古巴总统。1952年通过军事政变重新成为古巴最高领导人，其独裁统治招致民众的普遍反对。1958年年底流亡国外。

击战。

最初，卡斯特罗的游击队被政府军队围困在马埃斯纳山里，形势非常不利。然而，巴蒂斯塔政府不仅无能，而且非常反动，他实行独裁统治，镇压人民革命运动，早已失去了民心。所以，镇压越严酷，反抗便越激烈，民众都聚集在卡斯特罗周围，全力支持他的游击队走出山区，在许多地方建立前沿阵地，并在战斗中击败了巴蒂斯塔。

巴蒂斯塔万般无奈，只得召开军事首脑会议，宣布放弃继续统治的权力。1959年1月1日，他带着他的家属和最亲密的支持者，乘两架飞机飞往美国迈阿密。

最高统治者逃亡了，剩下来的事情就好办了。卡斯特罗的游击队中，有一支由欧内斯托·格瓦拉少校带领的队伍离首都哈瓦那仅150英里。这天早晨，在军用吉普车里睡觉的格瓦拉少校被通信兵叫醒，得到了巴蒂斯塔已逃亡的消息，他立刻命令他的小分队沿大路向哈瓦那进军，经过三天两夜的急行军，部队于第四天傍晚到达哈瓦那城下。格瓦拉少校命令队伍原地待命，他自己带了两个士兵直奔拉卡瓦尼亚碉堡。到了吊桥头，他又让士兵留下，独自一人走上吊桥，向对面碉堡外的政府军士兵喊话："我是革命军游击队的格瓦拉少校，我要和你们的长官讲话。"过了片刻，一辆政府军的吉普车开出碉堡，驶过吊桥。碉堡的指挥官也是一位陆军少校，他解下手枪，把它交给格瓦拉，然后说道："我们对流血战斗不感兴趣，现在应该不会有战斗了。"

古巴内战就此结束，政权移交到了卡斯特罗手上。最初，美国人对卡斯特罗的新政府并不反感，甚至还有几分同情，因为古巴自从西班牙殖民统治下独立以来（独立战争历时30年），几乎没有过上几天安逸的日子，接着就被美国瞄上了。

卡斯特罗成为执政者。在美国记者笔下，卡斯特罗和他的大胡子形象是争取自由的罗宾式好汉，一个卡冈都亚式的具有非凡魅力的人物。他有不少优点：不近女色，生活清苦，除了价值50美分的基督山牌雪茄外，没有其他的个人享受；保持艰苦朴素的生活作风，谁也没法让他换掉那身肮脏的绿军装。他励精图治,恢复了古巴失去的尊严,铲除了腐败,推行了教育古巴儿童和激励他们父母的庞大计划。他是一个很想为古巴人民办实事的领导人,他经常说:"我对权力不感兴趣,我并不想要权。"他主动向美国示好,亲自带着100箱表示友好的兰姆酒跑到华盛顿,和艾森豪威尔的副国务卿赫脱吃小牛排,喝香槟酒。

表面上看,古巴是美国的友好邻邦。但是,透过现象看本质,美国可从来没有把古巴放在眼里,因为美国人所接触到的古巴,就像过去印第安人的酋长领导的一个小族那样落后贫困,根本不可能成为美国的朋友。美国政府中的不少人包括中央情报局在内反而支持巴蒂斯塔,并有意激化古巴国内的矛盾。而对国内的反叛分子,卡斯特罗也没有坐视不理,他采取强硬措施,将100多人关进了监狱,有些人北逃到美国的佛罗里达州,美国中央情报局把这些古巴流亡者收留下来。

卡斯特罗终于明白,美国人不可能和他站在同一立场上。他称美国为"以人类为食的秃鹫",废除了美古军事协定,并公开声称,美国决

1959年1月6日,卡斯特罗发表演说,严正警告美国干涉古巴内政

不敢轻易做出侵犯古巴的决定。同时，他开始与美国最大的对手苏联交好。苏联虽然也不怎么看好古巴，但至少可以把卡斯特罗政府当作一枚与美国对抗的棋子。艾森豪威尔执政期间就洞察到苏联别有用心，于是在1960年年初批准在中央情报局的指导下，训练和武装一支由古巴流亡分子组成的解放部队，随时准备夺回古巴。到1960年年底，这支解放部队发展成为一个整编旅，被命名为"古巴旅"，代号"2506"，下辖4个步兵营、1个摩托化营、1个空降营、1个重炮营和几个装甲分队。

但是，艾森豪威尔在任期内没来得及签署作战命令。肯尼迪上任后，签署命令这一重责就落到了他的身上。他听说这个作战计划是在1960年11月29日，也就是他当选总统后20天，中央情报局局长杜勒斯向他汇报了这一作战计划，但没有确定行动的具体时间。但上任伊始，繁杂的事务忙得他焦头烂额，他甚至忘了还需要考虑这个计划，直到1961年1月28日，这个秘密计划才拿到部长级会议上进行讨论。按照肯尼迪的习惯，会议上不会形成决议，所以对这一计划议而不决，暂且搁置。

不过，肯尼迪将讨论意见交给白宫专门班子继续研究讨论，并要求他们与中央情报局沟通，制定严密可行的方案。他这样处理，说明他心里没有底。这可是要发动一场战争，不能有丝毫的草率。因为情报局催得紧，肯尼迪召开了一次国家安全委员会专题会议。他在会议开始时说："这些问题是我们继承下的，还是它们本来就是我们自己的？当我们上任的时候，使我们唯一感到惊讶的事恰恰就是，情况竟然正像我们曾经说过的那样坏。"但他承认这是一件他必须做的"坏事"，只是需要再好好考虑一下，因为这种明显的单方面的干涉"与我们的传统和国际义务相违背"。

但是，中央情报局一再催促说时间十分紧迫，因为卡斯特罗政府计划在6月份从苏联运来一些已装箱的米格式飞机，在此之前，古巴旅必须必须采取军事行动，不然就再无反攻的机会了。

事情迫在眉睫，但肯尼迪仍然犹豫。杜勒斯只得直截了当地提出：总统要是不批准这个计划，就等于不容许那些爱好自由的流亡者从共产党政权下解放自己的祖国，就等于鼓励古巴去颠覆拉丁美洲的各民主政府，并且为1964年的总统选举运动制造一个难题。因为古巴旅失去这次机会后必须解散，他们将会在共和党的资助下，周游美国，揭露美国政府如何欺骗他们。

肯尼迪对自己所面临的国际形势一清二楚，那些在经济上崛起的欧洲国家，已对美国的地位构成很大威胁。他最担心的是苏联以及苏联的盟友——那些由共产党主政的国家的崛起。他更不能容忍卧榻之旁有苏联盟友酣睡。而杜勒斯正好抓住了他的软肋，利用国内政治局面的复杂性加以劝说，肯尼迪最后被这些理由打动了，决定立即制定行动方案。但他还有点不放心，问杜勒斯成功的机会有多少。杜勒斯回答说："当时我就站在这儿，艾森豪威尔总统的办公桌旁边，我告诉他，我可以肯定我们的'危地马拉行动计划'一定会成功的。而现在，总统先生，我们这个计划的前景甚至比那个还要好。"

杜勒斯提到的危地马拉行动计划，是指中央情报局曾在1954年6月推翻了危地马拉的马克思主义政府。肯尼迪的最后一点疑虑被打消了，接下来便是召开参谋长联席会议，表决通过这个计划。在参谋长联席会议上，高参们一致表示同意，国务卿腊斯克、国防部部长麦克纳马拉也口头同意，但肯尼迪在签署作战计划之前，又专门听取了海军作战部部长阿利·伯克①海军上将的意见。他希望古巴人靠自己的力量获胜，又派海军陆战队一个战功赫赫的上校到古巴旅的训练基地危地马拉去调查。但这位上校没有花多大心思去调查，仅走了一下过场，就向肯尼迪提交了一份充满赞语的报告。他在报告的开头："我的观察增强了我的信心，使我认为这支部队不仅能够完成初期的作战任务，而且有能

---

① 阿利·伯克（1901—1996）：美国海军名将，"二战"期间美国第23驱逐舰队司令，昵称"31节伯克"，是速度、力量和战无不胜的代名词。战后历任三届海军部部长，建成了全核舰队，以海军上将军衔退休。

力实现推翻卡斯特罗这一最终目的。旅和营的指挥官对计划的各个细节现在都已充分了解，情绪很高。这些军官年轻力壮，有才智，狂热地希望战斗……"他在报告结尾又强调："我也具有同样的信念。"

这份报告也增加了肯尼迪的信心，他想，既然美国政府能大老远派军队去打老挝（共产党）、打越南，为什么不能打近在咫尺的古巴（共产党）呢？何况派遣的主力是以古巴流亡者组成的解放部队。于是，他批准了在没有美国正规军参与的情况下，由中央情报局主导实施的行动计划。但他一再对外宣称："保证不会有任何美国人卷入古巴境内的任何军事行动……古巴的基本问题不是美国与古巴之间的问题，而是古巴人自己的问题。"

1961年4月10日，几十辆军卡将古巴旅送到了尼加拉瓜的卡贝萨斯港。

在古巴旅登船之前，杜勒斯派人给肯尼迪送去了有关这次行动的详细情报，并提到了行动中可能出现的变数。肯尼迪预感到将有一场灾难会马上降临，但箭在弦上，不得不发，只求万能的上帝保佑。

为了支持这次行动，美方派遣了8架C–54运输机、14架B–26轰炸机、10艘登陆舰艇。三天后，古巴旅全体作战人员在卡贝萨斯港上船。中央情报局派出的军事顾问告诉士兵们，这次行动的目标是在猪湾占领三个滩头阵地，同时由古巴旅的伞兵夺取位于古巴本岛和大海之间的萨帕塔沼泽上的几个据点。如果行动失败，已登陆的士兵要"消失在山林中"。

行动计划可以说完美无缺，但正是这表面的假象迷惑了美国人自以为雪亮的双眼，以为卡斯特罗和他的政府不堪一击，可是，包括肯尼迪在内的所有人都被一个反复论证过的计划迷惑了——他们对登陆地点的选择就是一个极大的错误。因为离登陆地点最近的山脉是埃斯坎布拉伊山，离海岸线有80英里，与猪湾之间还隔着一片无法越过的沼泽地带。而且，中央情报局的人一贯瞧不起卡斯特罗政府的空军，对其战斗力的估计是"几乎等于零"。为了消灭卡斯特罗政府军的飞机，中央情报局在登陆前两天即4月15日，派出8架B-26轰炸机对古巴各机场进行了空袭。之所以派遣这么落后的飞机去执行任务，是因为这种机型正是卡斯特罗政府空军的主战轰炸机，目的是为了掩盖美国参战的事实。据报轰炸任务非常成功，原本以为卡斯特罗政府军的空中力量已被消灭殆尽，但没料到他们还剩下6架B-26轰炸机、2架"海上怒涛"式飞机、4架战斗机和2架最具战斗力的T-33喷气式教练机。中央情报局派出的运输船也伪装成卡斯特罗政府军的船只，同样是很落后的，统称为加西亚轮船队，以掩人耳目。

中央情报局的安排正是导致古巴旅的行动从一开始就失利的主要原因；而且，他们还把所有的军需物资——弹药、汽油、食物、医院设备等，全部集中在两艘船上，使古巴空军不费吹灰之力就将之摧毁。更为愚蠢的是，华盛顿的一些报刊广播电台在军事行动前报道说："古巴起义者反对卡斯特罗的大战将在几小时内打响。今天的行动主要是为了加强供应和支援。"古巴流亡分子的登陆行动被大加宣扬并被蓄意鼓吹为一次"入侵"，这几乎将美方极力掩盖的事实昭告天下。

4月17日清晨，被称之"猫鼬行动"的登陆作战开始了。古巴旅的1400多名战士在猪湾滩分两处开始登陆。在长滩的登陆艇因频频触礁而倾覆，由古巴旅潜水员组成的突击队勉强冲上岸，刚开始向北推进，就遭到卡斯特罗政府军的阻击，被打回了船上。接着，第二支突击队在另一处吉隆滩登陆。岸上驶来一辆军用吉普，从车上跳下一队民兵。吉普车的灯光照射海面，民兵躲在礁石后面向突击队开枪，又将突击队打回了海上。显然，卡斯特罗政府军已经得知这支流亡者队伍的行动，兵力增加到2万人，偷袭已无可能。

当天中午，古巴旅的登陆行动改为强攻。他们勇猛善战，冒着枪林弹雨前进，使卡斯特罗政府军蒙受了很大损失；但战斗进行了几个小时，古巴旅仍未能建立起稳固的滩头阵地。

由于古巴旅的士兵们像第一次参加战斗的大部分军队那样，冲锋时端着枪不停地猛射，这种过度射击把携带的弹药都浪费掉了，特别是在他们遭到比预料的更为迅速的抵抗后。另外一批够10天用的弹药补给，连同所有的通信设备以及必要的食品和医药补给品，均储存在"里奥·埃斯孔迪多"号货轮上。不幸的是，这艘货轮连同另一艘装载补给品的货轮"休斯敦"号，在登陆第二天早晨被卡斯特罗政府军的小小的空军部队炸沉了。而古巴旅飞行员的基地在尼加拉瓜的卡贝萨斯港，离古巴有3小时20分钟的航程，根本来不及增援。

第二天上午，战斗继续进行。中央情报局的顾问给古巴旅鼓气说，还有两艘运输船"卡里贝"号和"阿特兰蒂科"号很快便会到达，而且有从附近航空母舰上起飞的战机为它们护航。士兵们都知道，从航母上起飞的飞机都是比较先进的，对付B-26轰炸机和T-33喷气式教练机易如反掌，于是，他们又鼓起了信心和勇气。然而，整个上午都没有等来一架飞机和一艘运输船。此时，卡斯特罗政府空军的几架B-26轰炸机和T-33喷气式教练机在完成轰炸任务后，不慌不忙地返航了。

肯尼迪在华盛顿收到了来自登陆地点呼吁空中掩护的请求。他的情报官报告说，航空母舰上的喷气式飞机已经起飞执行任务去了，但不知为何，他们没有遇到敌机，而且运输船也不需要护航。因为"卡里贝"号早已驶离海岸很远了，而"阿特兰蒂科"号还没有驶近海岸，就看见先行到达的两艘运输船遭到攻击，吓得掉转船头，迅速返航了。

但古巴旅的士兵们对这些情况一无所知，还在做激烈的拼杀。吉隆滩登陆的求援呼叫也不断传到猪湾滩的指挥官和军事顾问那里，电报变得越来越简短："海滩继续战斗。立派一切可用之机。""已退入海中。弹药全部用完。敌人强迫压制。必须在一小时内救援。"到傍晚时，再也没有呼救声了。

4月19日早晨，卡斯特罗政府军几乎将全国主力调集到了猪湾滩，并动用了飞机和坦克、大炮。卡斯特罗在猪湾附近由一家制糖厂临时改成的指挥部里坐镇指挥。古巴旅无论是在武器装备还是在兵力上，都处于绝对劣势，无法与对方抗衡。在萨帕塔（沼泽地），古巴旅遭到卡斯特罗政府军的包围，被迫中止战斗。活着的一小部分人（无统计）逃进了丛林，1100多人被捕，死亡90余人。

事后，肯尼迪对他的特别顾问说：早在星期一（17日）清晨之前，败局就已经定了。在这项计划的基本前提已遭到破坏时，如果能撤销整个行动，而不仅仅是第二次空袭，那他就明智多了。他还对这一次明知是错误的计划，却依然让它实施的决定进行了深刻检讨。他坦言自己的错误很多、很严重。他决不应该认为，他新上任就取消有声望的专家和勇敢的流亡分子的计划，会是自高自大和专横放肆的表现；他决不应该在他就职头一年这么早的时候就允许执行这个计划，因为他对那些向自己提供意见的人并不了解，而且他对计划本身也还抱有极大的怀疑，却对失败的可能性始终没有进行充分考虑。他认识到，在没有战时新闻检查的条件下，在一个开放的社会里，想让这样的准军事行动保持秘密是

1962年10月，"猪湾事件"后，
居住在美国的古巴人在纽约的苏联领事馆附近示威

不可能的。等到说有一次重大入侵的传闻四下传开时,他就应该重新审查整个计划,而事实上,他只对计划作了有限的、局部的研究。他决心坚守要担负行政责任的原则,在记者招待会上,他说:"有一句老话,胜利人人居功,失败无人任咎。……我是政府的负责官员,这一点是很明显的。"并明确表示他必须有"认罪"的态度。

"猪湾滩事件"从表面上看,是肯尼迪上任伊始就遭遇的一次重大挫折,而实际意义却在于美国找到了公开干预古巴国内事务的借口。

第七章　重振经济出大招

1. 经济拯救计划

对肯尼迪来说，工作的重中之重是重振美国经济。之前几年，国民经济增长率不到3%，这是他在竞选中经常谈到的一个要点。

"二战"后的美国是世界上最大的债主国，但其经济发展却落后于欧洲很多国家。无论是杜鲁门还是艾森豪威尔，都没能让美国经济复苏。而且，艾森豪威尔认为在罗斯福执政期间实行的"新政"对经济干预过多，无异于"滑向了社会主义"，因此，他极力想要回到"正常状态"（即自由放任的状态），但美国的现实情况迫使艾森豪威尔政府接受了新政以来民主党政府的社会经济改革，走了一条中间路线，商业出口萎缩、市场缩小，价格大幅下跌，经济严重衰退，社会两极分化，并造成了严重动荡。

1961年，肯尼迪委托保罗·萨缪尔森[①]起草了一份特别研究小组的经济报告，直率地使用了"衰退"一词，并用在了他的第一篇国情咨文中。国情咨文中列举了这样一组数字：

> 我们是在七个月的经济衰退，三年半的经济萧条，七年的经济增长

[①] 保罗·萨缪尔森（1915—2009）：美国经济学泰斗，凯恩斯主义在美国的主要代表人物，第一个获得诺贝尔经济学奖的美国人。其经典著作《经济学》以40多种语言在全球销售超过400万册，成为全世界最畅销的经济学教科书。

速度减缓,以及九年的农场收入下降之后就职的。……除了1958年的一个短暂时期外,享有保险金的失业人数达到了我们历史上的最高峰。在大约550万失业的美国人中,有100万人四个多月来一直在寻找工作。……总之,美国的经济正处于困境。世界上资源最丰富的工业国家,其经济增长率却名列末位。从去年春天起,我们的经济增长率确实下降了。企业投资也在减少。利润已经降低到预期的水平以下。建筑业停顿。100万辆卖不出去的小汽车积压在仓库里。有工作的人减少了,周平均工作时数缩短到四十小时以下。……本届政府不打算袖手旁观,无所作为……白白浪费人们的时间和工厂的设备,以等待衰退的结束。……我在未来的14天内将向国会提出一些法案……目的是保证经济的迅速恢复,并为提高长期经济增长率铺平道路。

的确,它从各方面把经济情况描绘得异常阴暗,清楚地指出衰退不会自行消失。但肯尼迪一面接受教训,一面保持着坚定的信心,还不失其幽默感。他借用麦克阿瑟将军奉告他的话说:"别的鸡休息的时候才回窝,而你却一直待在窝里不出来。"他对蹲鸡窝并不在意,反而十分得意,他认为这是件挺有趣的工作——当连续不断的紧急电报送到他面前时,他会用一种听惯坏消息但又不能完全漠然视之的语调问道:"现在又发生了什么事情?"然后,他补上一句:"噢,得了,还是好好想想我们准备给我们后面的那位可怜的家伙(指他的继任者)留下什么样的包袱吧。"

1961年2月2日,他向国会提交了经济咨文,列出了十几个预案,希望两院尽快审议通过。三个多月后,两院通过了以下七个法案:

一、对失业津贴增加13个星期的临时补助;

二、把救济金扩大到失业工人的子女;

三、增加社会保险金并鼓励提早退休;

四、提高最低工资标准并扩大这一措施的实施范围;

五、重新开发贫困地区；

六、给生产谷物的农民提供紧急救济；

七、为全面的房屋建筑和贫民窟的清除计划提供经费。

这些法案看上去似乎不是那么重大，却是解决重大经济问题的良好开端。这些法案重点解决"贫困"问题，涉及300多万失业工人的失业救济金，金额近8亿美元；涉及75万儿童及其父母的额外福利津贴，约2亿美元；1000多个贫困县的救济金，约4亿美元；给低于最低工资标准的人提高工资，国家要补贴1.75亿美元。不仅涉及的面很大，而且所需资金巨大。这不仅是几项社会福利政策，更重要的是发出了恢复"政府干预经济"的信号。为了落实这些法案，肯尼迪根据自己的职权提出倡议，指示所有的联邦政府机构做好服务工作。

肯尼迪绞尽脑汁地制定目标和方针，提早发放了10亿美元以上的州市修建公路补助经费，督促地方政府提高农产品的价格补贴，需要联邦政府掏钱的都提前支付。他督促及时退还税款和军人的人寿保险分红。为了刺激房屋建筑投资，他扩大了信贷范围，下令降低联邦住宅管理局担保的贷款所规定的最高利率，同时降低小企业管理局在贫困地区贷款的利率，并通过联邦住宅贷款银行扩大信贷范围。为了救济失业工人，他扩大了剩余粮食的分配额度，优先照顾与国防合同有关的贫困地区，为穷人制订了"试验性的"食品券计划，并要求美国就业局扩大服务范围。他增加了棉花、稻米、花生和烟草的价格补贴；对经济不景气地区和加速公共工程扩大了援助条款。他鼓励联邦储备委员会通过购买政府发行的长期债券，以帮助维持较低的长期贷款利率。

随着经济的迅速发展，物价通常也在不断上涨。肯尼迪继续奉行凯恩斯主义[①]，实行以减税为主的长期财政赤字政策，同时实行双重利率

---

① 凯恩斯主义：也称"凯恩斯主义经济学"，是建立在凯恩斯的著作《就业、利息和货币通论》基础上的经济理论。主张国家采用扩张性的经济政策，通过增加需求来促进经济增长，即扩大政府开支，实行财政赤字，刺激经济，维持繁荣。

的廉价货币政策，以及在和平时期对工资和物价的非强制性管制。在很多方面，联邦政府大大加强了对劳动力再生产的干预，以适应社会发展和科技革命提出的新需要，使"福利国家"设计的范围迅速扩大。也就是说，需要联邦政府掏出来的钱，绝大部分是靠增加财政赤字获得的。这样做的好处是不需要等待立法或拨款，在经济极其需要时，就可以把钱支付出去；但也有很大的冒险性，如果在较长时间里经济仍不能复苏，不仅会造成国库空虚，而且会负债累累。

很多人都意识到这是个不可忽视的问题，因此，总统经济团队里的核心人物沃尔特·赫勒和主张减税者的要求不只是遭到了拒绝，而且他们没料到自己竟然要为阻止增税而斗争。

此外，就在这个春、夏两季，肯尼迪要求拨出更多的国防经费，而这些相当浪费的公共工程项目将增加政府公布的预算的赤字。他明确规定那笔额外的国防开支必须作为代替公共工程项目的刺激剂。劳工部部长阿瑟·戈德堡认为，肯尼迪即使失败，也应该在1961年为这项议案展开斗争，他劝告肯尼迪："应该更像爱尔兰人，而不应像哈佛人。"但是肯尼迪置之一笑说："作为总统，我必须既是哈佛人，又是爱尔兰人。"

经济和军事上的不利形势以及"自由世界"内部的争吵，都在困扰着肯尼迪，1961年柏林危机的时候，主张宣布全国进入紧急状态并进行大规模动员的那些人，提议做好限制价格和控制工资的准备，并增加税收。因为很多人担心会受到发生抢购的威胁，为了防止出现通货膨胀，政府应该增加消费税率。

不可否认，增加消费税是遏制抢购的重要手段，但是，这种主张遭到驳斥，认为它不仅作为一种经济手段不可取，而且在政治上也是不可取的。因为贫困者本身的购买力就很缺乏，增加消费税将使他们的消费欲望大大降低，这与政府刺激经济增长的意愿是相悖的。而有钱人也会认为政府这是将麻烦转移到国民身上，因此也出现抵触行为。

由于计划往往在执行前就被迅速发展的事态所改变，肯尼迪有点恼怒地说："坐在地图边谈论着应该做些什么事，比起认真处理这些事要容易得多。"

对于经济问题的讨论的确很让人伤脑筋。有人指责肯尼迪"对经济学一窍不通……连简单的中等学校的经济学也不懂"。但他的周围聚集着美国历史上可能最有学识、最有发言权的一批经济学家,沃尔特·赫勒领导下的经济顾问委员会大多是这方面的顶尖人才。但仅靠白宫专门班子和顾问们是不成的,肯尼迪还经常把各部的大员们请来研讨难题。财政部长、劳工部长、商业部长、国防部长都是白宫的常客,还有银行家威廉·麦克切斯尼·马丁[①]、企业家卢瑟·霍奇斯、贸易商鲍尔、预算局局长贝尔等人,他们对肯尼迪的新经济政策的认识各有不同,但一致赞成一些共同的基本原则——在失业人数太多的情况下,预算赤字在这种时期是不可避免的且有用处的,而消费者的购买力应该由联邦政府比前一届政府更为切实有力地予以支持。肯尼迪非常重视他们的意见,尤其是一些切实可行的建议和问题不仅理解得很快,而且相应的行动反应也很快。

有一次,肯尼迪的一个老朋友、经济学教授西摩·哈里斯及其夫人应邀到纽波特,与总统一家一起观看1962年的"美国杯"赛马会。结果,总统把大部分时间花在了讨论经济问题上。哈里斯后来写道:"他的主要职责是维护我们国家的安全。但令我惊奇的是,总统竟花了那么多时间去钻研经济问题。他对这些问题那么感兴趣,在过去两年内学了那么多的东西。现在,他是有史以来在经济学的一般领域中最有学识的总统了。"

肯尼迪的经济政策和所有措施都是为了解决经济方面面临根深蒂固的呆滞局面,但从衰退走向复苏需要一个长期的过程。他在很多方面借鉴了罗斯福总统应对20世纪30年代那次经济危机的措施,认为眼下的

[①] 威廉·麦克切斯尼·马丁:美国银行家,1951年被哈里·杜鲁门总统任命为联邦储备系统董事会主席,在位达19年之久,是史上任期最长的美联储主席。任上,反对超量发行货币,力图使中央银行摆脱政治势力的控制。曾将美联储的角色定义为"在聚会渐入佳境时收走大酒杯",意思是说美联储需要提前收紧货币政策,以免催生资产泡沫和通胀风险。

困难一点也不比当年少。60年代，潜在工人的人数特别多，远远超出了可提供的就业机会。修路建房虽然解决了不少人的就业问题，但并非长久之计。除非经济飞速增长，足以像人力资源的增长那样迅速地创造出新的就业机会，否则就不可能结束衰退的反复出现，甚至在繁荣阶段中也会出现较高的失业率。

专家们帮肯尼迪从产业结构、人力资源结构进行深入分析，发现在白人熟练工人的失业人数降低以后，非熟练工人、黑人工人和青年工人的失业人数仍然很高。在新兴工业部门和服务性行业的就业机会增加了以后，老的工业部门如煤炭、纺织、铁路和其他部门的就业机会却减少了。专家们把这种失业现象称为"结构性失业"。肯尼迪认识到，对于一般经济问题和特殊问题都必须予以处理。他对国会说："在经济衰退时期，大规模的失业是很糟糕的，而在繁荣时期，大规模的失业则是不能容忍的。"所以，他要求最大限度地解决这一问题。

可是，由于农业、工业自动化进程加快，就业机会继续减少，经济发展的速度不足以把新技术顶替掉的工人吸收进去，这又成了一个新问题。机器生产已经从工业部门扩大到农场，从装配线扩大到营业处，越来越多的工人被机器所替代，无论是工人还是农民都感到惊恐不安。肯尼迪到工矿视察时，看到失业多年的矿工脸上露出失望的神色，他有意把西欧发达国家解决失业问题的办法引进到美国来。在一次记者招待会上，他讲道："我们希望，自动化并不是我们的敌人。……我认为机器能够使人们的生活更舒适，如果人们不让机器来支配他们的话。……自动化能够提供一些新的就业机会，但是……这将需要劳资双方以及我们这些在政府中工作的人好好地开动脑筋。"

但让肯尼迪始料不及的是，失业人数在农村也增长很快。在南方地区，新的肥料、机器、杀虫剂和科学研究使美国农业成为世界上的生产奇迹之一，但同时至少使300万农场劳工失业。农业部部长奥维尔·弗里曼被肯尼迪请到白宫，但弗里曼也想不出什么好办法来解决农场劳工失业问题，但他建议，在保持粮食价格相对稳定的同时，必须采取步骤去提高每一个农场的净收入，使之达到创纪录的高度。同时，通过扩大国内救济粮食的分配，增加70%的农产品出口，以及根据每天节约几十万美元仓库费用的标准来减少小麦和饲料的耕地面积。肯尼迪相信，一个新的农村发展计划不仅能够帮助收入低的农民找到新的就业机会、改善他们的家庭生活，而且能够把多余的生产粮食的土地变成供人玩乐、获取利润的娱乐场所。

但是，肯尼迪和弗里曼想使粮食生产适应消费的重大努力却遭到了坚决的反对。肯尼迪不仅要说服那些比较富裕的农场主，还要与国会持不同意见的议员们辩论。他不仅要寻求农业增产增收问题，还要解决失业的农工和农村青年流向城市这个难题。这些人大都没有怎么接受过文化和技术培训，在城里很难找到工作，反而提高了失业率。肯尼迪警告说，战后婴儿出生的高潮在将近20年里先使我们的小学，继而是中学挤满了学生，在20世纪60年代中他们将以2600万人这一数字来席卷劳动市场，而他们之中有将近三分之一的人不会读完中学。这些年轻的、未经训练的、非熟练的工人，是造成高失业率的最大因素。他要求政府部门督促青年人留在学校里，力促国会通过他的教育计划、职业教育法案。他相信这是减缓失业人口增长的有效措施。

在肯尼迪的经济拯救计划中，还包括对贫困地区的开发。

1961年，政府出台地区重新开发条例，谋求把工业与援助转移到那些受过沉重打击的地区去。1962年，国会又通过了一项补充条例，同时通过了第一个加速公共工程计划。为了使计划切合实际，肯尼迪亲自到煤矿区和贫困地区考察，与州和地方官员一起讨论具体方案。1963年秋天，他下令制订一个新的联邦反贫困计划。一个选举分析家提醒他说，政治实力的平衡权掌握在富裕的郊区居民手里，这些人不拥护反贫困、最低工资标准和关于萧条地区的计划。沃尔特·赫勒问肯尼迪，如果影响下届选举，关于反贫困法案的工作是否还要继续下去。对此，肯尼迪肯定地回答：当然要。

肯尼迪从执政第一年就颁布一系列经济方针，度过了1962年的呆滞期，到 1963 年年底，国民总收入达到创纪录的 1000 亿美元，增长率为 16%，为 275 万多人提供了就业机会，失业率为 5%，通货膨胀率由 2.3% 降为 1.2%，劳动收入也有了创纪录的增长，战后循环性经济衰退的趋势被打破了。不过，肯尼迪没能亲眼见到他的"新政"所创下的业绩。

2. 力反通货膨胀

"通货膨胀"这个包袱说到底也是从前任那里卸下来的。1960 年，理查德·尼克松在俄亥俄州克利夫兰向群众发表演讲时就曾疾呼："记住，如果你们希望通货膨胀，希望物价上涨，你们就投我们对手的票。"他说的对手便是肯尼迪。他说这话的时候，官方和新闻媒体都没有承认"通货膨胀"已经存在或可能出现，尼克松只是凭自己的推断妄下结论。不过，到 1961 年，许多专家认为尼克松的推论是正确的，美国经济严重衰退，要想让它复苏，通货膨胀必然会出现。但肯尼迪继任总统后，向美国人民表明，尼克松预测的"通货膨胀"绝不会出现。

可是，肯尼迪的顾问和专家们对此都没有信心。因为按经济发展规律来讲，在经济快速发展时期，物价通常是上涨的，这是一般规律。肯尼迪一方面想要提高部分产品，特别是农产品价格，扩大出口贸易，一方面又要抑制物价整体上涨幅度，这本身就很矛盾，加上一些未知因素，就更加难以控制了。而且，他还要增加国防、外空间开发和反衰退等开支，必会造成引起通货膨胀的庞大的预算赤字；民主党人对工农一贯的同情，还将导致工人工资和粮食价格大幅提高。而且，总统没有权力阻止强有力的工业界和工会采取提高物价和增加工资的措施。专家们认为，在致力于制止通货膨胀的共和党政府的连续任期内，物价仍上升了 10%。那么，致力于更大的经济增长的民主党政府在抑制通货膨胀方面断然不会做得更好。

不过，肯尼迪却有决心做得更好。他比任何一届政府首脑的紧迫感都更强烈，因为他面临着一场世界性的对美元地位的威胁和经济上的长期萧条，而这种情况在现代是史无前例的。欧洲发达资本主义国家正在经济上赶超美国，美国出口贸易萎缩，逆差继续加大，国际收支的不平衡产生了一种明显而现实的危险，如果美国商品在世界市场上价格太高，这种危险就决不能避免。苏联又与美国长期"冷战"，从军备竞争演化为在外空间争霸，这需要大量资金投入，而放宽信贷、加大赤字又是导致通货膨胀的关键因素。国际经济形势迫使肯尼迪不能不强力抑制通货膨胀，如果物价上升得像收入增长一样快，甚至超过收入的增长速度，那么他的整个经济增长的概念就失去了意义。如果社会保险、法定最低工资和福利津贴等的领受人用较多的钱买到的东西并不比过去多，那么这些钱的增加也就代表不了国民经济的增长。

任何代表经济增长意义的都不是绝对数字而是相对数字，再如，为了开发外空间，国防部和其他采购机构不得不多付钱少买东西，这样一来，肯尼迪想使预算案显得精明节俭的努力，也就注定要失败了。反过来说，如果通货膨胀已经开始呈螺旋形上升，肯尼迪想说服联邦储备委员会长期保持低利息率的努力，也就注定是不可能的。而他要帮助那些靠固定收入或救济补贴生活的人——领养老金的人、领年金者和其他显然贫困的人——所做的努力将会像他的经济咨文所说的，由于"对这些软弱无力者的冷酷压力"而受到最大的挫折。要想在这种种矛盾、冲突中打破惯常的通货膨胀，必须要有非常手段，否则他的整个经济计划目标都将无法实现。

很多国会议员认为，通货膨胀比失业问题的危害更大，由于无法控制的通货膨胀迫在眉睫，所以他们要反对增加开支和减税的一切提议。《时代周刊》在1962年6月1日曾经断言，经济增长与物价稳定是不能并存的，"通货膨胀长期以来就是经济繁荣的同路人"，"一个繁荣的、日益增长的经济的代价是，每年'正常'地或有控制地通货膨胀百分之二到百分之三"，"而'正常'通货膨胀的替代物……是经济停滞或明显的衰退"。

肯尼迪不想在通货膨胀的基本理论中纠缠不清，而是积极寻求既要促进经济高速发展，又要使通货膨胀具有可控性的解决途径。他根本不相信使经济继续萧条，就可以推迟通货膨胀到来的论调，也不愿意紧缩长期信贷或回避必要的开支来对付通货膨胀。他也不赞成在和平时期实行管制或者实行管得很紧的经济制度。那么，到底应该怎么做呢？他想到了伍德罗·威尔逊①曾经提出的建立一个现代的货币和银行制度的建议，罗斯福总统曾采用过一套比较现实的预算政策，他可以从中借鉴成功的经验。他认识到，对于在一个自由的、日益发展的经济体制中，物价仍不断上涨这个令人困惑的问题，已经到了必须予以正视并解决的时候了。

肯尼迪首要关心的促进劳工关系。在他任职期间，这种"施加压力的"办法一直在使用，即运用自己职务上的威信和舆论的力量对劳资双方所做的决定施加压力——他颁布了一些经济政策，使他们只能在这些政策所允许的范围内制定价格和集体议价，并且取得了成功。近几年，工人平均的工资增长率与"二战"以后美国任何可比时期相比是最低的。这种增长率通常控制在"指导方针"规定的限度之内，但这并不意味着劳工在肯尼迪执政时期日子很不好过。生产率的提高使非通货膨胀性的增加工资成为可能，同时，随着衰退的结束，每周的工作时间又恢复了正常。因此，工厂工人的平均工资第一次提高到每周100美元，另外美国又增加了275万以上的男女工人，所以劳工的总收入上升到了创纪录的水平。大多数工会领袖能遵循肯尼迪制定的指导方针，他们对工资的要求都比较适度。出于政治和感情上的因素，肯尼迪将劳资关系处理得比较好。他在竞选时就说过："政府将不是一个企业主的政府，不是一个劳工的政府，也不是一个农场主的政府，而是一个代表全体美国人，并力图为他们服务的政府。"因为这句话，大多数劳工领袖都把

---

① 伍德罗·威尔逊（1856—1924）：美国第28任总统，曾任普林斯顿大学校长、新泽西州州长。他是唯一一个拥有哲学博士头衔的美国总统（法学博士头衔除外），1919年被授予诺贝尔和平奖。

他看作一个朋友——不是偏袒他们,而是庄严地平等地对待他们的一个朋友。

在肯尼迪的新政府里,劳工领袖们享有优越的地位,在有关劳工工资和劳资关系的立法过程中,他们与肯尼迪及总统班子的合作比以往任何时期都要密切。肯尼迪在方针政策方面征求他们的意见,经常邀请他们到白宫参加各种会议、典礼和国宴。有几位劳工领袖还在政府部门任职,其中有一名大使、一名通信卫星管理局成员、一名住房管理署副署长、一名联邦最高法院法官。肯尼迪和他们搞好关系,目的自然是改善劳资关系。为此,他四处奔走发表演讲,在纽约向全国制造商协会讲话,在迈阿密向劳联－产联代表大会讲话,在首都华盛顿向美国汽车工人工会讲话……但是,工作做得再好,也会有反对者,内部也会产生意见分歧。比如,劳工不喜欢工资－物价指导方针,经常抱怨政府在劳工争议中坚持"国家利益",感到肯尼迪过分强调以国际收支作为限制,并且仍然要求每周有 35 小时工作时间。还有不少劳工要求修改《塔夫脱－哈特莱劳资关系法》,废止一些过时的条款。

肯尼迪心里清楚,要制定一个让劳资双方都满意的法案并不容易,劳资纠纷一直让人头疼,比如海运业的劳工关系仍然很混乱,建筑业也很不安定,而且没有一劳永逸的解决办法。但他认为,在任何一起具有全国性影响的劳资纠纷中,联邦政府积极发挥作用是正当的。不巧,在他上任第二年,一场全国性的铁路罢工的阴影始终笼罩着其他行业的劳工。起因主要是一个工作条例和劳工使用问题,在铁路行业,严格的管辖权限和就业保证是从内燃机时代以前的岁月中就沿袭下来的。他们有一道牢固的抵抗阵线,反对修改现行劳资法。但铁路当局提出了修改要求,并获得总统委员会、专门小组和劳工部部长等一系列机构的全部或部分批准,从而使劳资双方产生了矛盾冲突。由于较长时间没能解决问题,双方逐步走向最后的摊牌,并准备罢工。

肯尼迪指示政府部门加以干预,不然可能会有 20 万工人罢工。一连几个月,劳工部部长威拉德·沃茨与副部长詹姆斯·雷诺兹一起,日日夜夜致力于解决这个问题。沃茨建议双方接受司法部门的仲裁，但铁路工人并不接受这个建议。这件事使部分共和党人和国会议员对劳资问题重视起来，认为唯一抉择就是采取立法措施。肯尼迪让劳资问题咨询委员会乘机提出《劳资改革法案》，这样国会才有了审议通过该法案的积极性。一旦法案通过，所有麻烦都可以走司法程序，劳工部部长也就不会困在其中。

沃尔特·赫勒把总统控制工资和物价的办法称作"利用职权施加压力的"办法。肯尼迪其实也是迫于无奈，有一次，他几乎用忌妒的口气评论戴高乐①在法国所使用的与上涨的物价做斗争的各种武器和控制办法——一系列给人深刻印象的权力。但他没有，只能以更高的智慧、更大的努力去弥补他所缺少的法律授予的权力。肯尼迪的智慧大部分表现在两种新的手法上：一是借助于总统的劳资政策咨询委员会，其成员来自工会、企业界和公众；二是阐明全国的工资—物价指导方针，它是经总统批准，在总统的经济顾问委员会拟定的第一个年度报告中宣布的。这些指导方针是联邦政府提出一项总的标准的第一次尝试，民众可以根据这个标准来衡量工资和物价的增加是否符合国家的利益。

当然，这并不是抑制通货膨胀的直接手段，另一个与通货膨胀关系更紧密的是国家预算和债务。肯尼迪认识到向国会提出的"行政预算"并不能精确地反映出政府所做的努力。因为在国家恢复其就业和经济增长的全部潜力之前，有一个时期会有相当大的预算赤字。同时，他也清楚，预算并不仅仅是一部账目，而且是经济政策的一个强有力的工具。到1963年，他又力图设法使开支和税收政策适应当时的经济状况，并使全部开支对繁荣经济和增加就业收到效果。

但无论是政府官员还是普通百姓，对借钱办事（财政赤字）都没有多少信心。共和党人更是骂民主党人是挥金如土的败家子，会把国

---

① 戴高乐（1890—1970）：法国军事家、政治家、外交家、作家，法兰西第五共和国的创建者。法国人民尊称他为"戴高乐将军"。在总统任期内，提倡东西方"缓和与合作"，主张与苏联以及东欧国家进行贸易和文化交流，还做出了中法全面建交的历史性决策。

家淹没在债务之中。尼克松也曾谴责肯尼迪在财政上不负责任，说他是一个激进分子，提出的政纲会招致无法控制的通货膨胀。可是，肯尼迪没有想办法洗刷自己的种种"罪名"，而是采用减税与巨额赤字和扩大开支相结合的办法，实行了历代总统中最大胆的财政政策。

他需要更多的钱用来花在国内的许多地区，但他的行动和法案受到了国会和选民意见的制约，所以他需要利用媒体的力量。在一次记者招待会上，他说："这仍然是个庞大的预算，一个巨额的赤字。我认为，我们现在已经尽了最大的努力。在以后几年里，我们也许还要做更多的工作。"他希望在全国范围内对国民进行经济财政方面的重新教育。

一方面，肯尼迪接受了专家们灌输给他的赤字预算的必要性这个概念，并造成了相当大的赤字；另一方面，他又极力表明自己不是一个挥霍者，在每次重要讲话中都要提到平衡预算问题。他每次讲话后，经济学家保罗·萨缪尔森都会进行评论。萨缪尔森指出，总统这是"平息"对他增加预算表示"无理反对"的唯一手段。他强调他的目标是使繁荣年代到衰退年代的"整个周期"的预算都能平衡。他讲了关于要使"我们所花的每一块美元都充分发挥其作用"的所有那些正确的话。很多专家对肯尼迪的所作所为都是理解的，何况萨缪尔森跟肯尼迪一样，都是凯恩斯主义者。

肯尼迪对预算局的工作非常重视，他一直寻求多得到一两票，使这项法案可以在国会众议院筹款委员会上通过。他的前任曾在一些尽人皆知、国会将予以扩大的基本计划项目——如住房、机场和农村电气化管理等上面压缩开支，但肯尼迪对此很不以为然，他说："联邦政府是人民的……而不是一批漠不关心的官僚的。预算就反映了人民的需要。……如果从联邦预算中砍掉有关这些需要的开支，那不过是把这些需要推到州政府和地方政府身上。"他认为，有关民生的开支一项也不能减，这是恢复经济繁荣最为关键的一环。而总统的首要任务就是恢复经济繁荣和维持国防开支。这两项任务都不能通过乱砍一个完全不充足的预算来完成。实际上，对于增拨经费给真正的社会和经济福利项目的问题，他比他的前任更为坚定。

肯尼迪希望削减其他无关紧要的开支项目，尤其是削减政府部门的开支，他很乐意从白宫做起，削减庭园和勤务人员的费用，使开支降下去。在几次演说中，他向听众提起艾森豪威尔1958年的经验——如试图削减支出以适应收入，认为前总统这句话是上届政府拯救经济最实在的一句话，也是他应该加以借鉴的。他用冷静的目光仔细审查政府机构的各项要求，并且鼓励预算局局长"不轻易批准"。他和他的预算局局长，在每项财政预算提交国会之前，总是从各个机构的长官和军队各军种首长所要求的总数中削减掉200亿~250亿美元之多。

尽管肯尼迪把维持国防开支作为首要任务，但对军队和国防不必要的开支，他同样进行了压缩。国防部部长罗伯特·麦克纳马拉刚上任就发现国防预算处于混乱状态。事实上，每个军种都提出并获得了太多彼此无关的各自的预算，各军种对于实际需要多少人力并没有合理的分析。他发现缺乏内在的一致性——各军种可供使用的武装部队的实力状况，并没有与国家安全委员会精心拟订的计划文件、作战计划以及意外事变计划的要求互相配合，地面部队和空中支援之间、武器和人员之间缺乏相互联系。他开始研究和制订计划，并着手进行军事建设和削减开支。肯尼迪与国防部商议后，成立了一个单一的国防情报署，每天写一份机密报告，而不是像过去那样每天从各种情报机构写出多达11份报告。同时还成立了一个单一的国防供应署，重新拟定了小至各种皮带的带扣、大到导弹这种尖端装备的物资采购办法，取消了五角大楼的81种提货单，采用一种标准的提货单，从而避免了其他几十种重复单据。他们对国民警卫队和后备队进行了初步改组，封闭、出售和削减了近300种缺乏效率的设施。肯尼迪强调说："国防设施必须是精干的。"

事实上，在肯尼迪执政期间，最大最有争议的节约问题也是在支出增加最多的领域里——国防开支。根据预算局估算，从1962年年初到

1963年年初，联邦政府全部新的立法计划第一年所需的费用，比五角大楼已经取得的年度节余还少一些。这些节余是通过效率较高的后勤、组织和采购工作，通过把文职人员减少到朝鲜战争以前的最低水平，通过停止使用过时或无用的武器体系和基地，并且主要还是通过国防部部长的管理才能以及支持他的肯尼迪的政治勇气才取得的。这也反映了肯尼迪政府在预算方面高超的控制能力。

人们对肯尼迪政府的经济政策诟病最多的是债务问题。但肯尼迪始终认为，预算的增加，甚至赤字的增加，都是必要和合理的。

肯尼迪的经济报告遵循着这种方针，一年比一年大胆。1961年，在经济恢复的咨文中，他鲜明地阐释了自己的观点，提出了这样的结论："赤字伴随着——而且的确还帮助克服了——低水平的经济活动。"他一再强调：造成收入减少和造成赤字的是失业和经济衰退。他还鼓励人们发表论述花钱的必要性的文章，并鼓励他的经济顾问、财政部部长和预算局局长直率地讲明问题。

其实，在新的内阁班子刚组成的时候，肯尼迪的首席共和党顾问、财政部长狄龙就已经指出，需要用赤字财政来治疗经济萧条，这使狄龙以前在共和党和华尔街的同事都十分惊愕。这一实际情况甚至连以前的几任民主党财政部长都始终不愿意承认。但肯尼迪不仅赞同这一理论，而且在实践中采纳了这样的方针和策略。最终，他成功了。在肯尼迪执政期间，物价一直保持稳定，其稳定程度相比其前任，或者同一时期世界任何其他工业发达国家，都是无与伦比的。

在战后美国经济从衰退走向复苏的过程中，生产和收入在增加，而工业品的批发价格实际上却下降了，这种情形还是第一次出现。在肯尼迪就职后三年，批发物价的指数比他就职时要低，而消费物价的指数则比较稳定，比每年增长2%~3%的正常通货膨胀要低很多。国民总收入、企业利润和劳工收入都有了创纪录的提高，而且也没有因为物价的任何引人注意的上升而有所减少。一个观察家在评论文章中写道："自从格罗弗·克利夫兰①时期以来，一个民主党总统成功地稳定了国内美元的价格，这还是第一次。"

3. 扶助企业与新税法

减税、扶助企业发展也是肯尼迪刺激经济复苏的重大举措之一。然而，他上任不久就发现政府与企业的关系并不那么和谐。一个强有力的私人利益集团对总统反通货膨胀的努力——以及对总统的职权和责任的最直接、最危险的挑战，是来自1962年的钢铁企业。

钢铁工业不仅是美国最大的工业部门之一，而且它的价格几乎对所有其他商品的成本都有着直接或间接的影响。肯尼迪与劳工部部长戈德堡第一次谈话时就对钢铁行业表示了关注，因为戈德堡做过钢铁工人工会的法律顾问，所以肯尼迪向他了解该行业的一些相关情况。钢铁价格的提高必会影响到国际收支和反通货膨胀的努力。"钢铁价格上涨，通货膨胀也就随之而来"，所以肯尼迪希望钢铁价格尽可能保持稳定。钢铁产品自1947年以来一直处于涨势，俄亥俄州参议员罗伯特·塔夫脱②曾责骂该工业部门提高价格。可以说，批发价格指数上升的最大一个因素就是钢铁价格的提高。

1961年，钢铁价格又一次较大地上升，这很可能会引起一次新的通货膨胀，而且会带来灾难性的国际收支逆差和黄金的外流。10月1日，钢铁工人根据1960年的一项协议所允许的，第三次加工资。这是

---

① 格罗弗·克利夫兰：美国政治家，第22、24任美国总统，是内战后第一个当选总统的民主党人。任期内面临着机构改革、关税纷争、工人罢工等难题。他推行了文官制度改革，免去了近10万共和党人的官职并换上了民主党人；勒令铁路公司退出了近8000英亩非法占用的土地；力图维持和制定有利于民主党利益的低关税政策。在后世看来，他是最好的无名总统。

② 罗伯特·塔夫脱（1889—1953）：威廉·霍华德·塔夫脱总统的长子，美国参议员、共和党领袖，任期达14年之久，因拥护传统的保守主义而得到诨名"共和党先生"。1940年、1948年、1952年三次竞选总统，均告失败。1957年，美国参议院将他评选为"最伟大的五位参议员"之一。

在前副总统尼克松赞助下达成的解决办法，这个协议结束了历史上时间最长的一次钢铁工人罢工。肯尼迪与协助拟订那份合同的戈德堡商量，是否应该请求钢铁工会为了国家的利益放弃在10月1日提高工资。毫无疑问，这一要求遭到了拒绝，因为这将给劳资谈判达成的合同的稳定性造成一个不可信的先例。

肯尼迪无奈，只能退一步，于1961年9月6日写了一封公开信给12家最大的钢铁公司的总经理，明确指出，涨工资可以，但不要在10月1日或其后提高钢铁价格。他详细阐明了更高的价格会对国家的国际收支和物价稳定带来的危害，特别是对钢铁出口将会造成的损害；并提醒他们，政府为阻止他们所引起的任何通货膨胀而不得不采取的一些限制性的货币与金融措施，将会推迟国家经济从衰退中恢复过来，也将妨碍钢铁工业实现生产能力、更高利用率的希望。

这些钢铁公司对这封公开信的反应很不相同，唯一相同的是没有人愿意做出任何承诺。肯尼迪没有达到目的，又给老朋友、钢铁工人联合会主席戴维·麦克唐纳①写信，强调指出在1962年"为了全体美国人的利益……需要在提高生产率和稳定价格的范围内"签订一项劳资协议。

总统一再施压，共和党人借机攻击政府的"新政"。肯尼迪只得让劳工部部长戈德堡召开一次记者招待会，要求劳资双方加快他们之间的谈判。戈德堡遵照肯尼迪的指示，先同钢铁工业的主要谈判代表R.康拉德·库珀进行会谈，然后与钢铁工人联合会主席麦克唐纳会谈，接着又和美国钢铁公司董事长罗杰·布劳电话会谈。

1962年1月23日，肯尼迪在白宫与戈德堡、布劳和麦克唐纳进行了私人会晤。钢铁界经过多次讨论，终于同意不涨价。肯尼迪后来总结说："他们同意这样做，部分是因为我说过，我们经不起另一次恶性的通货膨胀，这将影响到我们在海外的竞争地位——所以他们签订了

---

① 戴维·麦克唐纳：1952—1965年担任美国劳工领袖、美国钢铁工人联合会会长。

协议。"

1962年4月达成的《钢铁工业协议》，是1954年以后第一次没有发生罢工而达成的协议，是人们记忆中第一次明确、完全地在生产率增长的范围内达成的协议，也是肯尼迪不厌其烦宣讲其新政的结果，它受到了全国人民的欢迎。

但是，钢铁公司董事长罗杰·布劳觉得自己受到了愚弄，于是跑到总统办公室递交了一份美国钢铁公司油印的向报界发表的声明，宣布每吨钢铁涨价6美元，即4倍于新的劳资协议中规定的成本价格。肯尼迪对此非常吃惊，工作也做了，协议也签了，突然闹这么一出，意味着反通货膨胀的全部计划，他保护美国黄金储备的全部努力，都将化为泡影。从不当面指责别人过错的肯尼迪大为光火，但为了他的经济目标，他还是忍住了。

肯尼迪在第二天再次召开记者招待会，专门就钢铁行业某些领导出尔反尔的行为进行辩论。他的职责遭到了践踏，他的职权也被利用了。他非常不满地说："我父亲一直对我说，钢铁界的人都是畜生，但是我直到现在才认识到他这句话多么正确。"仅仅为了这个行业，仅仅为了这件事，肯尼迪花费了太多的心血。他决定这次无论如何也不能妥协，他个人所受的公开侮辱尚在其次，重要的是他的改革大计绝不能因此而流产。

钢铁行业在过去半个多世纪里一直成功地公然蔑视总统，他们对肯尼迪的挑战是在他没有什么回击的武器及毫无可资借鉴的先例的领域里进行的，这位年轻的总统会有什么办法呢？总统的顾问们认为，只要有一两家主要的公司拒绝一起涨价，那么市场上的压力就会迫使首先抬高价格的人改变态度。林肯接受了这项建议，并立马要求派出一个专门班子去物色这样的大型企业，同时他觉得应该在这方面制定一个专门法规，将在国会年会上讨论。

戈德堡、赫勒和总统的经济顾问委员会都开始忙碌起来，通宵整理出了必要的数据，说明钢铁工业为何不需要涨价，以及涨价会如何危害到全国。在国会议员招待会上,肯尼迪和副总统约翰逊、参议员戈尔以及随后到达的戈德堡商谈了行动步骤。第二天,肯尼迪又举行早餐记者招待会,讲话几乎完全集中在钢铁涨价的问题上。戈德堡也出席了招待会并告诉肯尼迪他打算辞职,而且他希望公开承认自己失职,以致使总统遭到这样的侮辱。肯尼迪没有批准他的辞呈,因为戈德堡在处理这些麻烦事时已经尽了最大努力。

记者招待会结束后,肯尼迪发表了一篇经过反复修改的声明,更强烈地反映出他铁面无情的决心,即要使钢铁工业界和公众认识到局势的严重性及表明他的经济政策会贯彻到底。声明最后说:"美国钢铁公司和其他一些主要钢铁公司同时采取了相同的行动,把每吨钢的价格提高了6美元左右,这是一种毫无理由的、不负责任的、无视公众利益的行为。正值我国历史上的这个严重时刻——我们在柏林和东南亚面临着严重的危机,我们在致力于经济复兴和稳定,一连几个月我们都在要求后备人员离开家乡和家庭,要求军人冒生命的危险,在过去两天内就有4个人在越南牺牲了,同时我们还请求工会会员压低工资的要求——在我们正要求全体公民有所克制和做出牺牲的时刻,一小撮把追求个人势力和利润放在公共责任感之上的钢铁公司经济人员,竟然如此蔑视一亿八千五百万美国人民的利益,对此情况,美国人民和我一样,是很难予以接受的。"

声明中列举了一些令人信服的、详细的事实,说明钢铁工业不涨价仍具有强有力的经济地位,涨价将会造成广泛的损害,而且政府各部门已经在调查这一事件。然后,声明用严厉的语调斥责道:"在过去几小时内,所有的公司都搞突然袭击……几乎一致地提高了价格……这并不是我们希望竞争性的私人企业制度经常采取的做法。"

这次记者招待会以后,肯尼迪在这场斗争中掌握了主动权,但后来还是有不少跟风涨价的企业。一方面,肯尼迪运用自己职务上的威信和舆论的力量,对劳资双方所做的决定施加了压力。另一方面,又不得不督促国会尽快通过有关限定物价上涨的法案和劳资法案。事情了结后,舆论界对他做出了各种不同的评价。《芝加哥论坛报》称赞说，这是"行政当局的果断"。国外报纸几乎一致赞扬他的胜利。《华尔街日报》称，他不是"赤裸裸的强权"，而是有能力动员和集中他所掌握的和可以借重的一切人才与工具，来使他的纲领、他的威望和他的职位不受一次严重的打击。

肯尼迪最终胜利了，但他觉得还有一项重要的工作必须做，那就是改善政府与企业的关系。他一再强调，"政府和企业绝不是天生的敌人，而是必需的同盟者"。钢铁行业顶风涨价事件虽是个别现象，却反映出企业与政府之间的矛盾和利益冲突。肯尼迪在胜利中总是宽宏大量的，他马上将工作重心转向政企和解方面。他一般无意干预物价和工资的决定；一般来说，只要考虑到国家利益，自由的劳资谈判和自由竞争就可以决定工资和物价，正如这次事件中最终出现的情况那样。他说，他"对任何个人、任何工业、任何公司或美国国民经济的任何部门都不抱恶感。既然错误已经纠正了，再进行公开的指责就没有什么好处了"。而对企业来说，他们笼统地要求总统反对通货膨胀，但又要他不反对具体项目的涨价；他们要求总统改善国际收支状况，但又不让他采取控制海外逃税的办法；他们要求总统削减津贴，但他们又只考虑削减教育和福利方面的津贴，而不是削减给予船主、造船商、出版商和食糖进口商的联邦津贴；他们要求总统降低公司所得税，但又不希望减少投资的纳税优惠。肯尼迪明白，要满足企业所有的要求是不可能的，但要分清哪些要求是合理的、可行的，能把人从无穷无尽的麻烦中解脱出来的办法只有一个，那就是立法。

其实，肯尼迪很能为企业着想，他多次表明要全力支持企业（尤其是私有企业）发展，为了使企业成本下降和市场繁荣，他推行的政策旨在实现节制性的工资要求、竞争性的运输事业、低息信贷、较低的海外关税壁垒、大量的熟练工人、不断扩大的消费者的购买力，以及低税率等，同时建议以厂房和设备现代化、扩建信贷的形式为企业提供税收奖励。但是，即使是对企业有利的事情，也不见得人人都赞同。比如，有些人要求在1962年迅速减税,有些人又不同意;肯尼迪不顾商会和州际商务委员会的强烈反对,大胆推行新的运输计划,要求少管制、多竞争,铁路系统认为这个计划有利于企业,而卡车企业则认为不利于企业;燃煤和纺织工业赞成投资纳税优惠办法,但反对贸易法案。财政部部长道格拉斯·狄龙说:"我认为,有很长一段时期,没有一个总统曾经为企业做过如此之多的重要工作……但企业界要经过一个长时期才能认识到这一点。"肯尼迪也在一次记者招待会上说:"如果讨好企业界需要暂停实行关于食品、药物和计时工资这几项法律,放任通货膨胀和逃税,或者取消他对股票交易的改革和取消他对企业界人士所重视的扣除"旅行和娱乐费用后计税方法的改革,或者如果为了使他们不骂我们是反对企业界的,我们就应停止执行《反托拉斯法》,那么我认为我们的事业就完蛋了"。

尽管众说纷纭,但肯尼迪对自己认定是正确的东西,都绝不会因为有麻烦而取消,他比20世纪内以往任何一个民主党领袖都更加客观、更无偏见地看待私人企业,认为私人企业是美国经济的一个重要的、建设性的部分。他所希望的经济增长、设备现代化和政府岁入增加,都取决于丰厚的企业利润。在种种优惠政策中,最重要的举措是放宽信贷和减税。比如提供信贷和其他补助给小企业,给萧条地区或衰退地区的企业主,给银行家、营造商、铁路、出口商、纺织工厂、煤矿、小铅锌矿生产者、木材工业、捕鱼业和许多其他行业。

一个致力于"大政府"而不关心私人企业的总统,是不会下令大量削减国家的贮存,出售政府的剩余工厂和设施,也不会允许私人企业对联邦资助的新发明享有专利权的。为了促进工业现代化和刺激发展,肯尼迪政府在1961年建议由政府垫付新的机器和设备的商业投资税款的7%。这项建议在1962年获得通过。同时,政府还放宽了国内收入署关于机器和设备折旧的年限和计算标准,使各公司为了达到减税的目的,可以比以前快将近三分之一的速度把那种资产注销,并购置更多的替换生产设备。

关于减税，肯尼迪在就职前就设立了一个赋税研究小组，领导者是斯坦尼·萨里教授。该小组提交的报告与1961年4月总统关于赋税的一个全面的咨文一样，提出了一个简略的关于彻底和长期的赋税改革法案，这个法案将用堵塞漏洞的办法来扩大征税的基点，并废除对少数人有利的不公平条例，从而使所有人都可以享有较低的税率。但它并不等同于减税法案，赋税改革法案强调的是"使低税率也可以征得同样数额的岁入"，而没有提到或者打算降低政府的净收入。肯尼迪也认为，"预算问题那么棘手……我们不可能在这样关键的时刻实行减税"。他在1962年1月向国会提交了《赋税改革法案》（小法案），同时开始酝酿他的减税法案（大法案），把赋税改革法案作为一个铺垫。

由于小法案在1962年下半年才获得通过，肯尼迪原本打算于1962年向国会提供一份更加全面的税收改革计划（大法案），以刺激"更大幅度的经济增长，并创建一种更加合理的税收结构和更加简单的税法"的愿望落空了。这个大法案涉及更多深刻问题，规模较大，争议也必然较多，他不想给议员们留下操之过急的印象。他也不同意经济顾问沃尔特·赫勒所主张的在1961年春天和1962年夏天实行暂时减税的办法。但他对赫勒提到的一个题目很感兴趣，即关于战时为防止通货膨胀而制定的联邦税率问题。他对此作了深入细致的研究。1962年春，肯尼迪举行了两次重要会议——第一次正好在股票市场行情下跌的关键时刻，第二次则是在6月7日总统记者招待会之前举行。财政部部长狄龙一方面了解到赫勒的论据很有说服力，一方面又想取消暂时减税计划，以免妨碍1963年减税法案的通过。肯尼迪赞成狄龙的观点，把减税法案作为《赋税改革法案》的一个补充，只规定单纯的减税额，这样比较容易获得国会通过。

为了在出现市场行情下跌、经济呆滞的情况下提高国民的信心，并且应对公众要求在该年度夏季减税的压力，肯尼迪在一次记者招待会上回顾了前一段时间的经济情况，同时含蓄地提到了他的许诺："一个全面的赋税改革法案……将提出来，要求下届国会通过，并于明年1月1

日生效。这是一项对个人和公司所得税率的全面削减，这个税率将不会被其他改革完全抵消——换句话说，这就是一次纯减税。"出于同样的原因，他仍然强调这只是赋税改革。

但是，事情不能一直这样含糊不清地糊弄下去，肯尼迪想到的办法是借助宣传工具，对人们的思想进行慢慢"改造"。1962年8月间，他关于经济问题的"炉边谈话"稍稍突出地谈到了减税问题，但没有涉及更多的细节；谈话中还引用了赫勒的理论："我们现在的赋税制度对经济复兴和经济增长是一块绊脚石，它严重地腐蚀着每一个纳税人和消费者的购买力。"他将自己的建议描述为"建设性改革道路上的第一个紧急步骤"。但在政府内部和顾问之间，分歧还是很大。

经过一段时间的争议、考证、妥协，当法案在肯尼迪召开的年度计划会议上拟定出来时，内部的争论大部分都消失了，几乎所有人都赞同经济需要繁荣，许多的赋税改革项目将有助于经济的增长，而税率的大幅度下降则是最好的改革。

1962年12月，肯尼迪在他的一篇讲话中，把基本税和预算草案公之于世。他认识到，经济已经重新开始增长，如果打算再利用任何反衰退的论点作为提出赋税法案的理由，会显得很勉强。他改变了说法："我们现行的赋税制度加重了私人收入的负担，妨碍了私人的首创精神……从而减少了私人投资、出力和甘冒风险等方面的财政上的推动力。"这也是赫勒的说法。在此之后，肯尼迪的积极性非常高了。他把减税看作是对付仍然在折磨他的持续不断的失业的最有力的武器。在会议上，在演说中，在预算、立法计划和国情咨文里，他开始把重心集中在这个问题上。当他谈到这个法案时，他所谈的主要内容是减税，而不再是赋税改革。

经过五个月的宣讲，广大的企业界和劳工界都表示支持，但国会仍然很不热心。在前一年夏天经济有衰退的迹象，而预算又是平衡的时候，国会尚且不愿意通过减税法案，而到1963年预算既比前一年庞大又不平衡的情况下，减税法案更加不可能被通过。众议院审批的关键在于拨款委员会主席米尔斯。长期以来,他一直主张赋税改革,可是在没有衰退的迹象时,他对减税又有些怀疑。所以,肯尼迪开始着重做国会两院的工作,使每一个民主党议员都有一个较好的降低税率的计划。但共和党也几乎每个人都有抨击这个预算的办法。他们把减税称为"历史上最大的赌博",并且预测失业人数不会下降。但是,由于他们长期以来都谈到要取消政府的严密管制,所以他们不能过分挑剔肯尼迪提出的减税理由,于是,他们便对预算的具体问题提出质疑。前任总统艾森豪威尔也加入了这场争吵,他写了一封信给众议院少数党领袖查尔斯·哈勒克,把"庞大的赤字、大手大脚的新开支和大幅度的减税"这种三结合称为"财政上的盲动",到时候,这不会通向"一个充满大好机运的自由国家,而只会造成一个债务重重和财政混乱的大废墟"。他赞成从政府预算中削减130亿到150亿美元。他最后还特意声明,并不因为他是共和党人才说这番话。

为了争取共和党的支持,肯尼迪对艾森豪威尔等人的质疑进行了妥善的答复;几个星期后,在回答一家报刊编辑的一个问题时,他回顾了政府所制定的预算节约措施和预算主要增加部分的必要性,然后像艾森豪威尔一样不带党派色彩地阐释说:"我强烈反对有人谈论的那种大规模削减预算的做法,削减50亿、100亿,甚至150亿美元。我想不出有什么措施会比这个对我们国家的安全和经济具有更大的破坏作用了。而且我认为,主张这样做的人在许多情况下就是使我们陷入1958年的衰退,并导致1958年的125亿美元赤字,最大的……黄金和美元外流……以及1960年的衰退等问题的财政金融政策的设计者。而我们希望做得比他们好一些。"

可是,民主党人认为他立场还不够坚定,向共和党妥协了;赋税改革不够彻底,抱怨富有的人和公司将得利太多,改革的时间太迟缓,数额也太少了。赫勒和劳工部部长沃茨出示手头的图表数据,向劳工和自由派人士说明,低收入阶层从减税中获得的好处最大。肯尼迪则强调,他的努力不是如何分割经济馅饼,而是如何为大家来扩大这块馅饼。虽然不少人认为肯尼迪对经济一窍不通，但他在白宫却接受了良好的经济学教育，他知道自己想要达到的目标是什么，并知道用怎样的方式方法去实现它。

不管怎么说，赋税法案从酝酿拟定到提交国会，的确是玩了一点手段，在法案提出时，它是一个赋税改革及减税的法案；作证时，它却变成了一个减税及赋税改革法案，减税才是其核心内容。最后，当众议院准备对该法案投票表决时，肯尼迪再一次在电视上发表讲话。他列举了一系列数据使他的观点简单明了，加上他一贯的具有煽动性的生动语句，演说非常成功。赋税法案也很快在国会获得了通过。这项法律颁布前后，给美国经济带来了一个空前的发展时期，充分显示了肯尼迪在经济方面的智慧及政治方面的坚韧。

第八章　巅峰博弈与和平

1. 对外援助与和平队

在努力拯救国内经济的同时，肯尼迪在对外援助方面也作了不少努力。

早在"二战"结束之初，美国就从全球战略考虑，开始实施"马歇尔计划"。这一计划实施后，苏联针对美国在欧洲发动的攻势，采取了相应的反制措施。1948年3月30日，苏联宣布从4月1日起检查所有通过苏占区的美国人的证件，并搜查所有货物和私人行李以外的一切物品。1948年6月18日，美、英、法三国宣布在德国西占区实施货币改革，要将其建设成为西方式的自由民主的新国家；6月23日又下令将柏林西占区也包括在内。与之针锋相对，6月23日，苏联当局在苏占区也实行币制改革，企图逐步蚕食西柏林，最终把西方盟军逐出西柏林。6月24日，苏联封锁了柏林与美、英、法占领区的所有水陆交通，并停止向西柏林供应电力和煤炭。柏林市区有230万居民，加上西方三国占领军，共有250万人，没有粮食供应，一天也不能维持，到了冬天，如果没有煤炭补给，取暖问题就无法解决。经过计算，西柏林每天需要至少4500吨物资才能维持基本生存。

6月26日，时任总统杜鲁门在内阁会议上下达指示，"空运应在全面组织的基础上进行"，同时将命令下达给美国驻联邦德国军事长官克雷。克雷召开紧急军事会议后，命令美驻欧洲部队空军司令柯蒂斯·李梅①将能够获得的一切飞机都投入空运。同一天，美国空军的一架运输机从法兰克福将一批急需的物资运入柏林，代号为"运粮行动"的空运作业正式开始。世界航空史上罕见的特大规模的空中运输——柏林空运拉开了序幕。随后，英国空军也派出一批军用运输机投入运输救援物资的行动中。据统计，这次空中运输每天进入三个规定机场迫降的运输机达868架次以上，差不多每1分钟就有1架飞机迫降。26 6644架次飞机在三条仅3公里宽、3000米高的狭窄空中走廊里来回穿梭飞行着，历时13个月之久。"

1948年，柏林危机，美国飞机运载着供给物资，飞临柏林滕珀尔霍夫机场上空

不管美国政府出于何种目的，"马歇尔计划"对欧洲国家的发展和世界政治格局产生了深刻影响。但就美国对外援助的政策而言，肯尼迪认为尚存在缺陷。他关于和平的概念不仅意味着不存在战争，而且要求

---

① 柯蒂斯·李梅：美国战略轰炸思想的信奉者与实践者，人称"冷战之鹰"。"二战"期间曾策划实施轰炸东京的"李梅火攻"。战后历任太平洋战区战略空军参谋长、美国空军副参谋长及总参谋长。1968年代表美国独立党参与副总统竞选。

建立一个稳定的、由自由和独立的国家所组成的共同体，摆脱共产主义赖以产生的政治动乱和斗争；它要求丰衣足食的国家帮助因贫穷而羸弱的国家。他上任后，最优先考虑的就是美国援助新兴和发展中国家的计划。他说："今天，保卫自由和扩大自由的巨大战场是在地球的整个南半部——亚洲、拉丁美洲、非洲和中东——是在日益觉醒的各国人民的国土上。他们的革命是人类历史上最伟大的革命，他们谋求结束不公正、暴政和剥削。他们不只是谋求结束，而是寻求新的开端。"

1961 年，肯尼迪的新外援政策确立，他把使那些国家获得新的动力的经济援助计划，看作是美国可以帮助其从头干起的主要手段。他所提到的那些地区，在没有重大战争的情况下是东西方冲突的关键地区。肯尼迪政府的援助计划具有这样一些特点：新计划体现了新崛起国家需求的本质；认识到经济发展对人力资源需求的长期性；认识到每一个穷国（称为"发展中的"国家，避免了"落后"或"不发达"这些字眼）都处于不同的阶段，面临着不同的问题。肯尼迪指出，除非受援国根据一个长期的经济计划利用本国的资源，否则任何数量的美国援助都不会是有效的。这可以视为是对前两任实施的外援政策的矫正。所以，除了提供纯物质上的援助外，肯尼迪还试图争取让受援国接受美国对经济资源、人力资源等方面的革新意见和支持。他还对美国援助计划进行了彻底的整顿，建立了一支强大的和平援助队。

国会不少议员早已对政府的援助计划不满，这种情绪一年比一年强烈，要求终止援助行动。但肯尼迪制定的新计划不仅没有终止的意愿和迹象，反而试图将援助制度化，长期进行下去。议员们的反对更加气势汹汹。肯尼迪对此非常恼火，一天晚上，他对亚洲、非洲、拉丁美洲事务特别顾问鲍尔斯说："他们尽量把话讲得十分堂皇，高谈什么首先由我国人民树立起一个榜样来。可是在人民的估计寿命为 40 岁的国家里，老年人的医疗照顾有什么意义呢？如果大多数人是文盲或从未上过学，那么谁又会对我们的教育计划留下深刻的印象呢？我完全赞成帮助贫困地区和失业者，但这些人关心的只是生存。"他还召开记者招待会，发表公开演说,进一步表达他的愤慨:"任何国家如果在和贫困、绝望做斗争中就已耗尽了精力……就很难集中力量去对付外来威胁和颠覆的威胁。我们每年花500亿美元去制止共产主义的军事扩张……而后又舍不得花……不到这笔款子的十分之一去帮助其他国家……消除共产主义一直赖以滋长蔓延的社会动乱……对我们来说,这样去对付共产主义的恐怖是毫无意义的。"

肯尼迪认为,援助最根本的意义在于解决贫困问题,而不是要那些国家在美国的帮助下对抗共产主义,继续制造社会动乱。贫困和社会动乱是滋生共产主义的土壤,只有解决了贫困问题,共产主义的恐怖才会消弭殆尽。为了贯彻这一宗旨,他对和平援助队的负责人进行了认真挑选,主要人员也都是他所号召的那些具有献身精神的美国人。和平援助队后来发展成一支有几百人的骨干、成员达几千人的队伍。队员大多数是年轻的志愿人员,并且经过仔细挑选和全面训练,不合适的人立即被淘汰。他们把美国的活力和技术直接带给了贫穷国家的人民。每到一个国家,他们都和当地的村民一起生活,讲他们的语言,帮助他们开发自然资源和人力资源,除了从助人中得到的乐趣外,没有任何其他的报酬。和平援助队后来成为——至少在发展中的国家内——肯尼迪的希望与诺言中最鼓舞人心的象征。

当然,也不是所有人都对和平援助队抱有好感,国内自由派人士贬低它,认为它是骗人的玩意儿。而保守派人士又把它当作"垮掉的一代"和幻想家的荒诞的避风港而加以否定。国外的一些共产党国家谴责和平援助队是间谍的外围组织。一些反共的发达资本主义国家和中立国家的领袖,对它非常憎恶并横加嘲弄。国内外的支持者则针锋相对,议论着要建立一支联合国和平队和一支国内和平援助队,以及十几支其他分队来使他们泄气。但肯尼迪并不赞同,他不想把和平援助队变成政治斗争的工具。和平援助队队长萨金特·施赖弗也认为这支援助队不应该与政治斗争沾边。施赖弗是肯尼迪的妹夫,他以一种只有亲属才具备的说服力,劝说肯尼迪改变了把和平队置于极不受人欢迎的美国国际开发署领导之下的决定，以保证它在国际、国内事务中都是非政治性的，并且表明它只开往那些明确发出邀请的国家。中央情报局一度想要渗入和平援助队中，利用它做些情报方面的工作，但遭到了坚决且成功的抵制。

因为有总统的积极支持，和平援助队保持了它的纯洁性并把握了正确方向，扎实地成长。根据救援的需要，拨给和平援助队的款项逐年增加，队员们担任教师、医生、护士、农业人员、木匠以及各行各业的各级技术人员——他们成了美国最得力的理想主义使节。为了得到受援国家的支持，和平援助队运用了肯尼迪就职演说中的一个口号——成立一个新的"争取进步联盟"。肯尼迪心目中最常想到的大陆莫过于拉丁美洲，同时也没有哪个大陆比拉丁美洲更为热忱地感谢他所做出的努力。

要在非洲、拉丁美洲建立这样的同盟并非易事。肯尼迪任命有革新精神的门南·威廉斯为负责非洲事务的助理国务卿，他提出的改善非洲国家驻华盛顿外交人员待遇和住房的倡议，他对非洲独立运动的热忱，以及他给予刚果的阿杜拉、反对葡萄牙的安哥拉人和加纳的沃尔特水坝工程的支持，使得到实惠的非洲国家很愿意加入"争取进步联盟"，但是拉丁美洲人却对肯尼迪早期所做的听来熟悉的承诺表示怀疑，对他早期反共、反卡斯特罗的强烈调子以及未能任命一个人来负责西半球的政策也感到怀疑。一天晚上，肯尼迪在他的专机"卡罗琳"号上，谈到要重新考虑拉美问题，并将以前提到的政策换个更有实际意义的名称。经过一再斟酌，"争取进步联盟"就成为肯尼迪对待拉美的新政策。他还向国会递交了一份特别咨文，要求对此给予拨款。

1961年8月，泛美经济社会理事会在乌拉圭埃斯特角召开会议，会上通过了"争取进步联盟"的正式宪章。一群"新边疆"人士——除制定外交政策和负责外援的一般官员外，还包括阿道夫·伯利、小阿瑟·施莱辛格、理查德·古德温、史蒂文森、狄龙和其他人士——在政策方面出谋划策，或出席了边界以南的各种会议，在拉丁美洲促成了该地区前所未见的活动与兴趣。虽然"猪湾事件"使美国与拉美国家的

1961年3月，约翰·肯尼迪总统在白宫会见拉丁美洲各国大使

关系恶化，但肯尼迪制定了新政策，拟定了一些具体的援助目标，由和平援助队负责落实。其中包括稳定咖啡价格的协议，向边界以南派送比去其他大陆更多的队员，增加了"粮食用于和平计划"的运输量，创办了一所新的训练机构，在美国国际开发署的计划下任命波多黎各的领袖特奥多罗·莫斯科索为专职争取进步联盟协调人，并定出了其他另外十几个新开创的项目。这使拉美国家也开始投入到"争取进步联盟"中。

大多数拉美国家的形势并不比非洲国家好多少，拉丁美洲的婴儿死亡率几乎相当于美国的4倍，人民的估计寿命也只在50岁左右，平均年新增人口不到美国的九分之一，文盲率高达80%，学校、卫生设备和受过训练的人员都很缺乏，某些地区的通货膨胀如脱缰之马，城市中有骇人的贫民窟，乡村更加肮脏……在这样一些发展中国家，和平援助必须要找到最关键的切入点。在一次记者招待会上，肯尼迪第一次在公开场合用到一个消极的词，说他感到很"沮丧"。因为拉丁美洲相继发生的军事政变太让人头疼，成为救援的最大难题。他首先想到的不是派正规军去解决麻烦，因为那"不是壮大民主力量的办法"。

1961年5月，多米尼加共和国长期执政的军事领导者拉斐尔·特鲁希略①遭到暗杀，引起了没完没了的动荡和纷争；古巴试图把武器和人员输送到拉丁美洲其他国家，由此构成了对美国的巨大威胁。美国通过外交渠道进行干涉，并派出舰队进行军事威胁，结果却让卡斯特罗及共产主义的追随者上了台。这些问题让肯尼迪很感困惑。

1963年年初，肯尼迪研究了一份使门罗主义②现代化的新文件，并把它作为一项反对共产主义进一步渗入西半球的宣言。可是到1963年5月，他认识到："拉丁美洲的巨大危险……与古巴无关……（包括）文盲、住房恶劣、财富分配不均、国际收支逆差、原料价格的下跌……（以及）与古巴无关的当地共产党的活动"。11月18日，他在迈阿密说，"如果联盟要成功，我们必须……制止共产党的渗透和颠覆活动"，但是，"仅仅抱怨卡斯特罗（或）共产主义，是解决不了这些问题的"。

尽管建立"争取进步联盟"困难重重，但和平援助队还是做了大量的工作，并取得了不小的成效。有关资料显示，拉丁美洲每4个学龄儿童中有一个得到额外的粮食配给，数万户农民重新安置到了他们自己的土地上耕种生产，另有数千人获得了新住房，孩子们获得了新教室或新教科书。更重要的是，他们接受了联盟提出的业已开始的长期改革——建立中央计划机构，对赋税法和行政管理略加改革，在土地的使用和分配方面做些改进，把详细的开发计划提交给美洲国家组织，以及

---

① 拉斐尔·特鲁希略：多米尼加政治家、总统、大元帅。他喜欢被人称为"统帅""解放者"或"领袖"。特鲁希略家族对多米尼加的统治长达20多年，是美国扶植起来的拉丁美洲国家中寿命最长的独裁者之一。

② 门罗主义：发表于1823年，表明了美利坚合众国当时的观点，即欧洲列强不应再殖民美洲，或涉足美国与墨西哥等美洲国家之主权相关事务。而对于欧洲各国之间的争端，或各国与其美洲殖民地之间的战事，美国保持中立。相关战事若发生于美洲，美国将视为具敌意之行为。此观点由詹姆斯·门罗总统发表于第七次对国会演说的国情咨文中。演说开头迟疑，而后转为充满热情。这是美国涉外事务的转折点。

由当地做出更大的努力提供教育、住房和金融设施。在拉美众多国家中，有10个超过了联盟所规定的年度经济增长的目标。

除了"扶贫"的使命，和平援助队还在一些与美国关系不太融洽的国家肩负着和平使者的重任，他们的作为在某种意义上体现了美国政府的对外政策和全球战略原则。由于政治、经济环境和奉行的政策不同，受援国家对美国援助计划的反应和所持的立场也不同。许多国家在寻求美国援助的同时，又寻求苏联的援助。许多前殖民地自动地采取了反对西方的姿态。肯尼迪并不坚持认为应将每个国家标明为共产党国家、反共国家，或者热衷于"冷战"的国家。他说，中立主义曾经是"我们自己100多年来的历史的一部分"。他还认为许多奋发图强的发展中国家奉行中立主义，与其说是"不道德的"，不如说是"不可避免的"。"我们不应该老是指望看到他们支持我们的观点，但是我们应该老是期望看到他们强烈地维护他们本身的自由。"他从不为受援国家制定政策，因为美国与受援国结成联盟的目的是维护各国的独立和安全。所有国家都必须采用自己的制度，而使它们能自由地这样做，这是他的政策的核心。

1963年，肯尼迪在演说中提出"要确保世界具有多种不同的形式"，并强调"要确保世界享有民主"。这一句话就概括了他在外交政策方面的不少新思想。最后，大多数中立国的领导人开始尊重并接受肯尼迪关于独立和多元化的概念，并且尊重提出这些概念的人。其新思想的主要内容包括：使受援国家内部争取社会正义和经济增长的愿望一致；美国不再把土地分配、扫盲运动和中央规划看作是共产党的口号，而看作是受到美国政府鼓励，甚至是指定要进行的改革；既与盟国友好，又与中立国家友好；既向私人工程提供资金，也向社会主义工程提供资金；既援助某些革命家，也援助某些反动派；赞同共产党的一党制政府，也赞同另一些党派的多党制政府，但是"决不对有可能会伤害美国的那些国家的武装力量进行支持和帮助，也不提供武器给共产主义国家，不提供核武器给中东国家"。他还希望利用和平援助队的援助和贸易政策"去扩大铁托①幕后的国家",特别是波兰和南斯拉夫等,"在态度或步调上可能出现的任何分歧"。他想鼓励现存的各种民族主义倾向,认为援助最恰当的贡献并不是关于私人财产或政党制度的概念,而是人类尊严和自由的传统。

肯尼迪将对外政策取得的成就大都归功于和平援助队,并对和平援助队的前景非常乐观。1963年11月18日,他在演讲中说:"尽管有种种艰难险阻……抵制反对……步子缓慢,我却比以往任何时候都更强烈地支持和相信'争取进步联盟'……我并不低估困难……但是……最大的危险不在于我们的处境如何,也不在于敌人,而在于我们自己的怀疑和恐惧。"他与和平援助队志愿人员之间建立起了一条特殊的纽带。和平援助队在某些地区被称作"肯尼迪的孩子"——这个称呼也很确切地表示了他们之间的感情。有一个和平援助队队员后来写道,他是真正的"志愿人员"。

2. 从"遏制"到"和平战略"

肯尼迪虽然不主张对外援助带有浓郁的政治、军事色彩,但却主张美国在处理国际事务时应该扮演举足轻重的重要角色。他处理外交事务的方式与处理国内问题的方式截然不同,他将美国的外交从杜鲁门时期的"遏制"转为"和平战略"。在就职初期,他曾说过:"一个议案遭到失败和国家遭到毁灭这两者之间是有重大差别的。"他处理国际事务的热情远比处理国内事务大,这可能与他面临的严峻的国际形势有关。因为"二战"后,虽然大国重新划分世界版图和势力范围,建立了新的国际关系格局,但经过十几年的"冷战",很多新崛起的国家试图打

---

① 铁托(1892—1980):南斯拉夫联邦总统、世界不结盟运动的创始人之一,在"二战"中为反抗德国法西斯侵略、赢得国家独立做出了贡献。曾登上美国《时代》周刊杂志封面。战后与印度总理尼赫鲁、埃及总统纳赛尔推行"不结盟运动",反对苏联的干涉。在20世纪反对霸权主义、提高第三世界国家地位方面留下了深刻的印迹。

破这种格局，他们调动和运用政治、经济、军事、外交等多种手段，参与国际斗争，维护和增强本国利益，实现国家的根本政治目的。这使包括英国在内的老牌强国的国际战略地位不断下降，美国也在失去世界领导地位，肯尼迪对此越来越感到不安。

此前杜鲁门、艾森豪威尔两届政府都采取遏制政策，成效却令人不甚满意。肯尼迪上任后一改过去的政策，力促和平。所谓"和平战略"，核心就是"一手拿箭，一手拿橄榄枝"。他认为这是继续保持美国老大地位最可行的办法，而且他的和平援助队为此付出了艰苦的努力，也取得了可喜的成果。但是，和平援助队不可能替肯尼迪完成所有的外事工作，他在很多大事上都是亲力亲为，在了解外交事务的细节、拟定可供选择的办法，以及从提出到执行一项议案的过程等方面，都倾注了不少精力。外交事务极大地考验了他的判断能力和执行能力，尤其是那些无法预料和控制的事件需要做出反应的情况很多。比如，外空间探索、共同市场、与新兴国家的关系、全球科学革命以及共产党国家集团内部的紧张关系等，都需要进行细致、深入的分析，然后做出准确判断。

1961年秋，肯尼迪在华盛顿大学发表了一篇热情洋溢的演说，表明了他对处理国际事务的兴趣。他说："我们必须面对这样的事实——美国既不是无所不能的，也不是无所不知的……我们不能把我们的意志强加于其余94%的人类——我们不能矫正每一个错误，也不能扭转每一种逆境——因此美国不能解决世界上的所有问题。……在总统的盾形纹章上，美国之鹰的右爪抓着一根橄榄枝，左爪则抓着一束箭。我们打算对两者都给予同样的重视。"他认为，最为关键的是在运用外交手段时，选择时机和策略，以及在每一次交错着防务和外交问题的危机中选择一种稳妥的处理办法。

从肯尼迪的演讲和国情咨文中，可以归纳出他的外交策略和一贯坚持的基本原则。他在就职演说中讲道："我们决不要由于恐惧而谈判，但是也决不要对于谈判感到恐惧。"他在第一篇国情咨文中说："我们的政策必须把坚定性和灵活性结合起来，使之达到为保护我们的重大利益所必要的程度，假如可能，便通过和平的手段；假如必要，则通过坚决的行动。……我们既然不想看到自由世界认输投降，我们就应竭尽全力以防止世界遭到毁灭。"他在华盛顿大学演讲时说："我们如果要维持和平，就必须勇敢地面对战争的危险。……外交和国防是不能相互替代的。……有抵抗暴力的意愿，而没有谈判的意愿，只会引起战争——有谈判的意愿，而没有抵抗暴力的意愿，只会招致灾难。……我们虽然自由地进行谈判，但我们决不拿自由做交易。……总之，我们既不是'战争贩子'，也不是'绥靖主义者'，既不'强硬'，又不'软弱'，我们是美国人。"以贬义来说，肯尼迪在处理外交事务时善于耍两面派手腕；如果以褒义来称赞他，则是一手战争，一手和平，两手都要硬。

肯尼迪还说过："在这个世界上，上帝的任务肯定就是我们自己所应肩负的任务。"他施展软硬两手的目的，无非是要达到更高的政治目标——充当世界领袖。而要达成这一目标，必须与世上另一个"老大"苏联的赫鲁晓夫较量。肯尼迪上任之初，无论是友好的、不友好的还是中立的国家领导人，都试图更多地了解他，其中也包括苏联的赫鲁晓夫，他们对这位年轻的美国总统充满了好奇和担忧。肯尼迪为了阐明自己的立场、消除大国首脑们的疑虑，并"重新探索和平"，立即着手改善关系。在这样的背景下，苏联的党和国家最高领导人赫鲁晓夫与美国总统磋商会晤。为了表达诚意，苏方释放了前一年夏天被关押的两名被击落的美国飞行员。赫鲁晓夫这一举动让肯尼迪很高兴，他在第一次记者招待会上宣布了这一消息，并说："这一行动消除了改善苏美关系的一大障碍。"他明确表示 U-2 飞机以及其他飞机将不再飞越苏联上空，虽然他并没有把这项行动称作是对苏联的酬谢。

1961 年 2 月 11 日，肯尼迪在白宫召开了一次讨论与苏联关系问题的专题会议，与会者一致认为，美苏两国在和平时期没有必要举行一次正式的"最高级"会议。肯尼迪也觉得没有必要，因为最高级会议总是引起过度的希望和公众的注意，从而产生无根据的松懈、失望或紧张情绪，它会把个人威信、体面和政治权术的考虑注入严重的国际争端中去。不过，会议认为两国首脑进行私人的、非正式的会谈还是可行的。

1961年6月上旬，肯尼迪与赫鲁晓夫在维也纳进行了第一次会晤。肯尼迪的目的很明确，就是"打量赫鲁晓夫先生"，并为确切了解苏联在柏林问题、禁止核试验等一系列问题上的立场。但双方都对这次非正式谈判感到不满意。也许是第一次见面显得生疏，他们没有就双方最关心的问题作进一步交流。表面上的彬彬有礼掩盖了彼此的真实意图。不过，肯尼迪掌握着会谈的主动权，他明确地提出议题，把扯离正题的讨论拉归本题，并迫使赫鲁晓夫做出答复。赫鲁晓夫的发言通常极为冗长。双方常常引证历史和使用引文，虽然赫鲁晓夫的语言更为有声有色、生动活泼，但并不能化解意见分歧。而芭蕾舞演出和一只乘过宇宙飞船、名叫"普辛卡"的小狗给他们尴尬的谈话增添了一些趣味。在一次宴会上，双方谈到这只小狗，谈话变得轻松起来。当肯尼迪点燃一支雪茄后把火柴丢在赫鲁晓夫的椅子背后时，赫鲁晓夫开玩笑地问道："你想放火烧我吗？"肯尼迪连忙向赫鲁晓夫保证说绝无此意，赫鲁晓夫笑着说："啊，你是个资本家，不是个纵火犯。"

但他们的交谈始终不能进入正题，因为每次进入正题，双方使用的花招就会暴露无遗。比如，肯尼迪说，在1959年主席先生会见过的那些工业界和金融界的大资本家，没有一个在1960年投民主党的票。赫鲁晓夫笑着回答说："他们都很机灵。"当赫鲁晓夫说他佩戴的是列宁和平金质奖章时，肯尼迪也笑了笑，反唇相讥说："愿你一直戴下去。"

这两位国家领导人相差二十几岁，但他们的风格却非常相似，两个主要核大国在各自的重大利益上显示出互不相让的直接对抗，而在意识形态领域，他们也有相互攻讦的说辞。肯尼迪问赫鲁晓夫，是不是共产主义只应在共产党国家内存在，而在其他地方的发展就将被美国视为苏联的敌对行为呢（意思是说苏联在支持世界上其他搞共产主义的国家）？赫鲁晓夫回答说，美国希望苏联像个小学生那样双手放在课桌上坐好，但是思想是没有免疫可言的，即使他抛弃了共产主义，或者他的

1961年，维也纳，美国总统约翰·肯尼迪（右）与苏联部长会议主席尼基塔·赫鲁晓夫举行会谈

朋友们把他赶下台，但共产主义学说仍会继续向前发展；他说他在国内太忙了，甚至连有些国家的共产党领袖是谁都不知道；他还特意补充说，如果按照总统先生的说法，最应该受到谴责的是德国，因为这个国家出了马克思和恩格斯。赫鲁晓夫反复申述，苏联不能对每一次自发的暴动或共产主义倾向负责。他还说，他本人虽是一个共产主义者，却不能预言古巴的卡斯特罗会走什么道路。如果美国对小小的古巴也感到是个威胁的话，那么苏联对土耳其和伊朗又该怎么办呢？肯尼迪回答说，仅是古巴政变并未被视为威胁，美国不是在为已被推翻的巴蒂斯塔辩护，而是因为卡斯特罗公开宣称打算在西半球搞颠覆活动，这可能很危险。

随后，他们还谈到了如何理解战争与和平，该作怎样的判断才是正确的。肯尼迪承认他在"猪湾事件"中的判断失误，如果美国选择战争，出动正规军干预，那么他就不会因为这一失败而受辱。肯尼迪的主动自我检讨，实际上是给赫鲁晓夫传递了一个危险信号——美国在必要的时候，会不惜一切选择战争。他们还谈到了美国支持的巴基斯坦、西班牙、伊朗、土耳其等，赫鲁晓夫指出，美国所支持的国家和政府都是反对共产主义的。肯尼迪承认他反对共产主义，但他认为产生共产主义的根源是贫困和社会动乱，他的愿望不是消灭社会主义国家，而是要通过变革解决贫困和社会动乱这个产生共产主义思想的根源问题。

这次会晤几乎一无所获，如果一定要说有所收获的话，那就是双方都意识到要对形势做出正确判断，然后选择是要战争还是要和平。赫鲁晓夫认为，美国人的失败是吃了自负的苦。美国是很富强的，以致它认为自己有特权，并可以不承认别人的权利。苏联不能接受这种"不用你管闲事"的论点，因为一旦人民的权益受到侵犯，苏联就将提供援助，不管是社会主义国家还是资本主义国家。也就是说，这两个大国都不准备彻底放弃战争而真正追求和平，他们选择的标准都是自己国家的利益。

由于谈判没有涉及具体事项，仅仅是空洞的口舌之争，结果是，肯尼迪和赫鲁晓夫都谈不上胜利或失败、高兴或沮丧。他们都想打探出对方的弱点，但都没有如愿，在结束"冷战"方面也没有取得任何进展。赫鲁晓夫说："非常希望我们能够在更好的气氛中结束会谈。可惜我无法帮助他，政治就是无情的行当。"不过，既然谈判已经起了头，那么，更深入的谈判就有了可能，也将为人们所期待。

3. 柏林危机：我是一个柏林人

对于美苏双方来说，眼下最大的矛盾显然是柏林危机。

早在1960年的竞选演讲中，肯尼迪就曾预言柏林迟早有一天会成为一个严峻的"考验胆量和意志"的场所。他做出这样的判断是有依据的。"二战"结束之初，德国由英、美、法、苏四国共同管理，并成立了盟国管制委员会。不久，美、英、法三国在伦敦举行会议，初步决议要将三国分别管理的德国占领区合并，组成一个德国西部的政权（联邦德国）。苏联对此自然不会坐视不理，于是也在苏军占领区建立了一个政府，称东德（民主德国）。1948年，苏联采取了一系列行动使柏林也分裂为苏联占领的东柏林和英、美、法占领的西柏林，曾经的盟友变成了两大阵营的对手。1958年，赫鲁晓夫要求签订《对德和约》，使分裂永远合法化，并结束盟国在民主德国境内的所有占领权。这使两大阵营进入了敌对状态。更为重要的是，民主德国实行的是社会主义，而联邦德国实行的是资本主义。

肯尼迪对共产主义的一贯态度，不是消灭这个国家，而是要铲除滋生共产主义思想的根源——贫困和社会动乱。他在处理古巴动乱时判断失误，现在他吸取教训，采取了一种战斗姿态。他说，这一次他决定不和卡斯特罗计较，但是他希望记录在案，"我们的克制是有限度的"，美国已经准备采取行动。"如果必要，就单独采取行动"，以"保卫自己的安全"。隐含的意思很明确，"行动"无疑是指战争行动。而且，他还在演讲中警告莫斯科，"到了那时，我们决不会去听那些已在布达佩斯街头声名狼藉的人，来和我们谈什么对外干涉问题"。这可以视为对赫鲁晓夫的公开叫板，但肯尼迪又解释说，他针对的不是某个人，而是他把国际共产主义作为唯一的敌人。

赫鲁晓夫感到有与肯尼迪尽快会晤的必要，所以他在1961年5月写信相邀，这才有了6月在维也纳的首次会晤。不过，肯尼迪并不准备在会谈中对柏林问题提出正式的建议，这是赫鲁晓夫未曾料到的。他在会谈中生硬地提出，如果美国人和侵略成性、复仇心重的联邦德国都表示冷淡，苏联将单独与民主德国签订和约，并正式宣告由德国投降而产生的所有未尽义务均告无效，其中包括占领权、柏林通道和走廊。西柏林将作为他所称的"自由城市"维持下去，而它与外界的联系将转交给"拥有主权的"民主德国。肯尼迪当然知道失去柏林的管理权意着背弃美国的义务和盟友,但他表面上装作很冷淡。这反倒让赫鲁晓夫摸不着头脑,赫鲁晓夫表示相信西方的防御和外交能够影响共产党国家政策的演变,包括民主德国在内,甚至相信共产主义将在世界范围内获胜。肯尼迪对赫鲁晓夫的坦率表示欣赏,但他提醒说,柏林不是老挝。安全地或廉价地通向主宰世界的道路是不存在的,所有的渠道都为进行真诚的谈判而敞开。赫鲁晓夫的态度也同样强硬,他表示世界上没有一种力量可以阻止苏联在年底签订和约。

肯尼迪反击说,我们不是在谈论由我国前往莫斯科或由苏联来到纽约的问题。我们是在谈论美国待在柏林的问题,美国在那里已经待了15年。他严正指出:"贵国政府信奉的哲学是贵国自己的事情,但贵国政府在世界上的所作所为则是全世界的事情。"他们两人的语言越来越尖锐,不仅没有解决问题,反而有点火药味了。

美苏双方都明白,在12月份签订和约结束战争状态后,西方三国继续留驻民主德国就是非法的,是对民主德国边界的侵犯——那么,这些边界将得到保卫,这也就意味着战争。两国首脑会晤后,苏方交给肯尼迪一份苏联官方的备忘录,这份备忘录行文比较正式、语气温和但态度坚决,实际上相当于一个以"年底"为限的最后通牒。这样看来,双方已是剑拔弩张。

6月25日,肯尼迪对全国人民发表电视演讲:"倘若战争爆发,那一定是从莫斯科发动的,不是从柏林发动的。……只有苏联政府才会利用柏林边界作为发动战争的借口。"为了预防可能发生的战争,他决定亲自处理西柏林问题,并对战争准备负全责。他花了不少时间研究这个问题,要求国会批准给五角大楼拨款32.47亿美元;他拟定应急的军事计划、常规力量的集结,并召集预备役,将征兵额扩大为原来的2倍;制订外交和宣传活动的开展、预算的变动以及经济战的计划。他还考虑到了每个行动可能对柏林的士气、盟国的团结、苏联的不妥协以及他自己的立法和对外援助计划的影响,积极与国内外新闻媒体沟通,与同盟国领导人会谈。

肯尼迪为此四处奔忙，希望能尽快给苏联备忘录一个正式回应。但国务院内部的办事效率却让他很失望，他等了几个星期也没等到国务院的复文稿本。相关部门对西柏林问题仍然保持沉默。更让他感到惊愕的是，一个月后拿到的复文稿本中，他看到的不是所有美国人、德国人和苏联人都可以理解的条理清楚、简明扼要的答复，而是将一些陈词滥调和态度消极的词句汇集在一起，更没有一点解决具体问题的强硬措施。他只得把文稿交给他的特别顾问索伦森修改，要求只保留十分之一的篇幅，简明扼要、立场鲜明。

修改后的文稿让肯尼迪比较满意，但仍不能代替正式照会。因为另外两个同盟国的首脑和相关部门还要签阅。肯尼迪对此万分恼火，又暗地里做了一个大胆的计划，如果完全被民主德国领土所包围的西柏林被共产党军队所攻占或困死，那么美国就不能以常规武器来应对这场战争了，他认为，要么打一场核战争，要么就根本不采取什么行动。或者说，"不是大规模破坏，就是忍受耻辱"。他以坚定、明确的态度阐明了每一项决议：要求追加的军事预算是32亿，要求西柏林做好准备，盟国对经济制裁应取得一致意见，以及不宣布全国处于紧急状态。

7月25日，肯尼迪向全国人民发表了电视讲话，他说："西柏林现在已成为考验西方勇气和意志的伟大场所，已成为一个焦点，在那里我们所承担的庄严的义务……目前正与苏联的野心处于根本对立的状态。我们不能，也绝不会允许共产党人逐步地或者用武力把我们赶出柏林。因为履行我们对这个城市所做的保证，对联邦德国的士气和安全、对西欧的团结，以及对整个自由世界的信心来说，都是必要的。……总的来说，我们谋求和平，可是我们不会以投降换取和平。这就是这场危机的中心含义，也是你们政府的政策意图。在你们和其他自由的人们的帮助下，这场危机是能够克服的。自由能取胜，和平能持久。"

但是，苏联人尤其是赫鲁晓夫，根本不相信西方各国会赞成美国总统为一条西柏林的运输通道而发动一场核战争，还恐吓地谈到对柏林的一场核战争将给西欧留下"一堆废墟"。确实，英法两国的态度十分消极。1961年9月,戴高乐来纽约出席联合国大会时,就反对在西方采取新的立场。一方面,他不愿看到一场核战争在他的国家旁边发生,那样对法国来说,威胁远大于苏军对西柏林的占领;另一方面,西柏林对法国远没有它对美国那么重要,法国从来没有像美国那样把西柏林作为争夺霸权的战略加以考虑。英国则反对不谈判就去冒战争的风险。正是因为西方盟国的不团结,赫鲁晓夫才越来越强硬。

会议结束之后,肯尼迪终于意识到只能独自担起这副重担了。他对外宣称,美国将作为西方同盟的全权代理人,其他盟国只需保持沉默就行了,所有问题将由美国与苏联争论下去。尽管戴高乐反对美国自封代理人,但肯尼迪只当没听见,他指出,无论是联邦德国还是任何其他盟国,对这场危机的反应都没有使它们增加与美国相对称的军事和财政负担,而他还得约束自己对这些国家的公开评论。他说:"这些国家现在讲得(那么)振振有词。说一句'噢,好了,你们不应做这件事或那件事'这是不难的……可是,是我们承担了主要的军事重担啊。"所以,他不准备听取任何人和任何国家的意见,当一回独行侠。他说:"我们必须……提出一种有希望解决的立场。……这就要每天磋商……可是……这就需要很长的时间。……必须对这些问题公开辩论……甚至在它们成为我们的正式立场之前……这就使我们很难与苏联进行任何谈判。"

然而,谈判继续进行着——在纽约、莫斯科、日内瓦和华盛顿,在腊斯克和葛罗米柯①之间、汤普逊②和葛罗米柯之间、腊斯克和多勃雷宁③之间以及肯尼迪和葛罗米柯之间进行着,可是没有真正的进展。参

---

① 葛罗米柯(1909—1989):即安德烈·葛罗米柯,苏联外交家、政治家,历任外交人民委员部美洲司司长、驻美国大使、驻联合国安理会常任代表、外交部副部长、驻英国大使、外交部部长、苏共政治局委员。1983年兼任部长会议第一副主席。1985年起任苏联最高苏维埃主席团主席(苏联国家元首)。
② 汤普逊:即卢埃林·汤普森,苏联问题专家,美国驻苏联大使。
③ 多勃雷宁:即阿纳托利·多勃雷宁,自1962年开始担任苏联驻美国大使长达25年,参与了"冷战"时期美苏两国领导人之间所有最高级会晤的准备工作。

加讨论的人多，能提出新建议的人少。肯尼迪经过慎重考虑之后，使自己的目标具有一定的限度，但是他强调，他捍卫这些目标的义务是无限的。他情愿减少美国在西柏林某些实际上不必要的"刺激"活动。他愿意承认东欧国家在防止未来的联邦德国侵略问题上所具有的历史性合法权益。但"我们不受任何刻板的方案约束……我们看不到完美的解决办法"。

危机越来越危险地迫近爆发点。赫鲁晓夫再度以恐吓的语调向全世界宣布，苏联现在已经能够制造爆炸力相当于1亿吨烈性炸药的核弹，已经拥有能够运送这种核弹的火箭。拥有核武器的美国自然相信这一事实，肯尼迪敦促全国人民修筑防空掩体，并发表公开讲话。他说："在我的一生中，我国和欧洲三次卷入了大战，每一次双方对对方的意图都做出了严重错误的判断，从而带来了巨大的灾难。现在，到了热核时代，任何一方对于另一方意图的错误判断，都可能在几小时内造成比人类历史上全部战争所造成的破坏更为严重的破坏。"

此时，柏林更是一片混乱，大批难民流入柏林西部。黑暗无人的大街上警笛狂鸣，矮墩墩的T－34和T－54型坦克带领着满载民主德国军队的卡车，直奔东西柏林之间25英里长的边界线。几天后，一堵墙的墙基已经形成了，边界100米以内的地方禁止接近。仍然留在东柏林的人很长时间都无法与西柏林的亲友取得联系。美国向西柏林通道派驻了1500人的部队，目的不是去威胁共产党的军队（这点兵力从战术讲，根本不具有多大的威胁性），要他们公开承认失败，而是表明肯尼迪的决心，使感到震惊和沮丧的西柏林人恢复士气。

从9月开始，苏联又恢复了核试验。肯尼迪和麦克米伦①呼吁赫鲁晓夫停止试验，指出了新的放射性微尘的扩散程度和毒性。但赫鲁晓夫对他们的呼吁置之不理。在其后的一个月里，苏联一共爆炸了30个较大的装置，几乎全部是在大气层进行的。在此之后，肯尼迪和赫鲁晓夫

---

① 麦克米伦：英国政治家、教育家、作家，保守党成员。1957—1963年出任英国首相。

开始了频繁的信件往来，柏林问题是这些信件的主要话题。肯尼迪在给赫鲁晓夫的信中写道，由于和约会使联邦德国的人民确信重新和平统一已不可能，这可能恰恰引起赫鲁晓夫最为担心的那种民族主义和紧张局势。他指出赫鲁晓夫不愿使局势恶化的说法与乌布利希①粗暴的恐吓是不一致的。他要求苏联部长会议主席在承认西方继续留在西柏林方面更为现实一些。与此同时，肯尼迪的军事顾问与驻西柏林通道的部队保持着密切联系，当他得知美驻联邦德国军队第一分队的60辆装甲车通行无阻地进入西柏林时，感到危机的转折点已经到来了。

从1962年到1963年，美苏两国"只打雷不下雨"，不仅核战争没有爆发，就连使用常规武器的小规模冲突也没有过，但口水战和无休止的谈判仍在继续。

1962年，美国副总统约翰逊去向西柏林居民发表讲话，鼓舞他们的希望和意志，并代表肯尼迪总统表示美国"要用我们的生命、我们的财产、我们的神圣荣誉，去重申美国所承担的义务"。对此，赫鲁晓夫的第一反应是"美国人已经把我们打算与德意志民主共和国签订和约的事看成一种威胁，并且对此采取了反措施。好吧，我们也有我们的对策。……我们把计划保密到最后一分钟。"但在他说这番话的第二天，在党代会上，科涅夫②报告说，柏林边界的情况没有变化，仍然非常糟糕。双方的士兵都不走动，除了有些时候几个坦克手爬出来走动走动，以便取暖。当时有人给科涅夫提建议："我看你还是命令我们的坦克掉头从边界开回来为好。不要叫他们走得太远。我肯定在20分钟内，美国坦克也会开回去。只要我们的炮筒还对着他们，他们是不能掉转坦克并且开回去的。"科涅夫完全按照这个建议去做了，并且很快接到报告说美国坦克也掉了头，20分钟后就不见了。两个星期后，赫鲁晓夫开

---

① 瓦尔特·乌布利希：德国和国际共产主义运动活动家，德国统一社会党主席，德意志民主共和国国务委员会主席。

② 科涅夫：苏联元帅，军事统帅、军事家，"二战"中与朱可夫、罗科索夫斯基并称为苏联陆军的野战三驾马车之一。擅长步炮协同作战，能把强大的炮兵火力和步兵高速度出其不意的进攻完美结合起来。在激励士气、思想工作等方面也很有一套。

始从战争的边缘缩回去了。

1963年,墙依然矗立在那里,西柏林仍然是一个处于危险之中的城市,一个深深地坐落在被禁闭的民主德国之内的自由和繁荣的孤岛,但西柏林的通道仍然畅通无阻。赫鲁晓夫承认,肯尼迪比艾森豪威尔更加懂得改善两国关系是唯一明智之举。美国也不愿意发生战争,但他们不怕战争。肯尼迪是个原则性很强又灵活的总统,他跟艾森豪威尔不一样,在外交政策上,他是自己的主人。

1963年6月,肯尼迪对柏林进行了一次正式访问。西柏林人给这位年轻总统的欢迎,是他一生中所遇到的最热烈的一次。欢迎队伍的规模、他们的欢呼声以及从他们眼中所流露出来的希望和感激之情,使肯尼迪一行中的许多人感动得流下了眼泪。6月26日,肯尼迪在市政厅外的平台上,发表一篇激动和鼓舞人心的演说:

能在你们杰出市长的邀请下来到这座城市,我感到非常自豪。你们的市长向全世界人民展现了西柏林的奋斗精神。能在你们杰出的总理陪伴下参观联邦共和国,我感到非常自豪。你们的总理常年致力于德国的民主、自由和进步。能在我的美国同胞克雷将军的陪同下来到这里,我感到非常自豪。克雷将军曾在这座城市最危难的时期坚守在这里,未来只要有需要,他仍然会来到这里。

两千年以前,最自豪的炫耀,莫过于"Civitas Romanus sum"(拉丁语,意为"我是一个罗马公民"),今天,自由世界最自豪的夸耀是"Ich bin ein Berliner"(德语,意为"我是一个柏林人")。

世界上有许多人,他们确实不明白,或者自称他们不明白,自由世界和共产主义世界的根本分歧是什么。让他们来柏林吧!

有些人说,共产主义是大势所趋。让他们来柏林吧!有些人说,在欧洲或其他地方,我们可以与共产党人合作。让他们来柏林吧!

甚至有那么几个人说,共产主义的确是一种邪恶的制度,但它能够使我们的经济取得发展。"Lasst sie nach Berlin kommen."(德语,意为

"让他们来柏林。")

自由会有许多的困难，民主也不是完美的，但是我们从未建造一堵墙，并且把人民关进去，不准他们离开我们。我想代表我的同胞们（他们与你们在大西洋彼岸，与你们远隔重洋）说句话：因为能与你们共有这18年来的经历，他们有一种莫大的自豪感，即便是与你们遥遥相望。我不知道还有哪一个城镇或都市，能够在被围困18年后，仍有着西柏林的这种生机、力量、希望和决心。

尽管柏林墙是共产主义制度失败的一个最生动、最鲜明的例证，这一点全世界都能看到，但我们并不能满足于此，因为柏林墙既违背历史，也违背人性，它拆散无数家庭，让他们妻离子散、骨肉分离，把渴望统一的民族一分为二。

对一个城市来说，是如此；对一个德国来说，也是如此——只要四个德国人中有一个人被剥夺了自由人的基本权利，即自由选择的权利，那么，欧洲便不可能实现真正的持久和平。在这18年里，这一代德国人怀揣着和平与美好的信念，善待所有人，他们终于赢得了自由的权利，以及在持久和平中实现家庭团聚和民族统一的权利。你们住在受到保护的自由之岛，但你们的生活，是整个大陆不可分割的一部分。因此，在结束讲话之前，我请求你们擦亮双眼，透过今日的危险，看到明天的希望；透过柏林市或你们的祖国德国的自由，看到自由在世界各地的进展；透过这道墙，看到正义与和平来临的那一天；透过你我，透过我们大家，看到全人类。

自由是不可分割的，只要有一人被奴役，所有的人都不自由。当所有的人都自由了，我们就能期待这一天的到来：在和平与希望的光辉中，这座城市统一了，这个国家也统一了，欧洲大陆也统一了。当这一天最终来临——它必将来临——西柏林人民将会为此深感欣慰：在将近20年的时间里，他们一直位于最前线。

一切自由人，都是柏林市民，不管他们身在何方。因此，作为一个自由人，我为"Ich bin ein Berliner"（德语，意为"我是一个柏林人"）

这句话感到自豪。

由于柏林问题的缓解，联邦德国总理维利·勃兰特①记下了对肯尼迪的印象："这位总统很符合德国人对一位领导人的最佳想象，一位理想主义者，对未来有开阔的想象力，有一点浪漫主义，同时又是一位实干的成就卓著的人物。在德国人看来，作为一个领袖，他应讨人喜欢，也是一位优秀的计算家，他忠诚、心地透明，同时又是一位现实主义的政治家。这些特征和能力从来没有统一到一个人身上。现在一位年轻的美国总统，似乎能同时满足这些如意的想象，所以许多德国人毫无保留地信任这位美国总统。"

当天晚上，肯尼迪登上回国的飞机，越过民主德国上空飞往爱尔兰。他的心情非常好，感到自己浑身充满力量。他对随行人员说，要给他的继任者留下一张便条，告诉他在泄气时打开它，那上面写着："到德国去。"

4. 该死的越南泥淖

出于对共产主义的极度恐慌，为了遏制红色风潮在世界范围内蔓延，肯尼迪还介入了东南亚三国——越南、老挝、柬埔寨的政治纷争中。

第二次世界大战后，越南、老挝、柬埔寨人民经过艰苦卓绝的武装斗争，先后取得了独立。1945年9月2日，胡志明②在越南北方的河内建立越南民主共和国临时政府，并积极采取行动恢复越南的统一。与此

---

① 维利·勃兰特：德国政治家，"二战"后历任西柏林市长、西柏林社会民主党主席、联邦德国外交部部长、德国总理。在总理任内，以和苏联集团和解的新东方政策打开外交僵局，尤其以1970年的华沙之跪引起全球瞩目，并因此成为1971年诺贝尔和平奖获得者。

② 胡志明（1890—1969）：越南民主共和国的缔造者，越南劳动党第一任主席，越南劳动党（今越南共产党）中央委员会主席。1945—1954年领导了抗法战争；20世纪60年代又领导了抗美救国战争。

同时，在越南南方，一直坚持反共的吴庭艳①在美国的支持下，于 1955 年 10 月在西贡成立新的政府。这样一来，越南被割分为北越和南越。

北越是越共领导下的社会主义政权，自然被美国视为敌人。从某种程度上说，对共产主义的恐惧奠定了美国介入越战的思想基础。

美国介入越南内政时，麦卡锡已经倒台，但前总统杜鲁门制定的对越政策或者说对亲共及共产党领导的国家的政策并没有改变，其核心就是"遏制"。"冷战"期间，美国的主要矛头虽然是对准苏联，但对中国、朝鲜、越南、老挝、柬埔寨的人民革命运动也十分恐惧。而且，美国的最大对手苏联对共产党建立的革命政权是积极支持的。从全球战略考虑，杜鲁门别无选择。最初的做法主要是向越南的殖民统治者法国提供经费，法国人在越南的经费一半以上是美国提供的，用来对抗胡志明领导的社会主义政权。法国殖民统治者被推翻以后，杜鲁门准备在越南建立一个维护美国利益的傀儡政府，但他失败了，在任期内没能完成这个计划。

艾森豪威尔继任总统后，承前启后，从遏制战略的角度出发，继承并发展了杜鲁门政府的越南政策，但法国人已经利用不上了，他只能物色一个反对共产党和胡志明的人来另立门户。于是，1955 年就有了吴庭艳的南越政府。艾森豪威尔给吴庭艳写信，保证美国会帮助南越政府发展和维护一个强大的、能够生存下去的国家，以便它自己有能力抵抗通过军事手段进行的颠覆和侵略。艾森豪威尔一不小心，一脚踏进了越南这片泥淖里。这一时期的政策导致美国在越南问题上处于欲罢不能的境地。

肯尼迪在 1951 年访问过南越，回国后他深有体会地说："没有当地人民的支持，在任何东南亚国家想取得胜利都是没有希望的。"他是指杜鲁门的"遏制"政策对越南没有太大作用。肯尼迪上任时，南越政

---

① 吴庭艳（1901—1963）：建立了"越南共和国"，并就任第一届总统，任职期间，身为基督徒的他极力迫害佛教徒，行为令人发指，导致社会矛盾空前激化。1963 年 11 月 2 日被政变军人杀死。

府在某种程度已经把安全寄托于美国信守对西贡的保证上。既然前总统有过这样的承诺，肯尼迪只能硬着头皮继续下去。

1960年12月，在肯尼迪就职前的一个月，吴庭艳的对手胡志明宣布组成民族解放阵线，试图统一越南。美国政府担心吴庭艳的西贡政权被胡志明推翻，准备派兵支援南越。但吴庭艳是个狂妄自大而又无能的家伙，他拒绝了。他心里打着自己的算盘：美国如果派兵到南越，那他就彻底变成了一个傀儡。

1961年5月，也就是"猪湾事件"之后，肯尼迪吸取失败教训，决定对越南进行武装干涉。他派遣100名代号为"绿色贝雷帽"的"特种部队"进入南越，意在帮助南越建立一支更强大的武装力量（也是履行艾森豪威尔对南越的承诺），威慑北越政府。

5月底，新任美国大使弗雷德里克·瑙尔汀到达西贡，发现南越的局势非常不妙，吴氏政权腐败无能、倒行逆施，乡村的情况日益恶化，游击队来去自由。中央情报局提供了一份报告给白宫，警告说西贡政府实际上依赖寡头政治，容忍贪污腐败，已经有很多人对吴庭艳的领导产生怀疑。肯尼迪看过报告后，便授权中央情报局"辅政"。

中央情报局特工认为力量不够，于是，副国务卿帮办亚历克西斯·约翰逊向肯尼迪进言，请求派更多的部队去援助。参谋长联席会议则向肯尼迪保证，只消40 000名美国士兵就可以"消除越共的威胁"，再加上128 000人就足以抵抗北越和中国可能进行的干涉。国防部副部长罗斯韦尔·吉尔帕特里克建议与吴庭艳谈判，探讨订立"防御安全同盟的可能性"。五角大楼也敦促尽早对越南的战争进行干预。经过进一步研究，肯尼迪认为目前还是应该按照上一届政府定的调子走，以扶助吴庭艳的南越部队为主，不宜过早直接介入战争。因此，他同意再向南越派出一个685人的军事顾问团，同时批准为吴庭艳装备20 000名南越部队并承担全部费用的计划。

这年夏季，北越和南越进行了几次小规模交锋，吴庭艳的南越部队被打得四处逃窜，北越游击队占领了一个省会，处决了省长。西贡也发

1963年11月21日，越南南部，美军A-1H"天袭者"舰载攻击机在一次军事训练中飞过越南坦克和地面部队

岌可危。吴庭艳慌了，主动请求美国支援，并要求与美国签订联合防御条约。肯尼迪把两个顾问马克斯韦尔·泰勒①将军和沃尔特·罗斯托派往西贡，同时派去的还有一个由文官和军官组成的调查组。

1961年12月，泰勒和罗斯托的调查报告送到白宫，报告中说："他们要一支美国军队，为了恢复他们的信心和维持士气，这是必要的，但事情的发展会与柏林的情形一模一样：部队开入，高奏乐曲，群众欢呼，可四天之后，谁都把它忘了，然后又会有人告诉我们，必须派遣更

---

① 马克斯韦尔·泰勒：美国四星上将，"二战"时期第101空降师师长，参加过美军在欧洲的所有空降战役；战后历任西点军校校长、驻朝鲜半岛第8集团军司令、美国陆军参谋长、总统军事顾问和美国参谋长联席会议主席等职，提出了著名的灵活反应战略，是军中少有的将理论与实践融为一体的人物。在第二次柏林危机、古巴导弹危机和参与越南战争等决策上，是著名的鹰派人物。

多的部队。这就好像喝酒，酒劲一过，你又得再喝。"这份报告促使肯尼迪下定决心，开始加强美国在越南的力量。但他没有料到，他的这一决定将使美国在越南泥淖里陷得更深。

1962年2月8日，美国在西贡设立了由保罗·哈金斯将军指挥的军事司令部，标志着美国开始直接介入越南战争。哈金斯将军与驻西贡大使瑙尔汀一起，使美国这架战车飞跑起来。

哈金斯到南越不到一个月，就对北越部队发动了一次名为"日出行动"的战役。他自己对外宣称，首战告捷。接下来计划建立一系列设防的战略村，由民防队防守，和他一起搞这个计划的是吴庭艳的弟弟吴庭儒。然后，他向白宫报告说，战略村已取得惊人的成功，农村人口的三分之一以上都居住在战略村里，战局看来已经开始扭转。

这样的消息让肯尼迪很高兴，他甚至开始相信，越南问题用不了多久就能解决。但他不知道，哈金斯将军和瑙尔汀大使对越南这块奇异的土地根本一无所知。他们不知道，胡志明领导的是一支作风顽强、意志坚定、敢吃苦敢打硬仗的人民军队，这些人广泛动员国内民众，并在南越地区宣传民族主义，从而形成了人民战争的局面，会前赴后继、不屈不挠地与美军打下去。哈金斯将军和瑙尔汀大使也不知道，在越南这块土地上，豪雨和烂泥，吸血的水蛭和致命的老虎，丛林疾病与营养失调，再大规模的兵力投入也会被大自然一口口地吞噬掉。而且如此山高林密、沼泽纵横，也使美国军队的现代化武器失去了优势。

事实上，战略村从一开始就完全失败了。美国大兵到来之后水土不服，各种蚊虫蛇蝎及瘴气等让他们体会到了死亡的恐惧，非战斗减员非常严重。但哈金斯将军和瑙尔汀大使在给白宫的报告中，一次次地夸大战绩，虚构了许多胜利的场景。哈金斯将军还说，战争在一年内便将取得胜利。肯尼迪的情绪大受感染，在不知不觉中几乎满足了越南战场的所有要求，包括源源不断地提供经费和陆陆续续的增兵。1962年下半年，西贡军事司令部的美军部队从2000人扩大为16 000人。

但到1963年，肯尼迪发现，美军虽然取得了一次又一次战役的

"胜利"，但总是无法达成自己的政治目的；对手看起来不太强大，但始终不求和，扶持当地政权又不得民心，民众怨声载道，于是他产生了走马换将的念头。他乘瑙尔汀大使到遥远的爱琴岛度假之时，马上派亨利·卡伯特·洛奇到西贡任使节。过了几天，中央情报局接到了一项秘密指令——干掉吴庭艳。

1963年5月，南越一些对吴庭艳腐败政府不满的佛教徒、和尚在古都顺化市举行集会，纪念佛祖诞辰，声讨政府罪恶。政府军闻讯出动命令他们解散，但他们拒不从命，于是军队就向人群开枪，打死了9个人。佛教徒、和尚义愤填膺，策动了一次更为惨烈的抗议活动。6月10日晚，一大批佛教徒和和尚、民姑在西贡市中心的刹罗宝塔聚集，和尚们披着绛红的袈裟，尼姑们穿着灰色的法衣。庭院里的空气潮热而凝重，弥漫着熏香的味道。上百盏油灯青烟腾起，僧侣们口中念念有词，沉浸在古老的经文里。第二天晨，越南高僧释广德盘坐在大街上，另外几个和尚往他身上浇汽油，待弟子们退后，他划燃一根火柴扔到自己腿上。瞬间，他那瘦削的身影便消失在冲天而起的烈焰中。随后，又有几个和尚仿照他的模样自焚。这时，两个和尚展开一大幅布制的标语，上书"僧人自焚为抗议政府压迫"。

"西贡僧人自焚事件"震惊全世界，也给美国中央情报局干掉吴庭艳提供了更好的口实。8月末的一天，中央情报局特工科奈恩造访了杨文明①将军，二人经过一番密谋，达成了政变的详细计划。

1963年10月29日下午，肯尼迪在白宫召集15位高级外交顾问和国家安全专家开专题会议，吴庭艳的命运将在这里接受裁决。会议代表们对政变意见不一，奇怪的是，大家既没有争论，也没有人要求投票表决。最后，肯尼迪说："让洛奇他们看着办吧，到时候一切就都清楚了。"

---

① 杨文明：越南军事和政治人物，俗称"大明"，南越吴庭艳政府的陆军首脑，后取代吴庭艳担任南越首脑两个月，但又被阮庆再次发动军事政变而赶下台。1975年接替陈文香代理南越总统，两天后被越南人民军（北越军）俘虏，南越政府覆灭。

11月1日，亲吴派的南越"海军司令"胡晋俊上校在"军官之家"俱乐部玩网球后回家，在路上被他的副官一枪打死。杨文明的计划中没有这件事，但他知道这是催促他快点动手的信号。杨文明已经别无选择，次日凌晨4点，他的叛军大部队向嘉隆宫发起了猛攻。攻下嘉隆宫后，他们在西贡的唐人街搜捕到了吴氏兄弟。杨文明亲自挑选了一班得力人马，将吴氏兄弟押上一辆装甲车，当车子停在天主教堂前，打开车门时，只见吴氏兄弟已经满身枪眼、刀口，从车上滚了下来。

推翻一个不满意的政府就这么简单！美国国家安全委员会委员福雷斯特尔接到密电后，匆匆忙忙地冲进白宫，向肯尼迪汇报此事。肯尼迪闻讯从椅子上跳起来，脸色苍白，震惊而又沮丧，喃喃地说："洛奇他们竟是这样做的。"

南越的傀儡政府换人了，但越南的局势并没有因此而有丝毫的好转。美国的军费、物资、兵员仍源源不断流向那里，美国蒙受的损失大大超过了最初预算。现在，肯尼迪也无法预料这场战争还要打多久，但要罢手恐怕已经太迟了。

第九章　民权与种族风暴

1. 反对种族隔离

对肯尼迪来说，国家默许的种族歧视造成的动荡，是他当政时期不得不面对的最大、最敏感的国内问题之一。

在美国历史上，黑人反对种族歧视、争取自由平等的斗争始终没有停息过。虽然自1863年林肯发表《解放黑奴宣言》后黑人获得了解放，但并没有获得政治权利，也没有得到土地。肯尼迪从政后，始终支持种族融合与公民权益，反对种族歧视，极尽所能地为黑人谋取公平权利。

1955年年底，在亚拉巴马州蒙哥马利市，非裔黑人妇女罗萨·帕克斯因在公交车上拒绝给白人让座而遭到逮捕，理由是违反了《种族隔离法》。事发后，牧师马丁·路德·金号召黑人"罢乘"，争取平等自由，从而引发了美国以黑人为主的民权运动。马丁·路德·金主张运用非暴力的方式为黑人争取权益，认为只要一个国家的立国理念是人道、自由的，即使由于历史的原因还存在许多暗角，但人们对平等、正义的诉求迟早会取得胜利。1956年12月，美国最高法院宣布亚拉巴马州的《种族隔离法》违反宪法，蒙哥马利市公交车上的种族隔离规定也被废除。在这场运动中，马丁·路德·金成为黑人民权领袖。肯尼迪在担任州议员的时候就认识了这位黑人领袖，并对黑人的斗争精神大加赞赏。

1960年1月31日，一个黑人大学生到一家连锁店买酒遭到拒绝，理由是"我们不为黑人服务"。马丁·路德·金又发起"入座运动"，将"非暴力"和"直接行动"作为社会变革方法。具体做法是,平静地进入任何拒绝为黑人服务的地方,礼貌地提出要求,得不到就不离开。不到两个月,该运动席卷了美国南部50多个城市。参加者打不还手,骂不还口,服装整洁,头发一丝不乱,以最有尊严的目光请求服务。纵使遇到嘲弄、侮辱,依旧不卑不亢,得不到服务就坐下来读书。6月17日,在马里兰州巴尔的摩市商业区的胡珀饭店也出现了类似的情形。许多人在"运动"中被捕,到1960年年底,因静坐示威而被拘留的学生总数将近5000人,大多被指控犯有"非法侵入罪",许多人都是在简单审讯后定罪的。运动领袖马丁·路德·金也被判有罪。正在竞选总统的肯尼迪在演讲中明确表示了自己对"入座运动"的支持。

1961年1月20日下午,刚就职的肯尼迪坐在白宫前面的看台上检阅游行队伍,发现面前经过的彩车、乐队、海岸警卫队和仪仗队里,都看不到一张黑色面孔。在此之前,他还不知道在军队中黑人士兵也受到与白人不同的对待。回到海恩尼斯港后,他打电话询问财政部部长狄龙,因为海岸警卫队的事统归狄龙管。狄龙告诉肯尼迪,海岸警卫队学院建立86年来没有录取过一个黑人学生。肯尼迪对狄龙说,那么就从明年开始这第一次吧。狄龙犹豫片刻,答应了下来。

肯尼迪还了解,在军队中,黑人占总兵力的8%~9%,为了驱使黑人为国家卖命,国会和联邦政府虽然在形式上废除了军队内部的种族隔离制度,但歧视黑人的活动在美军的日常生活中比比皆是。美国军方公开纵容白人种族主义分子欺压黑人。很多白人军官存在根深蒂固的种族优越感,根本不把黑人当人看,对黑人殴打辱骂,无所不用其极。对黑人官兵的数量、级别和职务,军方暗中也有严格的限制和潜规则。到1960年年底,在美国陆军中,黑人士兵约占士兵总数的12.3%,而黑人军官仅占军官总数的2.5%。在陆军的5213名上校中,黑人只占6名,约为千分之一。海军对黑人排斥得更加厉害。据美军当局透露,在美国海军军官中,黑人仅占千分之二,其中最高军衔为中校,而且只有3名;在士兵中,黑人也不过占5%左右,而且绝大部分都是担任极为次要的、技术性不强的工作。

肯尼迪想尽快扭转这一局面,决定先从自己能说了算的行政部门做起。在第一次内阁会议上,他提到了自己的发现,并要求每位内阁成员检查一下自己管辖部门的情况。他强调说:"我关心的不仅是数量,而且是各级岗位,如外事机关、高级决策、专业和管理工作的任职机会上。"他自己组阁时已任命黑人安德鲁·哈彻为副新闻秘书,罗伯特·韦佛为房屋财政署署长。

肯尼迪的告诫得到了内阁成员的重视。他不愿仅仅为了装点门面,而是扎扎实实地提高黑人的地位,让他们和白人一样享有应有的政治权利。他首开先河,使一批黑人干才获得了机会,不仅任命黑人做非洲国家的大使,甚至往欧洲国家也派出黑人大使;还有联邦检察长、哥伦比亚特区的地方长官也都是由黑人担任。

上行下效,在肯尼迪的带头作用下,国务院及各部行政长官也在自己身边增加了几位黑人,比如助理国务卿帮办、劳工部副部长,以及几个部委员会的成员。担任高级专家或管理职务的黑人人数增加了好几倍。此外,司法界也有许多重要职位由黑人担任。州、市检察长的人数由10人增加到70多人,终身任职的联邦法官有5人,著名的黑人律师瑟古德·马歇尔①担任上诉法院法官,黑人女法理学家马乔里·芬森夫人到哥伦比亚特区法院任职。

肯尼迪曾要求副总统约翰逊将几个有关政府签订契约和雇用人员等方面的委员会,合并成总统就业机会均等委员会,这使黑人在就业方面受到的歧视大为减少。在纺织厂里,黑人过去只能当清洁工,现在出现了管理人员;黑人也可以在过去被告知不必去申请工作的飞机厂里找到工作……在肯尼迪当政时期,奉命担任联邦高级职务的黑人比历史上任何时期都要多。

---

① 瑟古德·马歇尔:第一位担任美国最高法院大法官的非裔美国人,一生致力于运用法律争取公民权和社会正义。他承接并胜诉的"布朗诉教育委员会案"导致美国废除了《种族隔离法》。

肯尼迪还试图建立一个反歧视委员会，以改变黑人选举权受到限制，黑人受教育的权利无保障，黑人失业者过多、收入过低等一系列问题。但是，这个法案在审议过程中遭遇了重重阻力，尤其是国会的阻拦。肯尼迪深切体会到，这个历史遗留问题的解决绝非一日之功。事实也是如此，在他执政的千余天里，又接连发生了几起不该发生的风波。

1961年，以黑人为主发起了一次"自由乘客运动"，反对在乘车方面实行种族隔离。因为此事很多人开始重新审视《种族隔离法》，南部各州拒绝在州际交通间实施种族融合计划。5月4日，由7名黑人、6名白人同情者组成的"自由乘客"骨干小组，乘坐公共汽车离开华盛顿，远征美国南部。爱德华·布兰肯海恩、詹姆斯·法玛尔、吉纳维芙·休斯等人手里握着一幅行车路线图，想一路试探南方各公交车站、旅店、洗手间的种族融合情况。他们预定以曲折的路线穿越美国南部各州：从华盛顿出发，途经弗吉尼亚州、北卡罗来纳州和南卡罗来纳州，转向西南到达亚特兰大城，再向西穿过亚拉巴马州，继续向前，跨过密西西比州直达新奥尔良。

他们分成两组，一组乘坐灰狗公司的客车，一组乘坐小径公司的客车。这些"自由乘客"在里士满、彼得斯堡、林奇堡等地方都停留过，他们在挂着"白人"牌子的小吃铺里吃东西，根本不进标明"黑人用"的厕所，结果不是很糟，只是惹得别人恶狠狠地瞪上几眼，咕哝几句脏话而已。但喜欢在报纸里寻找趣闻的加油站服务员、长途汽车站的售票员、过路的县级司法官以及经常在汽车站和火车站附近游荡、等待出事看热闹的那些人，开始关注他们了。

在北卡罗来纳州的夏洛特城，一名黑人自由乘客走进汽车站的理发馆理发遭拒，但他拒绝离开。结果，他被以擅入私人房屋的罪名逮捕。自由乘客们并没有因此而止步，他们来到南卡罗来纳州罗克希尔车站，3名自由乘客挨了打，但很快被警方制止。

另一组一路无事地到达了佐治亚州的亚特兰大，受到了马丁·路

1956年12月，美国亚拉巴马州蒙哥马利市，马丁·路德·金和其他黑人民权领袖发起对公共汽车的抵制运动

德·金的欢迎。金警告他们说，听说三K党①徒可能在下一站——亚拉巴马州的安妮斯顿——酝酿某些行动，要他们多加注意。灰狗公司的汽车要经过一片穷乡僻壤，就是在这里，他们遭到了一群手持铁棒、木棍和轮胎链子的三K党徒的伏击。5月15日，一个不明身份的男子坐在灰狗公司的车前，不让车离开车站，其他人则打碎车窗，刺穿轮胎，还尖叫道："让我们杀了这些黑鬼还有这些亲黑者。"警察到达后朝天放空枪，但狠揍自由乘客的行动已经结束。灰狗巴士离开安妮斯顿站后，一辆汽车在高速公路上来回扭摆，不让自由乘客们的客车超越。由于客车车胎被刺，没走多远车胎就瘪了。一伙暴徒围困了抛锚的车，打碎更多的车窗，有人还把一枚炸弹扔进车里引爆。此时自由乘客尚在车内，暴徒们堵住车门，不让他们逃生。当他们觉得大火快要引发油箱爆炸后才退却，自由乘客这才得空逃离早已熊熊燃烧的客车。接下来，暴徒开

---

① 三K党（Ku Klux Klan，缩写为K.K.K.）：美国历史上和现在的一个奉行白人至上、歧视有色族裔主义运动的民间排外团体，也是美国种族主义的代表性组织。它是美国最悠久、最庞大的种族主义组织。Ku-Klux二字来源于希腊文KuKloo，意为集会。Klan是种族。因三个字头都是K，故称三K党，又称白色联盟和无形帝国。

始攻击自由乘客,直到高速公路上的巡警驱散他们。

小径公司的汽车行进在高速公路上,三K党徒公然违背联邦法令展示他们的广告。一群手持钢管的人把车包围起来,足足殴打了自由乘客30分钟之久。第二天早上,《伯明翰新闻报》承认"昨天伯明翰街头真的充满了恐惧与仇恨"。美国退伍军人委员会指控道,这是肆无忌惮的种族主义活动,而且近期愈演愈烈,亚拉巴马州的官员们并没有为此表示遗憾。亚拉巴马州州长约翰·帕特森说:"我不能保证这一帮惹是生非的人的安全。"伯明翰警察局局长"公牛"尤金·康纳则说:"我们伯明翰人是最平和的,除非有人闯进本市故意找碴,我们这里从来不会闹事。"有人问他为什么出事时一个警察都不见时,他说,那天是"母亲日",他们都放假了。康纳被认为是全美国最恶名昭彰的种族主义者。

1961年5月15日,一些自由乘客出院后聚集在亚拉巴马州伯明翰市灰狗公司的客运站,讨论下一步应该怎么做。詹姆斯·派克被严重打伤,但在他的鼓励下,组员决定按原计划继续旅行。但客车司机害怕再次遭遇暴力事件,坚决拒绝开车。

这次殴打事件引起了司法部的注意。司法部部长罗伯特·肯尼迪本以为打个电话就能解决这个问题,电话打通以后,亚拉巴马州州长帕特森表示同意,但放下电话他又反悔了,他想庇护那些曾支持他当选州长的三K党人。肯尼迪亲自打电话给帕特森,想与他沟通,但被告知找不到州长,可能是去度假了。这让肯尼迪意识到事情很复杂也很严重,于是又打电话给副州长,这位副州长勉强答应总统说,可以派代表来和他见面洽商。

肯尼迪对种族主义者甚感厌恶,也对自由乘客的行为非常恼火。他认为,自由乘客不仅无法通过这样的运动来达到目的,反而会使情况变得更糟糕。事情的发展确实如此,由于司机拒载,自由乘客不得不放弃坐车去新奥尔良市的计划。詹姆斯·派克是"争取种族平等大会"的成员。5月17日,他在记者招待会上向人们展示了他在亚拉巴马州伯明翰市遭遇的暴力袭击。而来自田纳西州纳什维尔市的学生，在戴安·纳什的领导下齐聚伯明翰，准备继续自由乘车运动。

5月18日，第一组自由乘客回到伯明翰汽车站，与来自纳什维尔市的另一组人马会合。随后，他们前往机场准备离开伯明翰，但暴徒们跟随他们来到机场，有人还威胁说机上有炸弹，他们只得返回市区。为了找到一名司机，司法部部长罗伯特·肯尼迪在电话中和猎大公司驻伯明翰代表乔治·克鲁特费尽口舌，最后克鲁特派了司机，使自由乘客得以前往蒙哥马利。

客车到达蒙哥马利市车站时，警察和直升机撤走了，等待自由乘客的是一群暴徒。他们陷入了1000~3000人的包围中。暴徒们首先袭击了记者和摄影师，把相机等设备摔到地上砸坏，随后袭击自由乘客。人越来越多，还高喊着"揍他们，揍他们"。自由乘客中的白人也被打了。总统代表刚想伸出援手，就被一群人狠狠痛打了一顿。对于这样的事情，市里的警察反应迟钝，州属骑警赶来后，也没能控制局面。

司法部部长罗伯特·肯尼迪坐在华盛顿特区司法部办公室内，与助手商讨怎样用合法的手段来应对亚拉巴马州蒙哥马利市的暴力事件，最后决定派副部长拜伦·怀特[①]带领联邦法警组成的特遣队去作应急处理。

怀特赶到蒙哥马利市后，发现事态比预想的要严重，于是又在马克斯韦尔空军基地召集了400名受过训练的人员参加行动。为应对暴力事件，民权领袖在亚拉巴马州蒙哥马利市的拉尔夫·阿伯纳西牧师教堂召集大会，其中包括小马丁·路德·金、吉姆·法玛尔、沙特思沃斯牧师，他们都是来声援自由乘客运动的。州长帕特森极力反对联邦法警和这些民权领袖来蒙哥马利市，要求他们回家，别管闲事，但怀特的态度非常强硬。帕特森见状，连夜召集亚拉巴马州的治安人员开会，指示他

---

① 拜伦·怀特：美国最高法院大法官，曾任美国司法部副部长。在判决的立场上多倾向保守派。在著名的罗诉韦德案，他与保守的威廉·伦奎斯特大法官持反对意见。

们逮捕违反本州法律的联邦法警和参加行动的其他人员。

5月21日,在黑人的第一浸信会教堂——这间教堂以倡导种族融合的拉尔夫·阿伯纳西牧师命名——举行了夜祷会。会上,自由乘客宣布了他们新的行动计划。一共有1500人参加了这次聚会。教堂外,一伙暴徒聚集了大约一个小时。他们往教堂的窗户扔砖块,焚烧教堂外的车辆。头戴钢盔、全副武装的部队向人群逼近。

5月22日,司法部部长罗伯特·肯尼迪连夜打电话询问亚拉巴马州蒙哥马利市的种族暴乱事件的情况。得知消息后,他又给州长帕特森打电话,帕特森在电话中大声抗议:亚拉巴马州遭到了侵略!肯尼迪给帕特森打电话时,他又咆哮道:由于派来了联邦法警,已经造成了非常严重的政治局面,并声称肯尼迪在政治上毁了他。肯尼迪没有生气和指责他,只是强调说:"保存教堂里那些人的性命,比保存你我的政治生命更为重要。"

5月23日,亚拉巴马州蒙哥马利市实行戒严,国民警卫队接管了市里的治安工作。随后,大部分群众被驱散,自由乘客和一些带头滋事者被逮捕,将依法予以处理。

在这次事件中,自由乘客虽然尝到了监狱的滋味,却迫使各州取消了州际公共汽车乘坐上的种族隔离制,算是取得了成功。不过,反对种族主义的斗争并没有因此而结束。

2. 坚决维护平等权利原则

1961年,黑人学生詹姆斯·莫瑞德斯打算注册进入他的家乡奥克斯福德由纳税人出资维持的密西西比州立大学。他在申请函中说:"我是密西西比州非裔美国公民。鉴于在这新的时代我国教育制度正在发生着的深刻变化,我相信你们不会对我的入学申请感到诧异。我当然希望对我申请的处理能给密西西比州立大学和密西西比州增添光彩。"但是,他的申请遭到了拒绝。莫瑞德斯向校方多次申辩无效后,向地方法院提交了申诉案。

但是，地方法院站在本州种族隔离法的立场，判决莫瑞德斯的申诉书无效。但申诉案提交到第五巡回法院（由8名南方法官组成）后，上诉法庭法官对地方法院的裁决予以否决。如此反复再三，始终没能结案。莫瑞德斯的申诉案只得移交到联邦最高法院。法官雨果·布莱克①维护上诉法庭的原判，要求密西西比州立大学立即准许莫瑞德斯入学。但州长罗斯·巴尼特说："这绝对办不到！"莫瑞德斯被迫四处奔走呼吁。

肯尼迪知道莫瑞德斯申诉案背后的深层原因，也意识到这种种族对抗必将影响到密西西比州与联邦政府的关系，涉及平等权利这项原则和法律的尊严，还涉及总统的最高权力。他和司法部部长罗伯特·肯尼迪都介入此事之中。

当时密西西比州是美国种族歧视制度最为严重的一个州。根据一份20世纪40年代的调查显示，密西西比州在财富、识字人数、教育程度、名列《美国名人录》的人数、交响乐团的多少、犯罪比率、选举人登记、婴儿死亡率、交通设施和医疗条件等的评估中排名最末。到20世纪60年代初，这个州还有为数惊人的居民（包括白人和黑人）竟然从未听说过民权运动，足见这里"封闭"得多严实。而州长罗斯·巴尼特又是一个顽固不化的家伙。这件简单的申诉案让肯尼迪感到非常棘手。

肯尼迪希望在联邦中种族隔离最严重、偏见最深的这个州里避免使用武力或引起暴力行为，也不希望使州长巴尼特变成殉道的英雄。他打电话给巴尼特，请他劝说密西西比州的官员——最后也劝说大学的行政人员——和平地、负责地按法律行事。

---

① 雨果·布莱克：美国最高法院大法官，"最高法院里的堂·吉诃德"，以坚决主张"人权法案"确保人民自由而闻名。在长达34年的联邦最高法院大法官的职业生涯中，他执着地坚守自由主义信仰，被誉为"20世纪最警醒的自由捍卫者""美国宪法真正激情的体现者""美国联邦最高法院史上最伟大的6位法官之一"。

但是，肯尼迪还不曾料到，最大的阻力正是来自这位州长。巴尼特正准备竞选联邦国会参议院议员，他要得到大部分有选举权的白人支持，所以他对肯尼迪的话置若罔闻。

1962年9月下旬，莫瑞德斯尝试到密西西比州立大学上课，但白人大学生对其百般阻挠。陪同莫瑞德斯的执法警官人数逐日增加，但仍无法让他入学。对峙期间，550多名联邦助理执法警官在大学办公大楼附近布岗，他们穿着便衣，大多数来自南方，许多人本来在移民局或司法部的其他部门里工作。在执法警察总监詹姆斯·麦克沙恩和司法部副部长尼古拉斯·卡岑巴赫①的领导下，他们纪律严明。这些人和其他在场的司法部官员一直与设在内阁会议室的"指挥总部"——因为总统办公室有两批摄影人员在工作，所以设在那里——保持直接的电话联系。

眼看莫瑞德斯的问题不能和平解决，肯尼迪和巴尼特再一次进行了严肃的谈话，但巴尼特没有任何让步的表示。肯尼迪感到，巴尼特藐视的不是他，而是联邦政府的尊严。

巴尼特也有他自己的想法，认为他具有无可非议的合法立场，那就是所谓的"干预权"。他作为州权的代表者，可以插手过问联邦政府和密西西比州居民之间的问题，而且他已经获得州议会的授权。这个所谓的"干预权"是一个历史概念，早已经被废止，巴尼特却试图让这个陈腐的教条死而复生，这让肯尼迪感到很惊诧。联邦第五巡回法院当然拒绝承认巴尼特的歪理。在司法部副部长卡岑巴赫的直接干预下，大学负责人在法庭上认输，同意让莫瑞德斯入学。可巴尼特仍旧不肯退让，扬言对大学负责人的"投降"感到震惊，并宣布任何司法部人员要是干涉密西西比人执行自己的职责，都将予以逮捕和监禁。

巴尼特准备"动粗"，这让肯尼迪忍无可忍，他立马发布了一项声明和一道行政命令，准备把密西西比州国民警卫队置于联邦政府的权力

---

① 尼古拉斯·卡岑巴赫（1922—）：美国律师、政治家，民主党人，曾任美国司法部部长、副国务卿。

之下，并部署一些其他部队。500 名法警和 3000 名士兵开进了密西西比州立大学，以确保莫瑞德斯可以顺利去上他的第一节课。肯尼迪还派遣了一些法警去保护主张自由的人士。他这样大动干戈，显然是想表明联邦政府解决种族歧视问题的决心。然后，他宣布将在星期天晚上通过电视向全国发表演说，把整个事件向美国人民公布。

在肯尼迪的高压手段下，巴尼特终于认输了。他承诺亲自去做善后工作，在奥克斯福德稳住暴徒，通知校方给莫瑞德斯秘密注册。

事情看起来得以了解决。尽管事后巴尼特曾发表一项愤慨的声明，说这件事是背着他干的，他在不可抗拒的力量面前只能屈服。可他在善后的时候遇到的麻烦可不小。密西西比州和南方各地来的地痞和种族主义分子一直集结在奥克斯福德，就在莫瑞德斯去注册时，司法部副部长卡岑巴赫和法警队伍已穿过校园西大门，在那座用红砖砌成的古老精致的大学办公楼里建立了指挥所，继续与他们对峙。办公楼外很快聚集了大约 1000 人。他们威胁着法警，手中拿着棍子、石头、铁管、砖头、瓶子、球棒、燃烧弹，甚至还有不少步枪。他们高喊着："打死这些爱黑鬼的杂种！""爱黑鬼的家伙们，滚到古巴去！"又一起叫着："二、四——三，我们痛恨肯尼迪！"暴徒人数成倍增加，骂得越来越难听。他们先朝法警投石子，接着扔大块石头、扔烟头。

让肯尼迪难堪的是，校园正在发生的事情没有人及时报告给他，而他以为这一事件圆满结束了，仍按原计划在华盛顿晚上 10 点发表了演说。他向全国的电视观众说明莫瑞德斯现在已进入大学校园，阐述贯彻执行法院判决的必要性，赞扬密西西比人在美国历次参战中所表现的英勇精神，并向密西西比州立大学的在校学生呼吁说："你们应继承伟大的传统，光荣和勇敢的传统……让我们既维护法律又维护和平，只有医治好内部的创伤，才能转向外部的更大的危机，并在保证人类的自由方面像一个种族那样团结在一起。……事关你们大学和你们州的声誉，我相信绝大多数同学是会起来维护这一声誉的。"

肯尼迪的演讲受到了人们的讥笑，因为校园里的暴乱还在进行之中。肯尼迪打电话给州长，让他撤回本州警察，但巴尼特不买账，还大发了一阵牢骚。校园的骚乱持续了整整一夜。有人夺来一辆救火车和一台推土机，想要闯过法警的警卫线，冲进办公楼，但被法警的手榴弹击退了。进攻者用可口可乐瓶子做的土炸弹还击。隐蔽的狙击手朝大会堂放枪，打死了两个人：一名法国驻美记者和一名奥克斯福德的围观者。500名法警受伤的超过三分之一，有166人，其中有28人被狙击手射伤。而联邦法警们最强硬的手段也只是使用催泪弹而已。

肯尼迪闻讯火冒三丈。当然，对一个从战场上走过来的总统而言，这样的灾难只能算一次小小的风波而已。令他气愤的是，有人欺骗了他。他立刻下令在孟菲斯待命的陆军部队开始行动，并要求他们一天内解决这个麻烦。军队清早进入市区，人数很快就增至不必要的2万人。暴徒们见势不妙，渐渐散去，镇上又平静下来。肯尼迪并不准备逮捕监禁巴尼特，只是通过伯克·马歇尔要求愤怒的上诉法院以罚款惩办他藐视法庭罪。随后，肯尼迪敦促其他各州，法院的命令全都得执行，违抗命令除了给他们自己带来经济损害外，不能达到任何其他的目的。

在和平年代，肯尼迪如此下血本，显然不只是解决莫瑞德斯的入学问题，他说："如果……行政部门不执行法院的判决……或者不能……保护莫瑞德斯先生……这个国家就不能生存……这个政府就会很快瓦解……那样付出的代价将比这大得多。"他补充说："我认识到，这引起了大量怨恨我的情绪，但我真不知道他们希望美国总统要起别的什么作用。他们指望我履行宪法规定的誓言，而这正是我们要做的事情。"

除了学生的反抗运动之外，那些由于工厂实行自动化而被解雇的黑人更渴望改善生活，其中包括曾经和白人一起在战场上并肩战斗过的黑人退役士兵。他们根据《美国士兵权利法案》争取应有的权利。新一代骄傲的、无所畏惧的黑人青年也是如此。但政界和企业界的白人领袖对他们却持敌对或冷漠的态度，尤其是在南方，黑人由于得不到通信联络的便利，由于对诉讼程序很不耐烦，不得不重新使用少数派抗议的惯用武器——示威游行。

1963年年初,肯尼迪在一次演讲中说:"破坏与不和的火焰正在北方和南方的每一个城市内燃烧着,眼前法律上还没有可行的补救办法。"火焰在宾夕法尼亚州的费城,在密西西比州的费城,在马萨诸塞州的剑桥,在马里兰州的坎布里奇,在施里夫波特、克林顿和近1000个其他城市里燃烧——其方式是示威、游行、布置纠察线和群众集会。但是,炙焦了国家的良心的最炽烈的火焰却是蔓延在亚拉巴马州,尤其是伯明翰市的火焰。

黑人领袖马丁·路德·金曾说,伯明翰是"美国实行种族隔离最彻底的大城市"——长期以来一直被民权团体看作是"非暴力抵抗"运动的主要对象。1963年春,南方基督教领袖会议的领导者,包括马丁·路德·金在内,在伯明翰一次重大的抨击种族隔离的直接行动活动中加入了沙特斯沃斯的组织,计划通过一系列群众会议和直接行动,进一步推动反对种族隔离运动和推动肯尼迪政府起草并通过全面的《民权法案》。他们相信伯明翰运动是目前民权运动中最艰苦的战斗,如果成功,它将对整个国家的种族隔离主义产生影响。但是,3月5日伯明翰要进行市长选举。南方基督教领袖会议不希望他们成为促使白人给尤金·康纳投票的政治工具,决定将运动推迟到选举两周后进行。

伯明翰市市长和其他候选人都是种族隔离主义者,来自伯明翰的公共安全委员"公牛"尤金·康纳,作为候选人之一,给人的印象是极为好战。势均力敌的状况使选举进入1963年4月2日的决战,艾伯特·鲍特维尔最终战胜了康纳。但包括康纳在内的一些市政府委员都不肯离职,理由是1965年才是合法的离职时间。这引起了一场合法的权力斗争——马丁·路德·金精心安排的运动开始了。此时的伯明翰市处于两个政府的控制之下。

基督教领袖会议开展运动的策略是对伯明翰的商人施压,所以组织者将抗议运动的开始日期定在复活节。运动开始时,马丁·路德·金宣讲了非暴力哲学及其方法,呼吁志愿者们为非暴力反抗效力。他们在"塞满监狱"的口号下开始行动,许多人进餐馆入座、游行及对市区商人进行抵制运动。在日益觉醒的黑人群体中，每天都有游行、请愿、抵制、静坐和类似的示威。随着志愿者的增加，行动迅速扩展为教堂的跪拜、图书馆前的静坐，以及为庆祝选民登记运动的开展而以县府建筑为目的地的游行。

康纳及他的部下每天都用警棍、警犬、救火水龙带、装甲车，以及逮捕来对付他们。4月10号，市政府得到法庭关于终结所有抗议活动的禁令。马丁·路德·金和南方基督教领袖会议认为积极反对城市不公平法规的行动时机已经到来。经过两天的激烈讨论，马丁·路德·金宣布说："我们不能心安理得地服从这样一个不公平、不民主，违反宪法而又滥用法律程序的禁令。"

然而，他们接受逮捕的计划受到了阻碍，因为他们没有足够的资金用来支付保释金。南方基督教领袖会议已经为保释金用光了所有可用的资金，他们还要对逮捕入狱的其他抗议者负责。根据计划，有50多名示威者将与拉尔夫·阿伯纳西和马丁·路德·金一道入狱，但南方基督教领袖会议却不能保证他们能够全部被释放。由于缺乏资金，马丁·路德·金考虑自己是否应该入狱。如果他拒绝入狱，就会降低运动的可信性，还要面对奥尔巴尼运动中所受的批评。经过一番思想斗争，马丁·路德·金认为他不得不心甘情愿地进伯明翰的监狱。"朋友们，"他说，"我已经决定了，我要表明我的忠诚，虽然我不知道将发生什么，结果会怎样，也不晓得钱会从哪里来。"

4月12号，马丁·路德·金因违反州立巡回法院禁止抗议的禁令，在伯明翰被捕。同时还有3300多名黑人男女和儿童——大多数受过消极抵抗的训练——被拖进监狱去。马丁·路德·金被单独禁闭，并被允许最小范围地与外界接触。这一期间，马丁·路德·金在《伯明翰新闻报》的页边空白处写下了他著名的"伯明翰狱中来信"。

此时，马丁·路德·金的妻子科丽塔·斯科特·金正在亚特兰大的家里休养，她刚刚生下他们的第四个孩子。马丁·路德·金想打电话给妻子的要求被拒绝。因为他被单独禁闭，科丽塔十分担心他的安全，于是打了个电话给肯尼迪。肯尼迪和司法部部长罗伯特开始着手制订计划，仍然依靠说理和劝导，促使人们的良心觉悟到认为有必要采取进一步的行动。大多数黑人领袖都抱怨政府对待伯明翰市的态度，同时又对肯尼迪兄弟要求他们在达成一项协议和解决市政府问题期间暂停示威而感到愤慨。

肯尼迪发电报给马丁·路德·金的妻子科丽塔，对他们发起的反对种族隔离运动明确表示支持，但也不满黑人领袖利用小孩参加示威——这使他们既有可能受伤，又有可能遭到监禁。他对马丁·路德·金的判决表示极大关注。当有人问他这个解决办法是不是一个典范时，他吸取密西西比的教训，回答说："我们还得看往后几天里伯明翰会出现什么情况。"

这段时间，哈里·贝拉方特①筹集到了促使运动继续的必要资金，并且捐赠了5万美元。1963年4月19日，马丁·路德·金获得释放。5月初，伯克·马歇尔终于说服了伯明翰比较负责的企业领袖们，使他们认识到种族和谐对他们比动乱更为有利。他们在就业机会和公共设施方面作了一些改变。新市长答应采用比较温和的办法来处理这一问题，黑人领袖暂时中止了示威，肯尼迪在记者招待会上表示，希望他们继续合作和前进。

但事情并没有这么简单地得到解决。为了继续施压，南方基督教领袖会议组织者决定号召高中生参加游行示威，掀起下一个浪潮。他们希望如此引人注目的行动能引起国民的注意，并促进联邦民权立法的顺利开展。他们将高中生视为尚未开发的自由战士的资源，因为他们没有年长示威者的工作和责任。5月2日，超过1000个黑人孩子突然聚集到伯明翰，有接近900个学生被捕，但是第二天2500名左右后备示威者参加了游行。在此之前，"公牛"康纳忍耐着不用暴力对抗抗议者，但是

---

① 哈里·贝拉方特（1927—）：美国著名唱片艺术家、歌手、演员和制作人，也是著名的人权倡导者。1987年3月4日被任命为联合国儿童基金会的亲善大使。

这次他命令消防队员用高压水枪来冲击抗议者和旁观者。当示威者迫于高压水枪的威力纷纷逃离时,康纳指挥他的部下和警犬前去追击。约翰·刘易斯记录了这一事件的影响力:"最初我们完全无法理解发生了什么。我们见证了警察们的暴力和伯明翰式的残忍。对'公牛'康纳来说,不幸的是暴行为整个世界所目睹。"非暴力抗议者与警察之间的冲突,登上报纸头条传遍全国——警察举起警棍使妇女倒地屈服;孩子们齐步走向凶猛的警犬;高压水枪将人冲倒在街道上——运动到达了一个醒目的新高度。

与此同时,南方基督教领袖会议领导人得知,由于不利的宣传、联合抵制的压力,白人商业体系正在衰落。尽管伯明翰商业社区受到的压力在增加,但是一些商人仍不愿与南方基督教领袖会议的领导人进行谈判。然而,随着白宫的压力日渐增加,肯尼迪也高度重视起来,他派首要民权事务助手伯克·马歇尔积极磋商,促成了南方基督教领袖会议代表与伯明翰商业社区之间的会谈。5月10日,年长公民委员会和南方基督教领袖会议领导层之间签订了一个协议,包括在公共场所废止种族隔离,在伯明翰成立一个委员会来保证招工时一视同仁,在解救被关押抗议者方面合作,以及保证白人和黑人领导人之间的公开联系以防止出现进一步的示威游行。

协议的宣布遭到了激烈的报复。马丁·路德·金一个牧师兄弟的家遭到炸弹袭击,另一枚炸弹被放置在马丁·路德·金和南方基督教领袖会议领导人下榻的加斯顿汽车旅馆附近。肯尼迪所做的回应是,调遣一支3000人的联邦军队进驻伯明翰附近,并为将亚拉巴马国民警卫队置于联邦管辖之下做准备。

5月11日深夜,伯明翰一个黑人的住宅和旅馆被炸弹炸毁了。恐惧、愤怒、骚乱和反骚乱支配了该地区。5月12日下午,肯尼迪的直升机降落在市区一个橄榄球场上。晚上9点,肯尼迪通过所有的广播发表了一个简短而强有力的警告性声明。随后,在司法部长与马丁·路德·金通过电话进行商谈时,肯尼迪在办公室内等候继续出现暴力行动危机的电话报告。

终于,伯明翰的紧张局势缓和了下来。亚拉巴马州州长乔治·华莱士对派遣联邦部队的命令的法律根据表示异议,理由是他的州警察有能力维持秩序。但肯尼迪已经因为过于迅速地接受这类保证而过于迟缓地调动联邦部队而吃过亏,所以他坚定地说,他所拥有的镇压国内暴力行为的权力,使他完全可以自行决定如何行使及何时行使这种权力。因此,华莱士与肯尼迪的关系变得很僵。在伯明翰陆续恢复到遵守伯克·马歇尔所磋商好的协定条款时,华莱士却在逐步走向类似密西比州那样的另一次对抗。

8月28日,伯明翰维权斗争引发的运动形势达到顶点。9月15日,三K党成员用炸弹袭击了伯明翰第十六大街的浸礼会教堂,炸死了4个年轻女孩。马丁·路德·金在艾迪·梅·柯林斯、卡罗尔·丹尼斯·麦克奈尔和辛西娅·黛安·韦斯利的葬礼上发表了悼文。

肯尼迪在9月的一个晚上疲倦地问他的小弟爱德华,是否"不久还会出现这样的事件"。爱德华回答说,他预料至少还会失去一个州的选票——即亚拉巴马州。肯尼迪听了坚定地说:"让我们先做好准备。"

3. 肯尼迪宣言与民权法案

从1961年到1963年,肯尼迪集中精力采取行政措施以维护民权,但这种头疼医头、脚疼医脚的应急办法让他感到疲惫不堪。他准备了一支精干的部队,哪里有暴乱,他们就奔赴哪里。在亚拉巴马州州立大学发生与密西比一样情况的时候,他的专用部队闻风而动,一些想看"热闹"的人还没露头就被吓了回去。肯尼迪飞到亚拉巴马州的马瑟肖尔斯,还没等事件平息就发表了一次面向全国的电视演讲,他的底气十足,因为他已经成为一个处理这类事件的专家,何况他还有司法部和一支快速反应部队做靠山。

然而,这并非长久之计,几经思考,肯尼迪想到了一劳永逸的法子：制定《公民权利法案》和《选举权利法案》。早在1953年，肯尼迪便平和而不为人注目地赞同民权立法，认为这是和他的道义直觉相一致的一种政治需要。到1963年，他已经深沉而热烈地献身于人权事业。他虽然没有发动这场改革，也无法制止这场改革，但他在1963年旗帜鲜明地表达了自己对这场改革的崇高愿望的支持，并帮助指引了改革的奔腾潮流。正如许多人所说，他不是由于无法控制局势而被迫采取这种立场。相反，他所表现的是同情。他所集合起来和任命的人员、他置身于这场革命前列所表现出来的勇气，都助长了南方黑人领导阶层要求改革的气氛和满怀希望的因素。

1963年2月初，肯尼迪发表了他任期内的第一个民权咨文。在该咨文中，他要求扩大民权委员会的作用，使民权委员会能充当对地方团体提供交换情报和互助的机构。它要求给予正在取消种族隔离的学区技术和经济援助，提出了对选举权、民权法等法律进行修改的要求。他强调这是正常立法的一部分，希望通过正常程序审议通过。可是，国会和国内种族主义者对它不屑一顾。

因此，有黑人领袖提出绕过国会行事，他们说，在历史上，国会与其说是一个争取民权立法的战场，不如说是一个埋葬民权立法的墓地。他们还谈论通过行政方面的进一步努力来争取平等的投票权、教育权、就业权和其他机会。马丁·路德·金曾提出过一份他起草的文件，谈到在第一篇解放黑奴宣言发表100周年纪念日或在这一天之前，公布一项内容全面的行政命令，也就是说"第二篇解放宣言"。

肯尼迪认为，简单的行政立法是行不通的。威尔金斯则抱怨肯尼迪"过分谨慎"。和100年前主张废除奴隶制度的人士一样，他们责备总统优柔寡断、含糊其词并向后退缩。不过，他们之间的关系仍然是诚恳、密切的。肯尼迪身边有一大帮支持者，司法部部长罗伯特·肯尼迪、司法部副部长伯克·马歇尔、白宫顾问助理李·怀特和民主党全国委员会副主席路易斯·马丁，都经常与黑人领袖保持接触。黑人领袖们知道他们有一位愿意倾听并了解意见的总统。当威尔金斯和一个代表团敦促肯尼迪提出立法议案的时候，他们对肯尼迪拒绝改变方针时所显示的魅力和坚韧意志，以及欢迎他们施加压力"以抵消来自另一方面的压力"时所表现的坦率，留下了深刻的印象。

1963年林肯诞辰那天（传统上只由共和党人予以庆祝），肯尼迪在白宫举行了一个盛大的招待会，有1000多名黑人领袖和民权战士参加。他们对肯尼迪的策略所感到的不满已有所缓和，因为总统对他们相当尊重——不带一丝优越感，不把自己看作应享有优越地位的人，而是像对待所有美国公民那样，尊敬和重视他们。

5月31日，肯尼迪做出决定，要明确地推行一项全面的法案。这个决定是在有些政治顾问反对的情况下做出的，他们认为这无论是在国会还是在选民中都将碰壁。肯尼迪和民主党领袖进行了磋商，同时也谋求共和党的支持。他始终认为这是和他的政治直觉不一致的一种道义上的需要。

6月11日，亚拉巴马大学也出现黑人学生被拒之校外的事情，州长华莱士站在大学注册大楼门口发表声明，两名黑人学生当场提出强烈抗议。这时，亚拉巴马州国民警卫队的士兵过来将学生带走，华莱士没有阻挠。当天，肯尼迪一直在观看电视现场转播，他立刻下令把亚拉巴马州的国民警卫队置于联邦政府的直接指挥之下，根本没有通知华莱士。当天晚上，他在演说中首先提到亚拉巴马大学的种族隔离问题，并宣布事情就此结束。他这次演说仍不是一时一地的产物，至少是以他三年来的思想演变、三个月来平等权利运动、三周的白宫会议、致国会的新咨文稿本，以及6月9日对市长的讲话和"2月份的民权咨文"为根据的。他重新提到了相关的立法问题，明确指出，他的职务和他的国家对这一主张毫不含糊地保证："种族问题在美国人的生活和法律中是没有地位的。"他警告说，"威胁着公共安全的不满浪潮日益高涨"，国家的义务是使这项"伟大的变革……对大家都是和平和建设性的"。他概述了他将向国会提出的法案，但是着重指出"单靠立法并不能解决这一问题。它必须在所有美国人的家庭中去解决"。他赞扬北方和南方那些有合作精神的公民，说他们的行为不是出于法律责任感而是出于人类尊严感。他进一步阐述说，民权和种族隔离在美国不是地区性的问题，也不是党派问题，甚至不单是"一个法律或立法问题"，单靠法律并不能使人了解什么是正确的。他强调："我们主要面临着一个道义问题。这个问题像《圣经》那样古老，像美国宪法那样清楚。……现在是这个国家履行它的保证的时候了。……我们这个国家和这个民族面临着一场道义危机。它不能用警察的镇压行动去解决，不能让街头上日益增长的示威行动去解决，也不能用象征性的行动或言论使之平息下来。是行动的时候了。……凡是不采取行动的人就要招致耻辱和暴力行为。凡是勇敢地采取行动的人就是认识到了正义和现实。"这一次，全国民众都开始倾听肯尼迪的计划。

事后，肯尼迪和副总统、司法部部长一起会见了工会领袖和企业家，如剧院老板、餐馆经营者、百货商店经营者，要求他们在雇用人员和服务方面消除种族界限。他一直不认为民权问题只是联邦政府的问题。他还要求全国各地的市长改进他们的习惯做法和法令。他进一步强调，国家的义务是使这项"伟大的变革……对大家都是和平和建设性的"。而他自己所承担的义务旨在保持国家社会秩序的结构——防止一个种族的不满情绪把这个结构分裂为二。

肯尼迪的演讲及在各种公开场合的讲话受到了黑人的欢迎，但也激起了很大一部分白人的反感。当黑人领袖们对肯尼迪的讲话发出欢呼，认为它是第二次解放宣言之后几个小时，密西西比州全国有色人种协进会的外勤干事便遭到暗杀。国会中的部分南方会员召开秘密会议，发誓要扼杀一切民权立法。北方白人中也有很大一部分人宣称要将肯尼迪和他的民权法案一起打倒。肯尼迪对民权立法的艰难性已有充分的估计，但他也发出宣言，决不妥协。同时他也明白，不能为了黑人的利益而牺牲国家的利益，决不能让国家因此出现分裂。

6月19日，肯尼迪向国会提交了一项内容最全面的民权法案。这个法案把他已经采取的行政活动的模式用法规的形式确定下来，并加以扩充。与这项法案同时发表的是一篇和他在6月11日发表的宣言同样有力的咨文。该法案有两个特点：首先，禁止在对州际商业有"重大"影响的公共服务行业的场所，包括旅馆、餐厅、娱乐场所和零售商店里实行种族歧视。在公共服务方面的这种歧视成为黑人静坐、布置纠察线和示威的一个很重要的理由。如同林肯的宣言把奴隶从奴隶主那里解放出来一样，这个提案被谴责为侵犯财产权的行为。但是肯尼迪提醒国会，"财产既有权利也有义务"。其次，授权司法部，当受委屈的黑人学生或他们的父母由于缺少办法或担心报复而不去抵制公共教育中的种族隔离时，可以主动取缔这种种族隔离。

肯尼迪采取的立法基本策略是谋求一个全新的综合法案，而不是单项法案。他打比喻说："如果你连买一杯咖啡的一角钱也没有，那么取得进入快餐室的权利也就没有什么意义了。"因为这个法案必须由联邦、州和各级地方政府部门采取行动加以补充，所以，他提交法案后又四处奔走呼吁，希望法案尽快得到补充完善，并得到通过。《民主的熔炉》一书的作者内尔·麦克内尔写信对总统的特别顾问说："肯尼迪总统与国会打交道方面最使我惊讶的是，他竟能把那些在保守派阵营里彷徨了25年的南方人拉到他的阵营里来。这方面的工作在1961年年底就已扎扎实实地在进行了，到1962年那一届国会期间则大功告成，直到1963年争取民权的动乱开始吓坏那些南方议员以后，这种关系才遭到侵蚀。我之所以谈及这件事，仅仅因为我们这里某些'最有造诣的'观察家现在全在说，肯尼迪不知道如何与国会打交道。……这种话显然是胡说八道，这一点我相信你是深知的。"

当然，肯尼迪也知道，要使法案通过，不只是需要向国会呼吁。一场和平革命所需要的条件还不只是通过这个法案。他的咨文讲得很明白，通过这个法案"不会解决我们种族关系的所有问题。这个法案必须由联邦、州和地方各级政府部门采取行动加以补充；它还必须由开明的公民、私人企业、非官方的劳工组织和市民组织采取行动加以补充"。为了启发和鼓励这种公民，他在副总统和司法部部长的陪同下，在白宫召开了一系列前所未有的私人会议——争取1600多位全国性领导人物的合作和理解,其中包括教育家、律师、黑人领袖、南方领袖、妇女组织、企业团体、州长、市长、编辑以及其他人士,有民主党人,也有共和党人;有种族融合主义者,也有种族隔离主义者。他不仅向他们介绍这项法案的内容,还谈到了法案以外他们的责任。他既没有用金钱,也没有靠制裁的办法来赢得他们的援助,但是他起到了总统的领导作用。他敦促美国劳工运动的领袖们采取行动。他们中的有些人长期以来口头上一直维护民权,可是却把黑人排除在许多行业工会之外,或者迫使他们加入实施种族隔离的地方分会或年资制度,或者拒绝给予他们必要的学徒训练。他敦促各种宗教的教士采取行动,深信他们会"认识到种族偏见和《圣经》之间的冲突"。他还敦促最负声誉的企业理事会也采取行动。

肯尼迪的努力收到了很好的成效。支持这项法案的公民"院外集团"①,特别是由宗教团体所领导,由通常抱极端不同观点的社论作者所支持的那些团体的规模是巨大的,支持十分有力。更引人注目的是,连锁商店、剧院和餐馆自动取消了实施种族隔离的标记和做法。南方各地的市长和商会开始与黑人领袖们商谈。北方和南方的雇主及工会开始减少种族限制。全国的教士都受到鼓励,要他们对早在肯尼迪担任领导之前就存在的一项重大的道义争端采取有效行动。肯尼迪高兴地说:"我们这个国家……经受了极其严酷的考验,情况很好。"

在此期间,反对种族隔离、争取平等权利的运动仍在进行之中。在1963年夏末的一次记者招待会上,有人问到黑人示威减少的情况时,肯尼迪说,应该利用一段平静的时期促成进步,而不能把这一时期看成运动已经结束。他十分坦率地解释,示威之所以平静下来,部分原因是

---

① 院外集团:西方国家中为了某种特定利益而组成的企图影响议会立法和政府决策的组织。其活动常在议会的走廊或接待处进行,故有院外活动集团、罗比分子或走廊议员之称。因在很大程度上可左右议会立法过程和结果,故又被称为议会两院之外的第三院。大部分是代表不同利益集团进行活动,如石油帮、银行帮、医疗帮等院外活动集团。有的院外集团是长期性的,设有办事处;有的则是临时性的,目的达到后即解散。

情况在好转，另一部分原因则是因为重要的黑人领袖们认识到，种族问题的解决是一个长期任务，在某些情况下采取极端主义的形式等于作茧自缚。

就在肯尼迪与记者们谈话后第三天，民权运动的领袖们告诉他，他们计划在华盛顿举行一次大规模的和平示威。这让肯尼迪很吃惊，因为形势正在好转，而民权运动的规模还在不断扩大，他担心局面有可能失控，却又找不到合适的理由来劝阻他们。还好，他们给了他一点时间。肯尼迪立刻采取应急措施：在 20 多万人的游行队伍里，不可能人人都循规蹈矩，华盛顿没有足够的警力来维护秩序，数千名加班的警察集合待命，4000 名士兵在河对岸做好准备。他自己则躲起来避嫌，不在任何场合露面，不接见任何人，更不会出现在游行队伍中。

到 8 月 28 日，一切仍是那样的平静。这一天，"华盛顿工作与自由游行"运动吸引了超过 23 万名示威者，黑人的民权运动在华盛顿举行的游行中达到了高潮。这次游行由菲利普·伦道夫①和贝亚德·鲁斯丁领导，并得到了所有主要民权组织、许多工人组织以及许多宗教团体的支持。游行队伍所表现的昂扬精神和自我约束力，使肯尼迪感到惊异，也使全美国人感到惊异。

游行队伍最后走向林肯纪念馆，在那里，民权运动领袖马丁·路德·金发表了著名的《我有一个梦想》的演讲，成为美国人民权理想的标志：

……

我梦想有一天，这个国家将会奋起，实现其立国信条的真谛："我们认为这些真理不言而喻：人人生而平等。"我梦想有一天，在佐治亚

---

① 菲利普·伦道夫（1889—1979）：美国黑人工会领袖，1925 年起积极从事组织铁路卧车员工兄弟会的工作。"二战"后继续担任兄弟会主席，并当选为美国劳工联合会－产业工会联合会副主席。1963 年向华盛顿进军的游行是美国迄今为止最大规模的争取劳工权利的示威游行，被视为他一生事业的顶峰。

州的红色山冈上，昔日奴隶的儿子能够同昔日奴隶主的儿子同席而坐，亲如手足。

我梦想有一天，甚至连密西西比州——一个非正义和压迫的热浪逼人的荒漠之州，也会改造成为自由和公正的青青绿洲。我梦想有一天，我的四个小女儿将生活在一个不是以皮肤的颜色，而是以品格的优劣作为评判标准的国家里。

我今天怀有一个梦想。

我梦想有一天，亚拉巴马州会有所改变——尽管该州州长现在仍滔滔不绝地说什么要对联邦法令提出异议和拒绝执行——在那里，黑人儿童能够和白人儿童兄弟姐妹般地携手并行。

我今天怀有一个梦想。

我梦想有一天，深谷弥合，高山夷平，歧路化坦途，曲径成通衢，上帝的光华再现，普天下生灵共谒。

这是我们的希望。这是我将带回南方去的信念。有了这个信念，我们就能从绝望之山开采出希望之石。有了这个信念，我们就能把这个国家的嘈杂刺耳的争吵声，变为充满手足之情的悦耳的交响曲。有了这个信念，我们就能一同工作，一同祈祷，一同斗争，一同入狱，一同维护自由，因为我们知道，我们终有一天会获得自由。

到了这一天，上帝的所有孩子都能以新的含义高唱这首歌：我的祖国，可爱的自由之邦，我为您歌唱。这是我的祖先终老的地方，这是早期移民自豪的地方，让自由之声，响彻每一座山冈。如果美国要成为一个伟大的国家，这一点必须实现。因此，让自由之声响彻新罕布什尔州的巍峨高峰！让自由之声响彻纽约州的崇山峻岭！让自由之声响彻宾夕法尼亚州的阿勒格尼高峰！让自由之声响彻科罗拉多州冰雪皑皑的落基山！让自由之声响彻加利福尼亚州的婀娜群峰。

不，不仅如此！让自由之声响彻佐治亚州的石岭！让自由之声响彻田纳西州的瞭望山！让自由之声响彻密西西比州的一座座山峰，一个个土丘！让自由之声响彻每一个山冈！

当我们让自由之声轰响，当我们让自由之声响彻每一个大村小庄，每一个州府城镇，我们就能加速这一天的到来。那时，上帝的所有孩子，黑人和白人，犹太教徒和非犹太教徒，耶稣教徒和天主教徒，将能携手同唱那首古老的黑人灵歌："终于自由了！终于自由了！感谢全能的上帝，我们终于自由了！"

来自各州各种族的参加者保持热情，耐心倾听马丁·路德·金的发言。游行之后，马丁·路德·金和其他民权领袖在白宫与肯尼迪会面。肯尼迪对领袖们说："我也有一个梦想，我梦到，有一天新的民权法案能够在参众两院通过。"

学生非暴力协调委员会的领导者约翰·刘易斯[①]指出："我们希望在伯明翰的努力能表现出南方各州非洲裔美国人在斗争行动与决心方面的变化，与此同时，我们将推动肯尼迪政府起草并通过全面的民权法案，从而宣告在教育、就业以及公共设施方面的种族隔离和种族歧视为非法。"

肯尼迪并不以为这次游行会让国会对民权法案更感兴趣，也怀疑有种族隔离分子会因此改变立场，但他相信，这次游行有助于民权主义者更紧密地团结在一起。

伯明翰运动与华盛顿游行为20世纪60年代最为意义深远的公民权利立法——《公民权利法案》（1964年）和《选举权利法案》（1965年）铺平了道路。

---

① 约翰·刘易斯（1880—1969）：美国劳工领袖，工人运动中的怪杰，美国人心中的第一号"公敌"，工会中的"希特勒"，劳联－产联的创始人之一。对于美国煤矿工人的工资毫不逊色于某些大学教授的工资，他功不可没。

第十章　星际璀璨争霸主

1. 宏大的太空计划

20世纪50年代，美国的"老大"地位正在经受严重考验：欧洲强国，尤其是苏联的经济增长率超过了美国，并率先于1957年发射了人造地球卫星。而且，苏联的热核试验和氢弹试验似乎也走在了美国前面。此外在一些大大小小的国际事务上，包括匈牙利事件、古巴革命，以及老挝、越南问题等，前总统艾森豪威尔当政期间陷入困局。

肯尼迪就任总统之时，全球"冷战"进入一个关键时期，东西方两大阵营随时可能爆发一场新的世界大战。古巴发生了政变，柏林墙在一夜之间长出来了，越南战争也打起来了……危急时刻，肯尼迪以过人的胆识和超常的智慧，着手解决这一大堆麻烦。在执政的1000多天里，他奠定了自己跻身美国历史上最杰出总统之列的地位。

肯尼迪的诸多贡献，源于他提出的最具创造性的"新边疆"这样一个全新的施政纲领。1960年7月15日，他在接受总统候选人提名演说中说了这样一番话："我们今天站在新边疆的边缘。这是60年代的边疆，充满吉凶难卜的机会和危险的边疆，充满希望而又遍布威胁的边疆。"他要求美国人民必须准备做出牺牲来面对"一系列需要应付的挑战"，其中最具有挑战性的无疑是他提出的庞大的太空发展计划。

这还得从苏联人那里说起。1957年10月，苏联把第一颗人造地球卫星（苏联卫星一号）发射到环绕地球的轨道。当它飞过美国领空时，肯尼迪正因竞争副总统提名失败而郁闷。他和一帮议员们一起向艾森豪威尔总统喊话，要求美国加大力度发展太空事业。在艾森豪威尔迈开稳健的步子之时，苏联的二号卫星又上了天，而且上面还坐着一只莱卡犬。

美国人既沮丧又慌乱，《匹兹堡新闻报》登出了大字标题，深切地呼唤："艾克（艾森豪威尔的昵称），发射卫星吧！"政界、军界、企业界也纷纷发声，呼吁政府加大投入，在太空与苏联一争高下。美国发展外层空间的规划正是在这样的背景下提出来的，显然，发展外层空间不只是为了科学目的，还有政治和军事上的考虑。

这项规划的提出与美国陆军弹道导弹局及火箭专家沃纳·冯·布劳恩①有着密不可分的关系。最初，美国陆军弹道导弹局向政府提出发展大推力运载火箭的建议，考虑运用大推力（超过600千克）发动机和液氢发动机，将载人的飞行器推送到预定轨道，环月飞行。因耗资巨大，而且艾森豪威尔认为实际意义不是很大，这项计划被否定了。布劳恩不耐烦地抱怨说："我常常听到这样的问题：'我们为什么要搞人造卫星？''你们为什么要到月球上去？'提出这些问题完全无视人类生存的主要动机。事情很简单，我们掌握了技术手段，可以从事这些富有挑战性的工作。人类在重大的挑战面前从来是不示弱的。因此，真正的问题应该是'我们为什么不这样做呢？'宇宙飞行意味着把人类的活动扩大到他自己居住的行星范围之外。"

苏联成功地发射了第一颗人造卫星后，美国公众万分震惊，许多人担心苏联下一步大概要扔炸弹了。在公众的强烈呼声中，布劳恩终于可以放手大胆实行他的航天计划了。

---

① 沃纳·冯·布劳恩：德国火箭专家、20世纪航天事业的先驱之一。曾是著名的V-2火箭的总设计师。移居美国后担任美国国家航空航天局的空间研究开发项目的主设计师，主持设计了阿波罗4号的运载火箭土星5号，成功地在1969年7月首次达成人类登陆月球的壮举。

1957年12月初，在佛罗里达州卡拉维纳尔角，美国第一枚三级火箭"先锋"号进入了发射的最后准备阶段。为了取得宣传上的效果，联邦政府事先准备了一个专门班子，五角大楼新闻发布员与127个国内外记者保持着联系。

原计划是发射一枚三级"先锋"号火箭，但不知传媒的哪个环节出了差错，有人将海根博士讲的"试验发射一枚火箭"误传为"要发射一颗卫星"。于是，总统新闻秘书哈格特将错就错，当即向外界发布了特大新闻：海军"先锋"号即将发射一颗人造卫星！美国上下一片沸腾，公众情绪为之大振，雪片似的贺电从全国各地纷纷飞进五角大楼。

12月6日，美联社准备好了一份报道："美联社卡拉维纳尔角12月6日电：现正绕地球飞行并发出无线电信号的小月球是美国对苏联的答复，说明美国在外层空间也能占一席之地……"只等卫星发射成功，这份报道将立马公开发表。当地所有学校都给孩子放了假，工厂和机关都休息一天，街道上、院子里、海滩上，到处挤着翘首以盼的人，等待着那神圣的一刻。

可是，火箭点火后，等了2秒钟仍停留在塔架的顶端，底部滚出一团橙黄色的火焰，伴随而来的是巨大的声响，但仍能按常规发出108兆周频率的电波信号。卫星发射计划副主任保罗·沃尔什见势不妙，大喊道："快，防止它爆炸！"但离发射塔台不到2000米的观摩者们冒死不肯逃离。这枚火箭艰难升空后丝毫也不怕得罪关注它的人，当着几千万观众的面，痛痛快快地从空中一个跟头栽下来，坠毁于发射台一片红色和黄色交织的烈焰之中。在伦敦，英国广播公司播送了一首顺口溜："啊，美国人主意想得好，可惜小卫星就是不肯往上跑。"在联合国的苏联人笑容可掬地建议美国人申请技术援助。

第一次尝试失败后，美国人反倒冷静了，除了艾森豪威尔一脸沮丧外，其他人都显示出了愈挫愈勇的气概：不就是造一个小地球吗，再干！怎么着也得让它在太空转起来。着急的当然少不了火箭专家布劳恩、卫星发射计划副主任保罗·沃尔什等人，他们都承认落后了，并决心继续奋发图强。因此，不到两个月时间，火箭改进了，卫星也改进了，虽然它仅仅8公斤重，名字却很响亮——"探险者1号"。运载它的火箭叫"丘比特–C"。

1958年1月31日10点42分，发射塔台起重架拉开，下午1点44分发射。现场的人们跟着卫星发射计划副主任保罗·沃尔什从10开始倒数，当数完1，"点火"命令下达后，火箭的塔架剧烈摇晃起来，从"丘比特–C"底部开始喷射出白热的气体，随即迸发出橙黄色的火焰。火箭推动"探险者1号"缓缓上升（视觉效果，实际速度超过5马赫），最终把它送到预定的轨道：轨道近地点为360千米，远地点2520千米。这颗卫星114.9分钟绕地球一圈，每分钟围绕长轴自转50周。它携带的仪器包括体格宇宙射线探测仪、三个外部温度探头、一个前部温度探头、一套微波背景探测器。

面对此情此景，艾森豪威尔总统高兴了，布劳恩、沃尔什等人也都高兴了，但是有很多人却一点也高兴不起来，他们是竞选副总统提名失败的国会参议员肯尼迪、国会参议员林登·约翰逊等。约翰逊在国会的一次会议上毫不客气地讲道："要多久，多久，上帝呀，要多久我们才能赶上苏联人的两个卫星呀？"1960年，肯尼迪在竞选总统时也曾对艾森豪威尔的步子迈得太小提出过批评，并明确指出了美国在空间探索上与苏联的差距。但是，艾森豪威尔正集中财力应付国内经济衰退的困局，对发展太空事业难免迟缓和拖拉，没有摆在足够重要的位置。

肯尼迪认为，这象征着国家在共和党的统治下缺乏首创精神、创造才能和活力。他确信美国人还没有充分领会到空间竞赛所具有的世界性的政治和心理上的影响。1961年肯尼迪向联合国发表演说时提出求在一个新的领域——外层空间——进行和平的合作。他说："决不能让宇宙的寒冷地区成为更加寒冷的'冷战'的新战场。"而后，他又在就职演说和第一份国情咨文中，号召东西方联合"来创造科学的奇迹而不是使人看到科学的恐怖。让我们一起去探索星球吧"。但是，苏联粗暴地拒绝了这个建议。因为苏联有较为强大的火箭推进器（运载火箭）——在他们掌握小型氢弹技术之前，原本是用来发射更为巨大的核弹头——他们无意与大大落后于他们的美国空间计划——不是在科学研究的数量和种类上，而是在把大型运载工具发射入轨道的十分重要的能力上——进行合作。

苏联在科技方面一马当先，尤其在太空探索方面领先于美国，这让肯尼迪如鲠在喉。因此，他上任伊始就提出了他的外层空间发展计划，并获得国会通过。可是，以总统的科学顾问、麻省理工学院院长杰罗姆·威斯纳为首的一个第一流的特别小组却提出警告说，美国在把人送入空间的竞赛中不可能取胜。有人表示担心，苏联对空间的垄断将给西方带来新的军事危险和不利。其他国家还认为苏联在空间方面领先意味着在导弹方面也领先。不管这个假定是否正确，它影响到了这些国家在"冷战"中的态度。

最初，肯尼迪将发展中国家搁在一边，眼睛死死盯着苏联。果然，合众国际社开始播出爆炸性新闻：1961年4月12日莫斯科时间上午9时07分，苏联宇航员尤里·阿列克谢耶维奇·加加林①乘坐"东方1号"宇宙飞船从拜科努尔发射场起航，在最大高度为301公里的轨道上绕地球一周，历时1小时48分钟，于上午10时55分安全返回，降落在萨拉托夫州斯梅洛夫卡村地区，完成了世界上首次载人宇宙飞行，实现了人类进入太空的愿望。赫鲁晓夫接见了这位宇宙航行员，把他比作哥伦布，加加林则说："当我身处外层空间时，我想到的是我们的党和我们的祖国。"他被全世界的人看成英雄。

此事大大增添了肯尼迪的紧迫感，他认为在这个问题上，美国决不能甘居亚军，而应当与国家安全及"新边疆的探索精神"结合起来，争当空中霸主。加加林的成功使美国将宇航员最先送入太空的计划失

---

① 尤里·阿列克谢耶维奇·加加林（1934—1968）：苏联航天员，苏联英雄，苏联红军上校飞行员，是第一个进入太空的地球人，也是第一个从太空中看到地球全貌的人。1968年3月27日因飞机失事遇难，但具体死因仍众说纷纭。

1961年，美国肯尼迪航天中心5号发射场，
工作人员在做水星－红石3号发射前的准备工作

败，现在就只能紧追不舍了。

1961年5月5日，肯尼迪和妻子杰奎琳、副总统约翰逊观看了海军中尉小艾伦·谢泼德执行的"水星计划"的一项试飞——乘坐"自由7号"飞船成为第一个进入太空的美国宇航员，也是人类历史上第二个。尽管这次飞行与加加林所经历的复杂轨道不可同日而语，可欢乐与自豪中的美国人并不在意，当谢泼德的飞行舱随着降落伞飘然而下，落在"钱普伦湖"号航空母舰旁边时，舰上的水兵欣喜若狂，大声狂呼着"谢泼德"的名字，迎接这位英雄归来。

肯尼迪抓住时机，向国会提出追加对开发外层空间的预算。但是，多花钱就能解决问题吗？很多人对此表示怀疑。一位记者问肯尼迪："总统先生，有位议员今天说，他实在不愿意再看到美国在空间领域方面落后于苏联了。我想他的话代表了许多人的想法。……在这个领域里，我们赶上乃至超过苏联的前景怎样呢？"肯尼迪虽然有决心，但他也没有必胜的把握，所以只能从侧面回答。他说："不管谁多么不愿看到这种局面，他的急迫心情绝不会比我更甚，但事实上，赶上苏联的确需要时间。我希望，我们将投身到别的我们可以领先的领域，说不定会为人类带来更长远的利益。但我们确实是落后了。"人们对他的答复很不满意，以为他还是像前任一样拖拉。

事实上，肯尼迪已经加快了节奏。当国家航空航天局局长詹姆斯·韦布把一个美国设计的，即将把一位美国宇宙飞行员送入空间的密封小舱的模型带来放在桌上时，肯尼迪半信半疑、略带幽默地说："我们就是要把这个小玩具送到太空去吗？1亿美元够不够？"他见韦布摇晃着脑袋不说话，又补充道："这旅费太昂贵了。"

第二天，肯尼迪便让他的特别顾问索伦森和科学顾问杰罗姆·威斯纳一起去探讨一下国家航空航天局及预算局对空间竞赛的下一步打算是什么，以便获得某种直接的答复——为当晚预定举行的记者招待会做准备。两位顾问给肯尼迪带回了一大摞资料，包括国家航空航天局的联合报告。

肯尼迪仔细阅读了这份报告，这是一个未来的惊人的庞大计划，报告中对实施程序作了简要介绍：更长时间的单人轨道飞行，双人宇宙飞船，空间轨道实验室，固定的宇宙中间站，绕过月球后返回地面的载人火箭，登上月球再返回地球的载人火箭，勘察星球的载人火箭，以及用于宇宙航行的全部可控制的飞机。航空和航天局局长助理休·拉蒂默·德赖登[①]博士向肯尼迪解释说，只要在这份清单的前几项中有任何

[①] 休·拉蒂默·德赖登（1898—1965）：美国物理学家，"二战"期间在国防研究委员会主持"华盛顿计划"，研制美国最早的一种导弹——蝙蝠式雷达寻的导弹，并在"二战"的太平洋战场上首先使用。战后历任全国航空咨询委员会航空研究室主任及委员会主席、国家航空航天局副局长。1962年主持了美苏联合航天计划的谈判。

一项超过了苏联，那我们就有了骄傲的资本。

肯尼迪明白，解决问题的核心除了钱更需要人才，以及相应的工业制造能力和原材料。他要求副总统约翰逊以空间研究委员会主席的身份，根据美国的人力、科学才能、超时工作的设备、代用燃料、机构之间的合作以及资金等条件，设法对美国取得空间优势所能采取和必须采取的步骤的一切基本问题寻求答案。然后，他又将相关的几个委员会的委员们及一批专家召集起来，开了一次参与人数最多、最具权威性的听证会议。与会者都是专家，而肯尼迪对空间科学知之甚少，所以他一直在洗耳恭听，只是偶尔提出一点疑问。他最想弄明白的是在哪些方面能干点什么。

听证会后，肯尼迪终于做出了决定：把空间探索从低速转向高速。确定达到目标的具体时间为10年，还有必须投入的经费200亿美元。对于一个正在拯救经济衰退的政府来说，这是下了多么大的决心！

肯尼迪的决心给威斯纳增添了信心，他告诉总统：争取提前2年实现月球之行的目标，也就是在肯尼迪总统第二任期结束时，将作为他的胜利的顶峰。而肯尼迪也由此信心倍增。

5月25日，肯尼迪在国会发表演讲，建议美国在10年内实现登月，并要求国会为载人航天计划补充拨款5亿美元（5年内追加预算将达90亿美元）。他说："首先，我深信我们的国家将在这个10年结束前完成一个目标，即让宇航员登陆月球并安全返回。没有任何单一的航天计划会比这个更能使人类振奋，没有任何计划比对远程宇宙探索更重要，也没有任何计划像登月一样昂贵且充满挑战。"美国必须在"这片新的海洋中扬起风帆"，必须成为"世界上主要的太空旅行国"。这次，国会议员们，包括那些反对"新边疆"施政纲领的人，都没有提出任何异议，也几乎没有正式讨论，就同意了肯尼迪的计划。

正是这样一个近乎"妄想"的计划，带给美国人"希望和冒险的情绪"，带动了美国科技的大踏步发展，并使航天工业成为美国的支柱产业。在此后的 10 多年间催生了液体燃料火箭、微波雷达、无线电制导、合成材料、高性能大型电子计算机等一大批高新科技产业群体，并衍生出了包括航空航天、军事、通信、材料、医疗卫生、计算机及其他方面科技的 3000 多项应用技术成果，带动了整个美国科学技术的发展与工业繁荣。

得到国会的支持后，肯尼迪的底气更足了。6 月，他前往维也纳与赫鲁晓夫见面。在这次非正式的会谈中，肯尼迪特意表达了联合开发外层空间的意向，但赫鲁晓夫态度很冷淡，顾左右而言他。这更激发了肯尼迪的斗志。这次会谈不仅未能解决有关问题，反而引发了一场"柏林危机"。

回国后，肯尼迪立刻加大了发展大型土星号运载火箭的预算，并使国家空间委员会恢复了活力，由副总统约翰逊担任主席，在减少军方和文职人员进行无原则的争辩的情况下加速工作的进展，扩建了卡纳维拉尔角的设施。

佛罗里达卡纳维拉尔角之所以被选作发射基地，是因为它的纬度较低，向东发射火箭，可利用地球自转的附加速度，有助于卫星入轨。7 月，卡纳维拉尔被命名为发射操作中心。同时，在得克萨斯州的休斯敦建设一座飞行控制中心的工程也开始动工，为美国空间探索事业进行或由之产生的研究工作得到了更加迅速的发展。

7 月 21 日，空军上尉弗吉尔·格里索姆完成了一次与谢泼德相似的飞行。试飞前，他说过这样一段话："如果我们死了，我们想让人们接受这一事实。我们所进行的是一个冒险的事业，我们希望，如果我们发生了意外，这一计划将不会因此而延误。"

苏联也不甘示弱，于 8 月 12 日派遣季托夫少校进行了第二次载人飞行太空，季托夫乘坐"东方 2 号"环绕地球 17 圈后，安全返回地面。

11 月，美国宇航局把一只黑猩猩送入地球轨道环绕两圈后，宣布首次绕地宇航员由海军陆战队中校约翰·格伦①担任。

1962年2月20日，美国首次绕地载人航天发射成功，格伦在"水星"号飞船上看到太阳落向地平线，蔚为壮观；他还看到墨西哥湾的暖流带，在西海岸上空认出了加利福尼亚州的索尔顿湖和大峡谷。飞船绕地球三圈，历时4小时55分后在大西洋安全降落。返回地球后，格伦说："一天里四次美丽的日出日落，我真不知道说什么。"肯尼迪授予他杰出成就奖后，参观了回到地球的飞船返回舱。

至此，美苏两国的太空争霸战就完全公开化、白热化了，不再是什么秘密。在宇宙航空事业的带动下，相关的产业链发展迅猛，前景一片光明。

美国紧紧追赶，苏联却一直在领跑。但美国每进行一次宇宙飞行，就有人要求世界承认美国所取得的优势，也有人要求裁减这方面的各种经费开支。纳税人抱怨费用太大，科学家则抱怨说，更重要的活动受到了忽视。共和党人开始散布这样的论调，说空间计划是"白花钱"，是"耍科学幻想的花招"等。但美国就像点燃火后的火箭一样，不让它飞到预定地点恐怕是停不下来了。肯尼迪从未放弃过目标，"不单单是第一个把人送上月球，正如查尔斯·林德伯格的真正目的不是第一个去巴黎一样"，而是在一个新的冒险时代中加强国家的领导地位。9月，肯尼迪在休斯敦莱斯大学就这个问题发表了一篇著名的演说，总结了美国为什么必须"在这片新的海洋中扬帆航行"的各种理由。不管美国参加与否，太空的探索将继续下去，正如美国是以能量和远见来立国一样，它在每一个新时代中——工业革命、现代发明和核动力——总是首先破浪前进，从而取得了世界的领导地位，因而，这一代的美国人也立志要成为"世界上领先的星际航行国家"。他强调说："没有一个期望成为其他国家领跑者的国家会在太空竞赛中甘于落后。""我们现在选择登月或做任何别的事情不是因为他们容易，而是因为他们充满挑战。"

---

① 约翰·格伦（1921—2016）：美国首位环绕地球飞行的宇航员，创下了年龄最大的宇航员纪录。后来当选为俄亥俄州参议员，先后四次连任，是美国参议员中公认的科技事务专家，在防止大规模杀伤核武器扩散方面有着突出贡献。

1962年,美国肯尼迪航天中心14号发射场,水星-宇宙神火箭发射友谊7号飞船升空,进行美国首次绕地载人轨道空间飞行

1962年5月24日,美国宇航员M. 斯科特·卡彭特①乘坐"曙光7号"飞船,用4小时56分5秒的时间再次验证轨道飞行,绕地球轨道3圈。苏联方面,赫鲁晓夫始终想保住苏联在太空的霸主地位,于8月11日发射了"东方3号"飞船,宇航员安德里亚·尼古拉耶夫②和次日

---

① M. 斯科特·卡彭特(1925—2013):美国国家航空航天局宇航员,执行过"曙光7号"任务,成为美国第二个绕地球飞行的宇航员。
② 安德里亚·尼古拉耶夫(1929—2004):苏联早期宇航员、空军少将,曾和世界上第一位女宇航员捷列什科娃组成世界上第一个宇航员家庭。1970年担任"联盟9号"飞船船长,与谢瓦斯季亚诺夫一起完成了第二次航天飞行任务。

发射的"东方4号"上的宇航员帕维尔·波波维奇①，在太空双船编队飞行，创造了新的世界纪录。10月3日，美国又发射了"西格玛7号"，宇航员沃尔特·M. 谢拉飞行9小时13分11秒绕地球轨道6圈……

在这样的竞争压力下，肯尼迪不仅没有削减航天经费，反而"痴心不改"，正式启动了把三个人送上月球并把他们回收的"阿波罗"计划（1961年提出）。这使赫鲁晓夫觉得有必要跟肯尼迪谈谈了，于是，他一改拒人于千里之外的姿态，与肯尼迪开始了航天事业、导弹、核问题等方面的讨论。不过，在一年多时间里，他们没有见面，只是通过书信和电报的方式来交流。涉及航天方面的问题包括：建立联合气象卫星体系、通信卫星协作、交换太空医学情报、合作跟踪卫星的安排，以及其他较为一般的领域里的合作等。

谈归谈，可两个都想当霸主的人谈不到一块去自然也在情理之中。在此期间，依然是苏联占上风。1963年6月16日，"东方6号"载着世界首位女宇航员捷列什科娃②奔向太空，飞行近三个昼夜后载誉归来，又一次震惊了世界。

2. 古巴导弹危机

导弹虽不归属于航天器系列，但用于推进航天器的火箭却是根据弹道导弹发射原理演化而来的。比如，"红石"运载火箭是美国第一枚运载火箭，由沃纳·冯·布劳恩设计，可以说第一枚"红石"火箭基本上就是放大版的V-2导弹（世界上最早的弹道导弹）。而且，美苏两国在争夺太空霸主的过程中，始终把部署导弹放在了全局战略的高度。

---

① 帕维尔·波波维奇（1930—2009）：苏联宇航员，苏联英雄，空军少将。
② 捷列什科娃（1937—）：世界上第一位女宇航员，苏联英雄，苏联空军少将，人类历史上进入太空的第一位女性，她还是技术科学副博士，两次被授予列宁勋章；荣获联合国和平金奖，以及世界许多国家授予的高级奖章，是世界上十几个城市的荣誉市民。月球背面的一座环形山以她的名字命名。

因为导弹不仅是常规战术武器，而且在智能、核能被引入导弹后，它又被称为战略武器。

20世纪60年代，美苏两国的军事力量对比，特别是战略性军事力量，如中远程导弹、远程轰炸机、可携式核弹头等方面，苏联远远不及美国，毕竟美国是最先研制出核武器的国家。1957年苏联导弹试验成功以后，为了实现"核均势、制约对方、称霸世界"的战略目标，赫鲁晓夫在视察黑海的一支苏联舰队后突发奇想：如果在古巴部署导弹，这样可以使苏联拥有更多能打到美国本土的导弹，从而缩小双方的差距。另外，如果美国对此招架不住，就会证明靠美国用导弹来保卫欧洲已经行不通了，从而加强苏联在欧洲的地位和影响，有利于苏联向西半球进行渗透，争夺世界霸权。

也正是在这一年，美国因第一次火箭发射失败而使"导弹差距"这个词传开了。民主党人在1958年就"导弹差距"即将到来发出的警告是诚恳且很有理由的。这种预测并不是骗人的政客或那些明知自己是杞人忧天却渴望获得拨款的空军官员虚构杜撰的，实际上是对第一次火箭发射失败得出的一个结论。但许多争论是因为对同一个词作了各种不同的解释而引起的。对某些人来说，"导弹差距"指的是各国当前所做的导弹研发的比较，而对另一些人来说则指未来所做的导弹研发的比较。有些人只谈论智能化核能化洲际弹道导弹（仅指战略导弹），有些人则谈论所有的导弹。有人拿导弹的绝对数字作比较，有人则提出一个包括技术、易受损害的情况、发射系统和侵略者所能占有的便宜等较为现实的等式。如果"导弹差距"这个词指的是1957年苏联在火箭和推进器方面的领先地位，指的是把这种领先地位转变成世界上第一支具有相当规模的洲际弹道导弹力量的能力，或者苏美任何一方所拥有的各种大小和射程的导弹总数，那么"导弹差距"显然在一定时期内是存在的。还有一个更令人担忧的解释，那就是苏联以导弹为基础的全面的军事优势——通过第一次打击就能把美国的报复能力削弱到微不足道的地步，这才是美国情报专家们最为忧虑和关注的。专家认为，苏联将谋求建立一支占优势的第一次打击力量，因为它拥有这样做的工业和技术能力。时任总统艾森豪威尔及其几任国防部长都承认，苏联在远程弹道导弹发展的某些领域中，至少在数量上领先是很可能的。事实上，美国在1960年就拥有洲际导弹200枚左右，而苏联只拥有50余枚。美国的"北极星"核潜艇拥有144枚导弹，而苏联的核潜艇尚处于起步阶段；美国有600余架处于15分钟戒备状态的洲际战略轰炸机，而苏军只有约200架。

美国人的安全感太强，这种安全感是建立在不容许他人超越的基础上的。根据美国军方1960年5月从U-2高空侦察机拍到的照片显示，苏联并不具备在古巴部署远程洲际导弹的条件。苏联的第一枚洲际弹道导弹造价成本极高，体积太大，而且太容易受到攻击。这种类型的导弹除了起到恐吓作用外，不具有其他任何战略意义。不过，艾森豪威尔政府对苏联导弹前景所做的官方情报估计，并未因政治或预算上的考虑而降低调子。美国人日益不安地盯着苏联在古巴的军事部署，并秘密强化军事应急计划及针对古巴的隐蔽行动。

事实上，赫鲁晓夫在古巴部署导弹（并非远程洲际导弹）的计划只是基于以下几个考虑：其一，艾森豪威尔时期，美国在一系列国际事件中表现软弱，增强了赫鲁晓夫的信心。朝鲜战争的失败和战后的普遍和平要求，加上美国在东南亚和非洲的军事行动陷入困局，更加造成了美国的矛盾心理——既想称霸世界，又不愿冒发动大规模战争的危险。所以，在古巴问题上，美国既想除掉卡斯特罗，又不愿让人们看到美国直接出兵。这一切都使赫鲁晓夫相信，这个时候部署导弹，就等于"放只刺猬在美国的裤裆里"（赫鲁晓夫原话）。其二，当时美国正面临国会选举，赫鲁晓夫认为这是机会，如果乘选举前纷乱的局面将导弹秘密部署好，只要美国在大选后才发现这一秘密，就不会冒战争的风险强迫苏联运走这些导弹。

这个计划本该在1960年完成，但是赫鲁晓夫却失败了。因为他对形势的判断是基于艾森豪威尔这一代人或者说艾森豪威尔和他的政府的执政理念。而年轻的肯尼迪就任总统后，虽然在外交政策上有所延续，但也有他不可动摇的立场和准则，其对外政策主要准则："不对有可能会伤害美国的那些国家的武装力量进行支持和帮助，不提供武器给共产主义国家，不提供核武器给中东国家。"这个准则不只是针对美国自己，还反对世界上所有国家这么做。赫鲁晓夫稍微迟疑了一下就失去了良机，他需要再找机会。

但肯尼迪走马上任后（1962年年初），首先在土耳其和意大利部署了中程核导弹，从该基地发射的导弹可以在六七分钟内摧毁苏联南部的乌克兰和俄罗斯的中心城市，而从苏联本土发射导弹到达美国则需要25分钟，且这类导弹数量非常有限。美国还通过土耳其、联邦德国、意大利等国家的基地，用战略轰炸机和导弹包围与钳制苏联，而苏联当时只把核导弹部署在本土。肯尼迪这一系列行动增加了苏联在战略上的不安全感。"猪湾事件"后，肯尼迪一直强调运用更为积极的办法来制裁古巴——拒绝古巴加入美洲国家组织，禁止美洲国家组织成员国向古巴出售武器，禁止向古巴输出除粮食和药品外的一切物资，禁止进口商和旅游者带进古巴出产的任何产品，限制与古巴进行集团贸易的单位使用美国港口和船只——使卡斯特罗在拉丁美洲被孤立，以达到打击其经济、声誉的政治目的。

赫鲁晓夫认为，这一切行为不仅是针对古巴，也是针对古巴的支持者苏联，苏联要想取得霸权地位，就必须对美国予以反制。而且，赫鲁晓夫通过"猪湾事件"看出了肯尼迪的懦弱，认为部署导弹的时机和借口都有了，他决定"赌"一把，开始实施他之前未能完成的计划。凑巧的是，古巴的一个军事代表团在这时来到苏联，请求军事援助，包括坦克、喷气式飞机、各种口径的火炮、鱼雷快艇和派遣一定数量的苏联军事专家等，不过并没有提到部署核导弹一事。显然，赫鲁晓夫对古巴的"援助"是过于积极了。卡斯特罗政府再三斟酌后，同意了苏联在古巴安装核导弹的计划，条件是：各类常规武器仍要如数供应古巴并归古巴所有；核武器、各类导弹、运载核武器的轰炸机由苏联掌握，所有权归苏联。总体计划是在古巴部署60枚射程为1000～2000公里的中程核导弹，具体部署是：在圣克里斯托瓦尔设置三个中程导弹大队，在瓜纳哈伊、雷梅迪奥斯各设置两个远程导弹大队，在萨瓜拉格兰德设置三个中程导弹大队；设置24组地对空导弹阵地并部署100余架米格飞机等组成核导弹防御网；同时部署伊尔-28型战略轰炸机。

这个计划属于绝密级，苏联的克格勃①承诺，即使美国的U-2侦察飞机在古巴上空定期或不定期地进行巡逻侦察，同样能够做到这一级保密。正因为如此，在1962年的前几个月里，只有断断续续的情报传出古巴高层与苏联密切接触，商谈苏联在古巴修建大规模进攻性设施之事。到同年7月才有更多的迹象表明，古巴武装部部长、卡斯特罗的弟弟劳尔·卡斯特罗②到过莫斯科后，从黑海开来的大批苏联货船开往古巴深水港马里埃尔，除了运来神秘货物，还有一大批苏联人。中央情报局提供的一份情报说，那些"神秘"货物很可能是进攻性武器，而多达5000多名苏联人可能是设计安装武器装备的专家及施工人员。中情局的特工询问了逃到美国的古巴难民，他们说目睹成队的卡车拖着用防水帆布包着的长形管状物件。一个从古巴回到奥帕洛卡的特工人员也说曾看到其中之一的尾部并画下了一张简图。还有人听到卡斯特罗的私人飞机驾驶员在哈瓦那的一家酒吧吹嘘说，古巴现在已经拥有了远程核导弹。

美国军方主战派利用这样一些零散信息，"逼迫"肯尼迪与苏联正面对抗。但肯尼迪半信半疑地说："对抗不是不可以，你们拿出证据来吧。"为了稳定国民的不安情绪，肯尼迪在1962年9月初向公众透露："根据军方的情报显示，迄今还没有确切证据证明古巴已有进攻性高端武器。我们还没有做出军事反应的理由和必要。"但他也告诫民众，一

---

① 克格勃：全称"苏联国家安全委员会"，简称КГБ，是1954年3月13日至1991年11月6日期间苏联的情报机构，以实力和高明著称于世。1991年苏联解体后，改制为俄罗斯联邦安全局。

② 劳尔·卡斯特罗（1931—）：古巴共产党中央委员会第一书记、古巴国务委员会前主席（国家元首）兼部长会议主席（政府首脑）。

旦证明这类武器确实存在，对美国将会构成从未有过的巨大威胁，对问题的严重性要有足够的认识。

肯尼迪说完这番话10天后，赫鲁晓夫在莫斯科发表一项声明，说美国是个毫无斗志的国家，而肯尼迪是一个（既要当婊子又要立牌坊）很虚伪的人。9月13日，肯尼迪在记者招待会上也发表了一篇声明，大意是说，他不想在古巴问题上与苏联纠缠不清，更不想把美国拖入无谓的战争中，但他警告苏联不要越过他画定的红线，向古巴运送进攻性武器"会产生最为严重的后果"。另外，在西柏林问题和整个欧洲防御问题上，他也不会做出任何让步。

肯尼迪虽然不想卷入与古巴的纠纷中，但对于来自古巴的各种威胁，他是十分关注和重视的，他的情报机构一刻也没有间断过搜集古巴政治、经济、军事等方面的情报。

1962年夏季，肯尼迪到西部地区"视察一下保护自然资源的情况"，9月间转到南方视察宇宙导弹（火箭）的情况，10月份他准备到12个州去兜一圈。

1962年10月14日，美军U-2间谍侦察机拍到了正在古巴SS-4导弹基地建设中的苏联制中程导弹发射井的照片。确切无疑的证据表明，苏联正在古巴安装可以打到美国大部分领土的中程核导弹，美国很快就会陷入严峻的核弹威胁中。这张照片在10月16日被提交到总统办公室。正在南方视察的肯尼迪闻报，一种屈辱感油然而生。他立刻终止视察，坐直升机飞回华盛顿。他很快和他的军事顾问见了面，却陷入进退两难的境地：如果美国攻击这个导弹发射井，可能会直接导致与苏联及其盟国的核战争；但是，如果美国不采取任何行动，则要一直忍受身边近距离的核弹威胁。

10月16日上午11点，肯尼迪召集紧急会议，请来了那些被称为"出类拔萃之辈"的幕僚们，各部领导包括司法部部长、海军部部长、国防部部长等。与会者全都认为决不能被迫接受苏联部署导弹这一事实，美国不能"不作为"，关键是如何在不引发第三次世界大战的情况下移除苏联的导弹。肯尼迪在大家讨论前嘟囔着:"我们不在乎这个……这次有什么不同吗?无论如何,苏联人已经足以激怒我们了。"他并没有提出启示性的意见。

紧急会议没有纲领供大家讨论,所以大家都各说各话。会议一直持续到晚上,做过银行董事长的国防部部长麦克纳马拉才提出了一个更可行的折中办法:通过对古巴实行海上封锁来阻止苏联。内阁大员们立刻围绕这个纲领性意见继续争论,核心是如何把握好这个"度"。肯尼迪突然感到,他与赫鲁晓夫之间一次最激烈的博弈开始了,孤注一掷的办法(空中打击)只能让美苏两国甚至更多的国家一起毁灭。他更希望这次赌博谁也别赢。

10月17日,美军侦察机U-2又提供了新的证据:苏联技术专家昼夜不停地工作。从照片上可以看到16个,也许是32个战术导弹发射场,已经可供发射使用。除圣克里斯托瓦尔确有中程弹道导弹发射场外,还发现在圣克里斯托瓦尔和哈瓦那之间的瓜纳哈伊地区以及古巴东部的雷梅迪奥斯,设有射程2200英里的远中程导弹发射场。这就是军界所说的"第一次打击"武器。

10月18日,肯尼迪和苏联外长安德烈·葛罗米柯在总统椭圆形办公室中彬彬有礼地谈了两个多小时。肯尼迪装出对赫鲁晓夫的布弹计划一无所知的样子,也强忍住没有把抽屉里U-2侦察机拍到的照片拿给葛罗米柯看,只是强调美国坚决反对把进攻性武器送入古巴的立场。参与会谈的国务卿腊斯克脸色则很难看,他的怒气快憋不住了。葛罗米柯显然已经嗅出了一点火药味,但他装腔作势地说苏方对总统的一贯立场表示赞赏,他个人会极力支持。他在会后乐观地报告克里姆林宫说,"情况很令人满意"。

10月19日,肯尼迪和他的幕僚们终于决定对古巴实行海上封锁。肯尼迪和主战派都放弃了实施空中打击的打算。肯尼迪认为,面对挑衅,美国必须给予坚决回击。这将大大出乎赫鲁晓夫的意料,使思想准备不足的苏联上层一片混乱。而且,在政策的具体实施上,原则性和灵

活性结合,才能最终使危机得以化解。他做出这个决定的理由是:

第一,出于国家安全利益的考虑。如此迫近的核威胁,给美国人以极大的不安全感,包括华盛顿在内的大片美国本土直接处于苏联核导弹的威胁之下,这是所有美国人都无法容忍的。

第二,如果美国政府面对苏联的挑衅而无所作为,不仅将损害他在政府中的威信,削弱他在国会中的地位,激起公众的不信任,使民主党在国会选举中遭到前所未有的惨败,更严重的是会损害美国作为一个大国的形象,影响到欧亚非盟国对它的信任,进而影响到它对世界的控制,也将影响美苏霸主之争。

第三,美苏海军在力量对比上,美国海军依然是世界上最强大的。

接下来三天,肯尼迪开始行使战时权力——紧急调动、部署武装力量。美军在加勒比海集结了各型军舰180余艘、4万名海军陆战队员。空军B-52战略轰炸机分散到全国各地的民用机场,以便在对方袭击时减轻损失。同时部署B-52战略轰炸机携载核武器升空待战,担负战备值班。当值班飞机需要着陆补充燃料时,另一架立即起飞接替。陆军也调集了25万部队驻在与古巴隔海相望的佛罗里达州,5万名伞兵集结待命,另有1.4万名后备役人员被告知,随时准备入役执行任务。

一切还在秘密准备之中,肯尼迪在预定的巡回演讲中假装一切正常。但是,如此重大的决定和美军的动作不可能完全密不透风。白宫宣布总统将在10月22日晚上就"国家最高紧急事态"发表全国讲话。从加勒比海到华盛顿都笼罩在紧张气氛之中,很多人都预感要出大事了。肯尼迪派特使向主要盟国领导人说明美国面临的危机,既是寻求政治上的支持,也是希望盟国为美军的军事行动提供方便。同时,他通知前任总统胡佛、杜鲁门和艾森豪威尔,以及国会两院领导人到白宫开圆桌会议,研究如何向国民宣布这一重大消息,审议封锁古巴的具体行动方案。

10月22日,肯尼迪向全世界宣布美国将对古巴实行军事封锁,并检查所有企图通过封锁线的任何国家的舰船。他以低沉的声调问候说:

"晚上好，我的同胞们。"然后告诉他们美国面临的危险和政府的决定，同时强调在封锁无效的情况下将进行空中军事打击。这一强硬的举措，一方面给苏联施加了巨大的压力，同时也给苏联人思考回旋的余地。肯尼迪呼吁赫鲁晓夫，立即"停止并取消这种秘密的、鲁莽的、挑衅性的行为"，"把世界从毁灭的深渊中挽救回来"。他宣布，美军对一切正在驶往古巴的船只实行严格的海上隔离，从周三早上开始生效。他还警告说，将"把任何一枚从古巴发射的、针对西半球任何一个国家的核弹都看作是苏联对美国的攻击，并将对苏联进行全面的报复"。

与此同时，美国海军正在海上进行相应部署。为了实施有效的隔离，首先应该确定海上隔离封锁区域。因为苏联至古巴的航线犹如瓶颈般北大南小，驶向古巴的苏联船只大多从北大西洋方向驶来，巴哈马群岛和小安的列斯群岛是必经航线，所以，美军就在这个海域实施重点隔离封锁。美国航空母舰"独立"号先期已在护航驱逐舰的护卫下，起航驶向巴哈马群岛西北的一个应急基地。10月22日，也就是肯尼迪发表讲话的当天，"企业"号航空母舰也在护卫舰的伴随下驶往同一基地。美国大西洋舰队的南大西洋部队司令小约翰·A. 泰里海军少将，奉命组建一支由美国和拉美国家海军组成的联合海上检查特混舰队——137联合特混舰队。由于这支舰队"在政治上比军事上"更为重要，因此，泰里将军可直接向大西洋舰队司令报告工作，也可越级向上（总统）报告战区的情况，以便统帅部能及时做出相应的决策。美国海军曾提出距古巴800海里处实施隔离的方案，主要是考虑尽量避开驻在古巴的米格飞机的作战半径，减少不必要的损失。

然而，由于封锁范围过大，如果依据这个范围进行隔离，在隔离生效后，很快就可能进行第一次拦截。为了让苏联有更多的时间分析当前的态势，美国最后决定在距古巴500海里的海域实施海上隔离封锁。直接参加封锁的包括针对苏联潜艇的反潜航空母舰等90艘军舰，进入指定地区，准备拦截任何进入封锁区的苏联舰只。与此同时，拉美众多国家中的部分国家派出的舰艇也相继向预定海域集结。为了让拉美国家的参战舰艇发挥应有的效能，美国除无偿提供舰艇的修理、补给燃料和零备件外，还为他们的舰艇提供专用密码通信联络组。参加这些联络组的人员既能说西班牙语，又有一定的通信和密码工作经验，联络组都携带了便携式密码系统。此外，有的国家还提供了基地、港口，如特立尼达和多巴哥政府提供了当时在美国控制下的查瓜拉马斯海军基地，以供"美洲国家军舰在海上检查期间使用"。美国的封锁计划获得美洲国家组织①（OAS）的一致支持，北约盟国也迅速达成共识。核大战有一触即发之势。

为了避免拦截中可能导致的军事冲突甚至引发核大战，联合国安理会召开了紧急会议，联合国秘书长吴丹②仍在进行不懈的外交斡旋。他给赫鲁晓夫和肯尼迪发出了内容相同的信，向双方紧急呼吁暂停行动三个星期。他要求，一方自动停止向古巴运送一切武器；另一方自动停止封锁行动，特别是对驶往古巴船只的检查，因为"人类的命运危如累卵"。

苏联和古巴则加快了基地建设和装配已经运到的导弹。大西洋上，苏联在美国宣布对加勒比海域实施封锁前后，驶抵该海域的各型舰船为153艘，其中大部分是运送导弹配件、火工品及其他武器装备的大型商船，为其护航的较大型水面作战舰艇几乎没有，只派出6艘潜艇为担负如此重大使命的商船队护航。

10月24日，苏联庞大的商船和潜艇混合编队逐渐驶近美国宣布的隔离区。天亮后，美军派出的侦察机发现在大西洋上至少有25艘苏联船只和几艘可能装备有核导弹的潜艇，正在向古巴驶来，很快就要接近美国宣布的500海里隔离区。

---

① 美洲国家组织：由美国和拉丁美洲国家组成的区域性国际组织，其前身是美洲共和国国际联盟。成立于1890年4月14日，1948年在波哥大举行的第九次泛美大会上改称现名。目前有34个成员国，先后有58个欧美及亚非的国家或地区在该组织派有常驻观察员。

② 吴丹（1909—1974）：缅甸人，历任缅甸政府新闻局长、广播局长、政府新闻部秘书、总理办公室主管规划的秘书、缅甸常驻联合国代表。1961—1971年任联合国第三任秘书长，也是第一位来自亚洲的联合国秘书长。

上午 10 点刚过几分钟，苏联的先遣船"加加林"号和"科米莱斯"号距隔离区只有几海里了。美军原计划用一艘巡洋舰去拦截这两艘货船，估计半小时至一小时后，至少对其中的一艘进行拦截或强行登船检查。就在这时，苏联的一艘潜艇快速航行至两艘货船之间为其护航，这样一来，美军巡洋舰的自身安全就受到了极大威胁。

那么，查还是不查呢？美军显然没有了退路。于是，美军"埃塞克斯"号航空母舰奉命紧急出动，并由反潜直升机在上空盘旋给予支援。大西洋舰队最高指挥官给"埃塞克斯"号航空母舰舰长下达命令：用信号通知该潜艇浮出水面以证明身份。如果它拒绝这样做，就使用小型深水炸弹强迫它浮出水面。罗伯特·肯尼迪后来回忆说："这几分钟对于总统来说是最忧虑的时刻。他一会儿把一只手伸到脸上，捂住自己的嘴；一会儿紧紧地握着拳头。他的眼睛里充满了紧张的神情，几乎到了忧郁的程度。"

同样，在莫斯科，赫鲁晓夫在头天晚上召开了中央委员会主席团紧急会议，以便确定肯尼迪的真实意图。他没能得出结论，只是以个人名义给肯尼迪写了一封信，要求放弃封锁，否则会带来"灾难性的后果"。但他在行动上仍小心谨慎，命令两艘运送中程导弹的船只在封锁线前停下来，另一艘则在封锁令生效前可以继续前行。大约 25 分钟后，苏联的货船在即将进入隔离区时突然停止了航行。到 10 点 32 分，已有 6 艘这样的船只在隔离区边缘停了下来。紧接着，华盛顿又得到报告：有 20 艘最靠近封锁线的苏联船只已经停了下来，其中有些船只原地漂泊，另外一些船只已转向返回了。

鉴于当前态势，肯尼迪政府决定：如果这些船只已经得到莫斯科发给它们的掉头回去的命令，就应该给它们这样做的机会。同时，他让弟弟罗伯特前往苏联大使馆会见多勃雷宁，转告其总统因为受到"蓄意的欺骗"而无比愤怒，双方进行了激烈的争论，未能达成任何妥协。

10 月 25 日上午 8 点，一艘弦号为"布加勒斯特"的苏联油轮驶到了隔离区边缘，并以 17 节的速度向古巴航行。美军先是命令军舰跟踪

"布加勒斯特"号，接着让该船向监视它的美国军舰亮明身份，证实它确是一艘油轮后便放行了，而且没有登船检查。

油轮是放行了，但联合国安理会成了较量的中心，美国代表史蒂文森坚持要求苏联代表回答"一个简单的问题"：莫斯科是不是在古巴部署了中程和中远程弹道导弹？大使的语气咄咄逼人："不要等什么翻译了，到底是还是不是？"苏联驻联合国大使佐林则摘下耳机大声抗议，并拒绝回答。史蒂文森展示了U-2侦察机拍摄到的导弹基地的放大图像，这显然有助于消除各国对美国动机的怀疑。

大西洋上，美国派出8架飞机在古巴上空进行低空侦察，以配合U-2飞机进行拍照。同时，苏联在这个海域或正从大西洋驶向古巴的6艘潜艇都遭到了跟踪或骚扰，有的潜艇还不时被迫在美国军舰附近浮出水面以证明身份。

10月26日早上7点，"马卢克拉"号货轮进入隔离区，美国执行跟踪任务的驱逐舰"小约瑟·肯尼迪"号在东北方约180英里的公海上与"马卢克拉"号通话。这是一艘由美国建造、苏联租用的巴拿马货船。"小约瑟·肯尼迪"号发出国际信号"奥斯卡11月"，意思是让它停车，"马卢克拉"号的苏联船长照办了。海军得到肯尼迪的批准后，派出由美国水兵组成的一个武装检查组上船对"马卢克拉"号进行了搜查。没有发现违禁品，仅仅是卡车和卡车部件，这条船马上被放行。尽管这条船是苏联租用巴拿马的，可这次搜查仍旧给人希望和信心，至少它表明莫斯科已指示苏联船长接受检查。

当天，肯尼迪收到了赫鲁晓夫的一封长信，后者用一种带私人情感的词语透露出对战争的恐惧以及谈判的可能性，他说美国结束海上封锁并不再进攻古巴，"局面会迅速改善"。看来形势出现了转机。

可是，10月27日星期六，事态的发展又急转直下。美军少校鲁道夫·安德森在驾驶U-2侦察机对古巴进行侦察时，古巴革命委员会主席卡斯特罗命令以萨姆导弹攻击，随着两道火光直冲云霄，U-2飞机连同驾驶员一起坠落在古巴的领土上。同时，美国情报部门从不同侧面了解到：苏联的船只在海上虽然接受美军的检查，但在古巴岛上的导弹基地仍在夜以继日地加紧施工。第一批导弹已经做好了发射准备；伊尔－28型轰炸机也在加紧装配，第一批飞机已装上核弹，随时准备升空。

肯尼迪想迅速解除危机的愿望落空了，他立刻令国务卿紧急约见苏联驻美国大使，警告说：如果苏联不立即停止在古巴继续修建导弹基地，美国将采取进一步的行动，美国的克制最多不超过48小时。

也就是说，美苏双方谁压不住火，都极有可能引发核战争，这是人类从未经历过，也无法承受的巨大灾难。人们把这一天称为"黑色星期六"。

在此后的48小时里，美苏双方领导人都在密切关注着对方的一举一动、一言一行，并随时修改调整自己的行动方案。肯尼迪一直在分析古巴的行动是否经莫斯科授权，而赫鲁晓夫则在等待华盛顿方面的明确态度。当天，肯尼迪写信给赫鲁晓夫提出了正式的建议。

10月28日上午9点整，莫斯科电台广播重要声明（肯尼迪来信的主要内容）：要么是和平，要么是战争——只要苏联在可核查的条件下撤出所有部署在古巴的设施并保证不再运进，美国将取消封锁并"保证不入侵古巴"。如果赫鲁晓夫拒绝肯尼迪的条件，美国将发动进攻。然后是赫鲁晓夫的答复，其中第三段是核心："为了尽快消除危害和平事业的冲突……苏联政府……已发出一道新的命令，撤除你们所谓进攻性的武器，把它们装箱运回苏联。"具体解释是：如果美国解除对古巴的封锁，保证不军事入侵这个岛国，苏联同意在适当的监督和检查下拆除和撤走在古巴建立的弹道导弹设施，并撤出已运到古巴的伊尔－28型轰炸机。

鉴于这种情况，美国也调整了对策，在一定时间内不对苏联采取过激行为，但并未放弃大国的某些本性。11月3日，美国宣称："对拆除古巴领土的导弹基地进行实地视察"是达成任何协议"不可缺少的条件"。11月4日，白宫发言人又称，美国"坚持对古巴实行空中和其他方面的监视",直到"威胁"完全消除为止。

但是,古巴却不太愿意买美国的账。古巴领导人卡斯特罗直截了当地对联合国秘书长吴丹说:"古巴政府不允许联合国的任何视察","想要到古巴来视察的,定叫他有来无回"。赫鲁晓夫觉得卡斯特罗话说得太过了,担心节外生枝,于是又回过头来做古巴的工作。卡斯特罗知道赫鲁晓夫这次退让必然是极其困难的,他表示理解并会继续阻挠导弹的撤出,但苏联没有和他商量,他宣称自己被出卖了,拒绝合作。赫鲁晓夫有点下不来台,只得派出善于纵横捭阖的谈判专家米高扬①奔赴古巴,并带上一份丰厚的经援和军援计划,才终于让卡斯特罗的态度有所转变。

肯尼迪也很善解人意地告诫他的官员切不可声称美国取得了胜利。他给苏联领导人写了一封信,结尾是:"我认为我们应该优先考虑有关地面和外层空间核武器的扩散问题,并为争取禁止核试验做出巨大的努力。"他淡化了与古巴之间发生的这场冲突。

11月7日,美国向"137联合特混舰队"下达了9-62号命令,指示特混舰队在小安的列斯群岛至加勒比海之间进行海上检查。同一天,苏联塔斯社发表了一则消息:在古巴的火箭发射台和强大的火箭业已拆除。苏联开始把这些武器运出古巴。苏联还同意向合适的国际机构提供在公海上对运走这些武器的苏联船只甲板上的货物进行"船靠船的观察"的可能性。

11月8日下午,5艘苏联商船驶入了美国舰艇的视察区。美国"黄蜂"号航空母舰上的直升机立即起飞,对"阿拉帕耶夫斯基"号、"阿诺索夫"号、"宾斯克"号、"沃特戈列斯"号等商船进行了检查。美国的一架海军巡逻机临空,载着美国各大通讯社、报社、广播电台和电视台的10余名记者,他们将对这一举世瞩目的事件进行实地报道。截

---

① 米高扬(1895—1978):苏联政治家,亚美尼亚人,卫国战争期间任苏联国防委员会委员等职,战后历任部长会议副主席、第一副主席等职,三朝元老式人物。

止到11月11日，苏联货船已从古巴运走了42枚导弹。

11月20日，美国得到苏方将伊尔-28型轰炸机在30天内撤出古巴的承诺后，取消了对古巴的海上封锁。

危机烟消云散，消息是确实的。肯尼迪感到非常满意，他告诉三军参谋长，已经没有必要再让特遣舰队显示威力了。

在处理发生在古巴的两次重大事件上，肯尼迪一负一胜，而这次的胜利正是第一次古巴危机的严酷教训，使他谨慎而稳健地处理第二次危机，以一种精心斟酌过的防御、外交和对话相结合的手段，赢得了一场个人和国家的竞赛的胜利。

不过，肯尼迪心里很明白，一次危机处理完了，还有更大危机存在——核问题，下一步就该考虑怎样消除核武器这一最大隐患了。

1963年6月，肯尼迪发表演讲，强调在避免核毁灭问题上，美苏具有共同的人道主义精神和现实利益。华盛顿和莫斯科后来很快建立了领导人热线，而且再也没有用核战争对赌。同时，肯尼迪又说："这是我们已经开始的一种困难的和危险的努力。谁也不能确切地预言这将走向何处，或是将带来什么代价或伤亡。"

第十一章　事业未竟留憾事

1. 宗教与教育难题

在处理国内经济和国际纷争上，肯尼迪取得了一些胜利，但是他在宗教和教育问题上却显得有些无力。

早在1791年，美国通过的《联邦宪法第一修正案》就明确规定，国会不得制定法律确立一种宗教或禁止信教自由。宪法第四款第六条的规定更为明确："不得以宗教信仰作为担任合众国任何官职或公职的必要资格。"政教分离并不意味着宗教就对政治失去了影响，也不意味着一个伊斯兰教徒、佛教徒或者天主教徒能在政治上获得与基督教徒平等的权利。在美国历史上，从来没有真正做到各种宗教一律平等。

肯尼迪在1960年竞选总统时便因为信仰天主教而饱受非议，他曾在南方一个浸礼教牧师大会上发表演讲说："我是一个天主教徒。美国还不曾有过信仰天主教的总统。但我信仰什么宗教并不重要，这只是与我个人相关的私事。真正重要的是我信仰什么样的美国。"他强调，"我信仰一个宗教宽容的美国——在这个国家，所有人和所有宗教受到平等对待；在这个国家，每个人有同样的权利选择去或者不去教堂；在这个国家，任何人不会因其宗教信仰而被拒绝担任公职；在这个国家，任何宗教团体都不得谋求把它的意志直接或间接地强加于民众或强加于任何民选官员；在这个国家，宗教自由是如此不可分割，以至于侵害一个人的信仰就是侵害所有人的信仰。"有人问他当选后是否将服从罗马教皇，他表示，"在公共事务上我不代表我的教会——教会也不代表我。我所信赖的是这样一位总统：他的宗教信仰完全属于他个人，既不由国家强施于他，也不被作为他担任总统公职的条件。他不会在履行总统职责时受到宗教誓言、仪规或义务的限制或影响。这就是我所信仰的美国，它也代表着我对总统职权的信念——一项崇高的职责，既不可沦为任何宗教团体的工具，也不会因排斥某一宗教成员而蒙羞。"

肯尼迪最终虽然当选为总统，但险些把他击败的顽固的宗教反对派依然存在，并且会兴旺起来。很多人写文章说，肯尼迪在选举中获胜已经把宗教争端一劳永逸地排除掉了。但肯尼迪并不同意这种说法，他有一个活生生的例子：他的竞选总管拉里·奥布赖恩①原指望被提名为民主党全国委员会主席，却因为他是天主教徒而被卷入一场宗教纷争中。有些人坚持认为由基督教徒当全国主席的传统，应当随着一位天主教徒进入白宫而被打破，天主教徒显然可以当选。肯尼迪认为，问题不在于能不能当选，真正的考验在于当政上。就肯尼迪本人来说，他一贯主张各种宗教信仰的人在政治上应该享有平等权利，这也是他民权思想的组成部分。但是，他执政以后却不怎么提及宗教信仰问题了，原因很简单，新基督教是美国文化的根基。如果他极力维护宗教平等原则，那些对天主教抱有偏见的主流教派，就会认为他是利用总统职权有意抬高天主教的地位，从而使他失去主流教派（新基督教）的信任和支持，而共和党和民主党中的反对派就会乘机发难，给他制造麻烦，也直接影响下一届选举的票数，甚至会影响肯尼迪提出的与宗教毫无关系的各种法案在国会获得通过。按照他自己的说法，"是与一些新的团体展开斗争"。

肯尼迪有太多的大事要做了，他不愿意因卷入宗教争论而影响自己的复兴计划，所以他在很多场合都避谈信仰自由、宗教平等问题。如果

---

① 拉里·奥布赖恩（1917—1990）：美国政治家、竞选战略专家，民主党人，曾任美国邮政部部长和NBA总裁。

他缩小了国家和教会之间的界线，屈服于天主教统治集团的压力，或者在别的方面使宗教反对派的怀疑得到证实，那么将来就会有人在民主党全国代表大会上借此反对提名天主教徒当总统，认为这不是切实可行的。反过来说，如果他执政时能信守竞选中许下的诺言和就职时的誓词，那么即使总会存在不合理的偏执行为，而且建立合理的政教关系问题也总会被提出来，但反对天主教徒当总统的不成文法律不仅暂时会被打破，而且有可能渐渐被废除。

肯尼迪能明智地处理宗教与政治的关系，却不能真正解决宗教平等问题，不能不说是一大憾事。

在肯尼迪的"头等大事清单"中，解决教育问题可以说是重中之重。他在这个问题所花的时间、所发表的谈话，比在任何其他国内问题上都要多。他努力的目标是使国民不分种族、不分宗教信仰、不分贫富贵贱，都有受教育的权利。

1961年秋，肯尼迪去俄亥俄州考察农业生产情况，但他发表的第一篇演讲的重点却是针对教育问题。他不用演讲稿也不看笔记本，便列举出了所有令人吃惊的统计数字：五年级学生每10个中只有6个读完中学，而中学毕业生中16个人里只有9个去上大学；美国青少年至少有100万人失学；退学学生的失业率也非常高，工资水平则比同年龄段毕业生低得多。根据盖洛普民意测验调查，有71%的人期望他们的子女上大学，可是只有51%的人有积蓄能做到这一点。演讲结束后，肯尼迪又专门与州长讨论了发展教育问题。

在就任总统后最初半年多时间里，肯尼迪先后和6位州长讨论过加强初中级教育问题。他把教育与国家的军事、科学和经济力量联系在一起。他在一篇咨文中说："只有教育迅速有所发展，全国的发展才能加快，人的才智是我们的基本资源。"当他向国会提交的一项混合法案失败后，他就设法使每一部分分别通过；如果每一部分通不过，他就修改成混合法案的形式。法案一次通不过就来第二次，第二次通不过再来第三次。1961年年底，关于中小学的财政补助法案遭到否决后，他就在高等教育法案上下功夫。

但是，宗教和种族问题所形成的气氛，加上一些公立高等学校校外活动集团的攻击和国会参众两院议员之间的争吵，这一切加在一起，妨碍了他的《高等教育法案》在 1962 年获得通过，尽管参众两院已经以不同的形式分别通过了它。但因为肯尼迪的耐心、教育总署署长弗朗西斯·凯佩尔的坚持，以及全国教育协会较有建设性的领导，1963 年的《高等教育法》终于制定了出来。它授权在 5 年期间给予大学的补助比根据《大学土地授予法》在一个世纪内拨出的款项要多几倍，并且为几十万名学生提供了教室，每年还提供 25~30 所新的地区性学院、10~20 所新的研究中心，几所新的技术学院和更完备的大学图书馆。同年实施的另一项法案则向医科学校和牙科学校提供了类似的援助。

但是，国会讨论这些提案的时候，议员们毫不客气、大刀阔斧地砍去了他们不赞成的条款。尽管如此，这个法案还是被否决了。肯尼迪只得根据现行法律，扩大学生的贷款和奖学金。当一般性的《联邦教育援助法案》遭到否决后，他就创设或者扩大各种新的特别援助办法：将职业教育经费增加 3 倍；拨出总统基金以制止退学现象；根据人力发展法案授权进行扫盲；为聋哑人、残废者、智力迟钝和智力优异儿童的教育提供经费；为学校午餐和图书馆增加经费；和学校共同致力于解决少年犯罪问题……这些做法不仅是向严重的教育问题进攻，而且使地方经费能够用到一般建设和薪金上去。他还以其他法令给予地区性的图书馆、大学宿舍和教育性的电视节目以经费补助。国会议员们认为，肯尼迪提交的关于教育的法案实在是太多了，他们都搞不清楚哪些法案通过了，哪些法案还未通过。

肯尼迪对此则十分清楚：他的中小学教育一般性援助法案失败了，各种争议（其中宗教问题是最引人注目的）汇合在一起，气势汹汹，使这个法案未能获得通过。进入 20 世纪后，将近 50 年，在争论有关民权、州权、学术自由、预算平衡和财政平等之类的问题中，这一类法案就成了牺牲品。阿贝·利比科夫引用一个在学校问题上做了多年校外活动集团成员的观点说:"不管他的立场是否危害到一项教育法案,他纯粹是反对所有的天主教徒。"肯尼迪注意到,一项只涉及公立学校的法案在1961年差一点得到通过,并没有引起教会统治集团的重大抗议。因此,他希望天主教教会能以同样谅解的态度,支持他在竞选总统时做出的承诺(指联邦政府资助公立学校)。

但他的希望不久也落空了。甚至在肯尼迪就职之前,斯佩尔曼枢机主教就谴责过肯尼迪的工作小组所提出的有关教育问题的报告,认为它是"不能考虑的",因为它没有把教区学校平等地包括在法案之内。肯尼迪抱怨说:"枢机主教对艾森豪威尔的任何一项仅提及公立学校的法案从来没有说过一句话,而他在1949年时也没有说过这样的话。"对于那些保守人士来说,联邦政府参与教育领域是个无法容忍的问题,因为他们希望维持地方的控制权。

另外,在公共资金资助教会学校问题上,天主教徒与新教徒之间的激烈争辩也形成了一种无法弥合的鸿沟。1962年年初,肯尼迪再次提出了一项广泛的《联邦教育补助法案》。他强调,"按照宪法明确的禁令",这个法案仅适用于公立学校。代表美国天主教统治阶层的"全国天主教福利会议"立即提出,除非法案中增加给予非公立学校贷款的规定,不然他们就要号召人们起来一起打败肯尼迪的这个法案。许多教堂的教区通报都敦促本教区的教徒写信给他们的国会议员,指责他拒绝支持对教会学校的直接援助。还有人批评肯尼迪在教育问题上的立场,抗议他恪守传统思想。

肯尼迪不明白,为什么他为人民做好事、做实事却得不到支持?在一次记者招待会上,他尖锐地指出,在共和党执政期间并没有出现过类似的煽动。他还说:"天主教、新教和犹太教的教士都有权发表自己的观点,但是他们不应当仅仅因为白宫现在主持人的宗教信仰而改变自己的观点。"经过深入分析,他发现这些问题还是源于宗教、种族形成的文化基础。在这件事上,帮助各种信仰的地方纳税人向那些对各种信仰的人都开放的学校提供经费,他觉得这根本不应该发生歧视谁的问题。

事实上，天主教徒的子女约有一半在那种学校里求学，就像他当年那样。肯尼迪在该年的咨文中和记者招待会上继续根据宪法讲话，这使某些天主教徒更加生气。但是，不管收到多少种对这一问题的不同看法，肯尼迪的答复却始终只有两点：第一，联邦政府坚决资助并促进公立学校的教育；第二，坚持政教分离。问题在于找出某种办法，既打消天主教徒对前者的反对，又不致违反后一个原则。利比科夫和总统的特别顾问悄悄地会见了地方一级的一个天主教教士，再经由他和"全国天主教福利会议"的人员进行接触。在讨论的过程中，焦点集中到了对《国防教育法》可能做出的修正上。

《国防教育法》是1958年通过的，其核心内容有以下四点：一是加强普通学校（包括私立教会学校）的自然科学、数学和现代外语以及其他重要学科与国防的关系；二是（由地方）增拨大量经费，作为对各级学校的财政援助；三是强调天才教育；四是强调师范教育，提高教师水平。他们希望能够由国会对《国防教育法》提出一个修改案，既保留地方对学校的控制权，又扩大对学校的资助范围。但是，鼓吹补助公立学校的人对这个修正案持怀疑态度，而且对于扩大《国防教育法》的资助范围也有所怀疑。民主党人吉姆·德莱尼议员和他的大多数选民认为，区别对待天主教学童和其他学童的做法是不符合宪法、不公正的。他预感到新教徒将要在《国防教育法》的修正案上掀起轩然大波，所以得出结论，一旦他赞同《公立学校补助法案》（即《联邦教育补助法案》），《国防教育法》修正案就会遭到肢解或完全夭折。

就在《联邦教育补助法案》和《国防教育法》修正案提交国会两院审议通过期间，双方的宗教情绪沸腾起来了。由于不可能把这两个法案结合在一起，也不可能首先使《国防教育法》修正案获得通过，德莱尼和史密斯、科尔默以及5个共和党人一起，以8票对7票否决了肯尼迪的法案。这样一来，于1961年年初在参议院通过的《联邦教育补助法案》，提交众议院审议时仅差1票而未能通过。肯尼迪和利比科夫作了不少恳求，也施加了不少压力，都丝毫不能动摇德莱尼的立场。他比他信仰的宗教的许多领袖更加坚定，对于讨价还价或在其他问题上进行交易完全不感兴趣。奥布赖恩说："他毫无所求。我希望他会有所要求。"德莱尼越是受到许多报纸社论和新教发言人的抨击，就越是受到他的天主教选民们的喝彩。

一场波及全国的争论由此开始。"争取教育自由公民协会"威胁说要击败反对补助教区学校的任何议员。两院的议员们收到了雪片般飞来的信件，有些信内还夹带了如何在教区学校补助问题上给议员们写信的指示，这显然是经人授意的。众议院中有一个集团发誓反对有关补助教区（教会）学校的任何法案，另一个集团则发誓反对排除补助教区学校的任何法案，其余议员因为他们的选民意见不一，真心希望不要将任何会迫使他们表态的法案再发回重议。众议院议长约翰·麦科马克①出面支持给予教区学校全面的贷款。前任众议院议长萨姆·雷伯恩说，如果法案中不包括教师的薪水问题，阻力将会少一些。支持《联邦教育法案》的院外活动团体则谴责任何删去教师薪水问题的动议。众议院领袖们一致认为，不先获得规则委员会的赞同，这方面的任何法案都无法通过。而且在弥漫着硝烟味的气氛中，没有一个法案能同时赢得德莱尼和南方议员们的支持以便取得规则委员会的批准。

激烈的争论使两个法案都无法通过，肯尼迪为此深感沮丧，只得继续从另一些方面努力。为了在众议院全体会议上使规则委员会已经扼杀掉的一个法案起死回生，他考虑了三种方法：其一，散发大多数众议员签名提出的申请书——这种办法在50年里只有两次取得成功；其二，为了把一项遭到搁置的法案提交众议院审议而暂停实行议事规则，需要三分之二的多数票，这个法案显然得不到这么多的票数；其三，由委员会主席于"日程表中的星期三"提出法案——这些法案可以被拖延和辩论，直至被否决。考虑再三，他在众议院领袖们的倡议下采用了最后一办法。

---

① 约翰·麦科马克：民主党人，曾担任美国众议院议长。

这是一个很无奈的结局。由于共和党人一致反对,加上民主党保守派和不愿就法案的是非曲直进行表决的那些人的反对,使一项要求将该法案提请考虑的动议,最终被压倒的多数挫败了。《联邦教育补助法案》就此流产。报纸上的大字标题和社论全都说是天主教徒造成了这个法案的失败。这种说法是不公平的。肯尼迪客观地指出,众议院中倡议这个法案的是个天主教徒。在规则委员会的3个天主教徒里,有2个投票赞成;在10个民主党人里,有7个投票赞成,但是当法案还需要1票才可以提交全体会议审议时,5个共和党人里没有一个投票赞成。可见,"真正扼杀这个法案的不是天主教徒,而是这些人,正如他们50年来一再扼杀这类法案一样"。肯尼迪得出了这样的结论。

事实上,多数天主教徒是支持肯尼迪的教育革新法案的。比如《公益》之类的天主教刊物便支持肯尼迪的立场,虽然它认为《联邦教育法案》对私立教会学校来说有失公允,它呼吁平等,但并不坚决阻挠这一法案通过。肯尼迪的朋友枢机主教理查德·库欣还号召天主教徒们看清楚多数人反对用税款补助教区学校这一事实,并呼吁他们"既不要强使这种法案通过使国家陷于分裂,也不要因为他们自己没有达到目的而施展他们在国会中的政治影响,以阻挠其他有益于教育的法案"。

关于教育法案的争论以肯尼迪的失败而告一段落。争论刚刚平息,最高法院关于取消公立学校做祈祷、读《圣经》的决定,又掀起了一场风波。

早在1960年,保守的新教徒曾经谴责过所有的天主教徒,说他们大概要谋求打破政教之间的界线,打乱宪法上关于信教自由的微妙平衡以及威胁公立学校的非宗教性质。可是,保守的新教徒中有许多人在1963年时根本没有意识到其自相矛盾,又出来谴责最高法院关于取消在公立学校朗诵正式的祈祷文和读《圣经》的决定,并要求修改宪法以允许公立学校学生做祷告和读《圣经》。于是,争论又开始了。

由于《联邦教育补助法案》、最高法院的裁决、总统的宗教信仰及相关问题纠缠在一起,争论越来越混乱。肯尼迪一方面希望通过争论使各方的观点明晰起来，另一方面又担心争论会激化多方矛盾。他在记者招待会上就祷告、读《圣经》问题作了深思熟虑的答复，他说："我认为即使我们不同意最高法院的决定，也应支持这些决定……这很重要。此外，在这件事上我们有一个很方便的补救办法，即我们自己做祷告。……我们可以在家里做更多的祷告，我们可以诚心得多地去教堂做礼拜，我们可以使祷告的真正意义在我们所有孩子的生活中变得更加重要。这种权利是我们谁都可以使用的。"

他的回答，使曾经警告说他可能会削弱宪法威严的所有批评者感到失望，也使曾经希望他会削弱宪法威严的所有天主教徒感到失望。但他讲得很清楚，这个国家并没有法定是天主教或新教的国家，而是一个民主共和国，任何宗教或某一教会都不能通过宪法、法令而立足或受到抑制。他是这么说，也是这么做的。在挑选公职人员时，他确实没有显示出任何宗教上的偏爱，也没有显示出惧怕教士们的压力。他曾对得克萨斯州的传教士说过，他会以总统的身份毫不犹豫地去参加新教礼拜，所以他在任期第一年就乘飞机到得克萨斯州去参加了萨姆·雷伯恩的葬礼。他在白宫接见形形色色的新教牧师，而且还私下会见反天主教的小册子的作者保尔·布兰沙德，同时又像其他任何一个总统那样无拘无束地去拜会了罗马教皇。

肯尼迪努力为政府官员和国会议员们做出榜样，为各教派、各党派及广大民众做出榜样，使美国天主教会变得不再那么受到外界的指责，而更多的是需要进行内部的改革。但最终他没有看到自己希望看到的结局。他生前在教育改革方面所做出的努力也没有取得令人满意的成就。

2. 强化国防根基

在肯尼迪当选总统前后，美国国防正面临着严峻的挑战，包括阿尔及利亚问题、印度问题、波兰问题、拉丁美洲问题以及国内防御问题等。1961年美海军陆战队500余人入侵老挝；1961年5月入侵北越；

1962年10月美国派40艘战舰封锁古巴。此外，军备竞争越来越激烈，太空争霸刚刚起步……需要用人用钱的地方让肯尼迪政府应接不暇，而国民却一次次呼吁要裁军、削减军费开支，但肯尼迪又不得不四处用兵，这使他颇费心思。

1961年，肯尼迪政府新设立了美国军备控制和裁军署，这是世界上第一个如此全面的、专门的研究和计划机构。它体现了为提出具体裁军建议和削减军费计划所需要的科学、法律、军事和外交等各种人才的大结合。该机构由共和党人威廉·福斯特担任署长。它设立后所做的第一件事就是秉承肯尼迪的旨意要求国会增加防务经费。而在这方面权力最大的是众议院军事委员会。这两个机构首先在制造B-70型飞机的经费问题上进行了第一次交锋。尽管肯尼迪最后取得了胜利，但这个机构并没有取得有重大意义的成就。

柏林危机之后，超级大国之间的热战打不起来了，但"冷战"却变得更加疯狂。军备竞争进一步向高科技方向发展，日渐明晰的多极化世界格局，更加突出了高技术武器装备在军事实力中的威慑作用。肯尼迪认为，用高技术装备武装美国可以提供讨价还价的实力，并为裁军会谈和外交提供后盾。他还认为，需要采取迫切的步骤以确保"我们的武装肯定是足够的"。

肯尼迪多次类似的讲话，惹得前总统艾森豪威尔很不高兴。作为一位战功卓著的老将军，艾森豪威尔认为自己在总统任期内已经很好地解决了国防问题，"我为此贡献了我毕生的精力，"1960年他在一次记者招待会上回答有关防务问题时，大声疾呼，"我认为，我几乎比国内任何人都更了解这个问题……防务问题已经得到了妥善而有效的处理。"所以，后来他一直反对肯尼迪要求增加国防开支的提议，并特意指出："我任内所留下的防务预算，已为我国提供了充分的安全。"这给加强国防基础建设带来了困难。肯尼迪认为，美国不应该过于依赖"大规模报复"的方针，他要求强化国防根基，加强核力量和常规力量。

肯尼迪的出发点是基于这样的现状：西柏林的自由受到了苏联入侵

的威胁，苏联在一份通牒中大肆炫耀对准西欧的中程弹道导弹。南越西贡政府遭到了北越策划和支持的游击战的威胁。老挝的独立受到亲共军队的威胁。苏联投入了几十亿美元对发展中国家提供军事和经济援助，其中包括向印度尼西亚提供武器、为埃及建造阿斯旺水坝、为印度建造钢铁厂，以及向阿尔及利亚的反政府军提供更多的武器。苏联在加纳、几内亚、马里，特别是在局势混乱的刚果建立一个中非基地。通过卡斯特罗对古巴的统治及其颠覆拉美的运动，苏联在西半球得到了一个根据地。相对而言，美国的军事力量太分散了，军事费用不足，以致无力承担美国在全球的"义务"。说得更直白一点，肯尼迪是想使美国更多地承担在全球的义务——谋求军事霸权。

肯尼迪上任后，在审阅1961年年度军费预算时，向国防部部长麦克纳马拉提出过一系列问题：现在是否应该提出一项补充防务预算？是否应该为北极星、民兵和阿特拉斯导弹，防空警报体系，大陆防御，常规力量现代化，空运能力等项目追加经费？然后他指出，必须着手对美国的防御战略、目标和能力，飞机的地位，航空母舰，目前的军队实力，国外基地，三军军种和军事使命的重叠，各种情报工作的协调、指挥和控制系统，特别是关于使用核武器的权力、预备队和国民警卫队的作用，重新做出基本的估计。以上这些囊括了肯尼迪国防基础的全部内容。他不希望军费预算事先就受到限制，他的基本原则是："必须使我们的军备永远和我们承担的义务相适应。在任何情况下，我们都不允许提出事先确定的、武断的财政开支限额来规定战略或兵力的水平。""这等于用我们的钱去下赌注。不这样的话，就得用我们的生命去下赌注了。"而且，他的战略思想也很有特点，他认为建立一支强大的军队不是为了战争，而是为了防止战争。因为只要你足够强大，他人就不敢轻易挑战你；只要你不愿意，就不会被别人拉进战争之中。

为了实现"美国更多地承担在全球的义务"这个目标，肯尼迪刚上台就对防御设施进行了比其他总统更为彻底的审查。在一连串会议上，他几乎对国防预算的每一部分都仔细斟酌，做出了一系列重大的修改。他增加了近30亿美元的拨款，通过取消过时或重叠的项目部分，抵偿了增加的拨款。但是，难就难在增加拨款。肯尼迪指出，"军备的首要目的是维持和平，而不是进行战争。当今世界面临的基本问题不是能用军事手段解决的。无论是我们的战略还是我们国民的心理，当然还有我们的经济，都决不能依靠永远维持一个庞大的军事体制。"他不得不考虑新的招数，开始进行军事体制的改革。

肯尼迪的防御政策与外交政策的结合，比以往任何时候更为紧密。他对空军学院的学员们说，在目前世界范围内的斗争中，没有一个问题是纯军事或纯政治的。我们在防务、裁军、外交和对外援助方面也没有单独的政策——"它们全都结合在一起……成为一个全面的国家安全政策。"因此，他向参谋长联席会议下达了一项史无前例的指示，要求他们提出意见不要仅立足于狭隘的军事考虑，还要以广泛的政治、经济因素作为根据。在决定军事预算和战略时，肯尼迪成了组织者、设计者和分析者，组织起专门小组，分发各种征询意见表，坚持取得各种抉择方案、确切的事实和精细的比较。他使三个军种的预算、兵力水平和战略第一次有了密切的配合，并打破各军种传统的界线，根据战略报复部队、大陆空军和导弹防御部队、一般部队、空运和海运部队以及预备队和国民警卫队的职能来分别制定预算，同时将经费向高技术装备倾斜。例如，通过提供海军和空军都可以使用的新型实验战术战斗机，便减少了重叠的武器系统的数目。当战略重心从轰炸机转向导弹，易受攻击的海外导弹基地由"北极星"潜艇所取代，而部署在美国的喷气式飞机空运的部队也被视为适用于国外战线的武装力量的一部分时，其他一些向来占支配地位的军事装备终于向现代化的武器系统让路了。

他还尝试对军队的文职人员进行精简，将裁员节省出来的经费用于高技术装备的研制。虽然有人批评说肯尼迪在进行这些重大改革时绕过了他的军事顾问，但事实恰恰相反，他即使没有经常地，但也是定期参与参谋长联席会议召开的会议，把军事决策集中在他的文职部长的办公室里。麦克纳马拉不仅依靠各军参谋长，而且依靠一大批卓越的文职助手。这班年轻人摆脱了各军种之间的偏见,完全根据所需经费、可供选择的方案和便于管理等来考虑问题。肯尼迪在白宫的军事助理切斯特·克利夫顿和泰兹米尔·谢泼德分别来自陆军和海军,他们都是特别干练、有益而忠诚的助理。减少文职人员却扩大了在职文职军官的权限。肯尼迪还决定,一旦发生紧急情况,必须坚持由文官控制。他曾在国会会议上说:"我们的军备在任何时候,在战争时期或和平时期,都必须受到文职官员的最终控制和指挥……其中包括有关使用核武器或使小规模战争升级为大战的所有决定。"

为了减少发生未经批准的或意外的战争的可能性,为了能够做出考虑周密和有选择的反应,以便结束或限制甚至是一场核战争,为了保持一种能够在混乱时期向美国公民、军人和敌人下达公认文告的明确权力,肯尼迪逐步改善了指挥和控制系统的可靠性和生存能力。他对军事通信系统的重视程度令人吃惊。他经常打电话给某驻军司令或地方民团说:"我是肯尼迪总统,我只是想检查一下通信联络系统。你那边情况如何?"这些部队的长官以为有什么紧急或重大的军事任务,但最后确认真的只是总统在检查军事通信系统而已。

美国武装力量主要由现役部队、预备役部队和文职人员组成。肯尼迪对地方武装力量(预备役)一直非常重视,他通过削减现役部队人数来减少军费开支,却支持地方保有相当数量的民兵队伍。民防动员局局长弗兰克·埃利斯对肯尼迪非常支持,希望使这项工作变得更有意义,公开要求取得比肯尼迪分配给他的更多的经费,并且想方设法使公众注意民防的重要性。白宫班子成员卡尔·凯森在一份调查报告明确指出,民防预算是一种浪费,美国要么认真地大胆面对这个问题,要么就忘掉它。然而忘掉这个问题不合乎肯尼迪的本意。1962年6月,肯尼迪把民防工作的管辖权由埃利斯手里移交给麦克纳马拉,目的是使政府的组织工作更为有效。埃利斯只愿意将掩蔽所计划移交给国防部,而麦克纳马拉则希望要么担负全部责任,要么不负任何责任。此后,所有民防职能都交给了国防部,民防动员局改组为紧急战备局。

肯尼迪执政时期，由于人们对核武器的恐惧，各地修建了一批掩蔽所。但地方民防官员受到了诘问者的包围，不使自己的家庭受放射性尘埃的影响这件事，成为每个公民对外交政策发表意见的主题。科学家和冒牌科学家互相争论，在一场核战争中，有多少人在有掩蔽所或没有掩蔽所的情况下能够幸存，这些人必须在地下逗留多长时间以及在他们走出掩蔽所后，生活将会变成什么样。牧师们争论说，人类的伦理观念究竟要求他们接受烧成灰烬的死亡，还是接受鼹鼠式的生活。妇女版的专栏作家提出关于贮藏食品、携带衣服和阅读书籍等方面的可以采用的意见。商人马上出售生活用具箱、口粮袋、沙袋、潜望镜及预防放射性尘埃的衣服和药膏。人们围绕着能否开枪射击那些要求进入掩蔽所但不那么勤劳的邻居，那些被排斥在掩蔽所之外的人会不会把掩蔽所的通风口封闭起来这些问题，展开了激烈的争论。肯尼迪政府缺乏一个全盘的掩蔽所计划，缺乏一个明确的掩蔽所政策，甚至缺乏正确安排整个问题的权威性意见，这使混乱和惊慌的情绪加剧了。肯尼迪所希望的民防体系没有真正建立起来，"依靠自己救自己"成了"不救别人，只保全自己"了。

核科学家爱德华·泰勒①对肯尼迪说，当苏联的武器日益庞大时，美国只要花 500 亿美元，挖越来越深的防核洞，全国人民就能保护自身不受核爆炸的威胁。民众一致要求政府对民众做好保护措施，国会两院也向肯尼迪施加压力。肯尼迪意识到，任何被动防御措施都是费力大而收效小的工作，他不愿意让这一庞大的民防计划削弱他的全面政策。但他又不能不屈服于公众施加的压力，在 1962 年的立法中提出制定一个长期计划，由联邦政府推动在学校、医院、图书馆和类似的公共中心建造一定数量的公共掩蔽所，费用由州和地方政府以及非营利机构分摊。

---

① 爱德华·泰勒：匈牙利籍美国著名理论物理学家，"曼哈顿计划"的早期成员，参与研制了第一颗原子弹。1952 年与欧内斯特·劳伦斯共同创建了美国劳伦斯利弗莫尔国家实验室，1959 年主持建立了伯克利空间科学实验室，被誉为美国"氢弹之父"。他对物理学多个领域都有相当的贡献。他一生因其科学才能、欠佳的人际关系，以及善变的个性而知名。

政府内部对这项法案进行了广泛讨论。肯尼迪指出，劳民伤财的民防工程只是一个保险的问题，不是威慑力量的问题。它与防务或裁军都没有直接关系，在冷战中也不是什么新武器。任何合理的掩蔽所计划都无助于阻止敌人的一次进攻，防止惨不忍睹的生命损失或者在危机的顶峰或边缘增强美国的地位。他说："我们的防御姿态，旨在减少发生不合理的或事先未加以考虑的全面战争的危险。"他没有也不愿意把掩蔽所法案置于最优先的地位，他赞成这个法案只是顺应民意而已。在1962年年底的一次记者招待会上，他作了以下解释："太平无事时，谁也不感兴趣。……随后，等战火迫近——（而）我们毕竟保证不了战火不会到来……人人又会觉得奇怪，为什么没有多采取一些措施？我认为应当趁现在就采取措施。"因此，在热核武器时代，他始终承担着保护一亿八千万美国公民并使这个国家完整生存下去的责任。

3. 核试验与谈判

在美苏两个超级大国进行的军备竞赛的过程中，无论是肯尼迪还是赫鲁晓夫，都有发动一场新的"冷战"攻势来影响全球的冲动。新"冷战"就武器装备来讲，逐渐由常规向高技术武器装备发展，肯尼迪在3年中建立了人类有史以来最为强大的军事力量，也是美国在和平时期规模最大、发展最快的军事力量，一共花费了约170亿美元的追加拨款。正如他所指出的，这就为他提供了一个可以发挥"从最大规模的威慑力量到最微妙的影响"的多方面的武器库。

肯尼迪提到的武器库，包括常规武器和非常规武器。他认为，不管修建多少民防掩蔽所，都不足以使国防基础更牢固，如果实际动必须使用核导弹的话，那就意味着孤注一掷的"最终的失败"——威慑力量的失败、外交的失败、理智的失败。优势的核威慑力量在20世纪60年代所具有的军事价值是有限的。至少还有10年，苏联对资本主义世界的安全最为现实和最为经常的威胁，不是对中心地区发动核进攻，而是在外围地区进行常规的蚕食活动，比如对西柏林的行动、对福摩萨海峡的常规进攻、对韩国的侵犯、老挝的暴动、刚果的叛乱、在拉美的渗透和越南的游击战等。遏制类似常规方式的进攻，主要还是依赖常规武器。

在为某一场有限战争进行商谈时，肯尼迪常会问道："要解决这个问题，我那大型炸弹能起什么作用呢？"任何人首先想到的都不会是核武器，哪怕只是小型核导弹。所以，肯尼迪希望美国仍在常规武器（包括战术导弹）上保持优势。1961年3月他在关于增加弹药、人员和其他物资的国防咨文中指出："有一列驱逐舰停泊在警戒区或有一师装备精良的士兵驻守在边界地区，这对于我们的安全也许比超越一切合理需求的、成倍增加的各种威慑武器更为有用。"同年他将征兵额提高到原来的两倍和三倍，应征人员的范围也扩大了。国会迅速一致地批准从待命的预备队和国民警卫队中动员25万人，其中包括建立2个满员师、54个空军和海军航空中队，即将编入陆军的约15.8万名预备队员和国民警卫队员，实际上已有5万人被征召入伍。相应的常规武器也得到迅速补充，仅在欧洲就增加了300多架战术战斗机、10多万吨装备及几千辆坦克、吉普车、装甲运兵车和其他运载工具。显然，最初肯尼迪是想利用常规武器来解决那些正在受威胁的国家或地区的争端。他在任职期间一直把重点放在加强常规力量上。某些参议员和盟国批评说，把全部注意力这样集中在非核反应上，表明了他在使用核武器这个问题上极其胆怯。另外在兵力方面，肯尼迪表示，对于希腊、土耳其、伊朗、巴基斯坦、泰国和处于共产党防线周围或处于共产党渗透危险之下的其他国家，常规备战工作的重心仍然是在美国的军事援助下，训练和装备当地军队。

但从"猪湾事件"、柏林危机所得到的经验与教训，使肯尼迪的战略思想发生了极大的转变，他认为最好的威慑力量是常规力量和核力量的结合。他不仅继续在欧洲部署小型核导弹，还恢复了已经停止了好几年的核试验。在1961年上半年，美国在世界范围内促进核武器的发展和部署，仅在西欧就在原有基础上增加了60%。

赫鲁晓夫见美国人来势汹汹，感到十分震惊和恐惧，也决定恢复在新地岛的核试验。新地岛位于北极圈内，终年积雪，气候寒冷，人烟稀少，苏联离该岛最近的摩尔曼斯克、阿尔汉格尔斯克等城市都在1000公里开外，是非常难得的试射场所。1957年7月，为了扩建新地岛上的核试验场，苏联决定将该岛居民全部迁出。同年9月，苏联使用轰炸机在该地区首次空投了核当量为160万吨的氢弹，试验获得成功后一度停止。

1961年9月11日，苏联恢复核试验后的氢弹试射在新地岛进行。当天清晨，苏联专门空投核弹的"巴格罗夫克斯基"航空兵大队飞行员利亚斯尼科夫，驾驶装有重达26吨的"大伊万"氢弹的战略轰炸机，从摩尔曼斯克附近的奥列尼亚海军机场起飞。为确保轰炸机在3.5万米高空投弹后能飞离爆炸现场，苏联专家特意为氢弹设计了一个超大型降落伞，以减缓其下降速度。上午11点32分，氢弹在新地岛上空爆炸。距离爆炸中心250公里之外的轰炸机与水上舰艇、地面无线电的通信全部中断，一个小时后才恢复。通红的蘑菇云高达70公里！美军设在阿拉斯加州的预警雷达和4000公里范围内的高频通信也全部失灵，时间长达20小时。

随后，苏联在新地岛米秋希哈湾进行了一系列前所未有的大气层核试验，从当年9月11日到11月4日共爆炸了26个核装置。其中，10月间爆炸的一个核装置的威力比美国投在广岛的那颗原子弹大3000倍。

苏联的大气层核试验对美国构成了巨大威胁，肯尼迪为此宣布美国将恢复大气层内的核试验。美苏两国之间的核竞争再度开始，而且比以前大大升级。

在美国，关于放射性尘埃的掩蔽所问题的争论更加激烈了。肯尼迪对无谓的争执不感兴趣，也不在那些不必要的会议上阐述有关非常规武器库的精确含义以及他的主张。但他用行动回答了人们对他的质疑。从1961年3月发表第一篇国防咨文开始，他就迅速加强了由潜艇发射的北极星导弹和地下发射的民兵导弹的生产和发展。在强调这些武器的生存能力时,他表示发现并摧毁这些武器的任何企图都是徒劳的,并说明了这些武器有第二次打击、非挑衅性的、有充裕时间使用的特点。同时,他把更多的核武装的轰炸机(远程导弹研制出来之前)作为美国的主要威慑力量,置于15分钟内即可出发的戒备基础上。美国有"二战"中率先使用核武器的"战绩",所以,人们对肯尼迪所有跟核武器及相关武器设备的研制与部署,都抱有十足的信心及坚决支持的态度。他们认为,宁愿勒紧裤带也要由美国而不是由苏联保持这类武器的优势。

有人还对肯尼迪的核武库作过一番解释:总的说来,通过"使敌人看不到任何获胜乃至生存的前景,给予敌人营垒中任何一个通情达理的决策者以尽可能强烈的刺激,使他不至于发动进攻";具体说来,按照最悲观的设想,使能够顶得住可能发生的最严重进攻的美国的那部分武装力量,(1)倘有必要的话,能够摧毁侵略国的城市和人口;(2)能够摧毁其余下的绝大部分军事力量,同时仍然能保持我们自己的一定的后备力量,使敌人确信他们既不能完全摧毁美国,也不能赢得战争。

1961年11月2日,美国政府发布了恢复大气层核试验的公告,将核试验正式告知天下。肯尼迪解释说,他的这一举措是采取一种"军事政策,使各种形式的共产党侵略成为无理性的和没有吸引力的"。在年度预算审查会议上,国防部部长麦克纳马拉也承认,他同意使核力量超过纯威慑作用的水平,这样万一威慑失灵,限额以外的核力量便可以用来限制苏联进一步破坏的能力。国务卿腊斯克认为,增加核力量威慑作用不仅是军事手段,也是美国外交的基本手段。不过,他们三人一致认为,如果走得更远乃至进一步去谋求"第一次打击"的能力——从理论上说旨在使敌人不能严重损害美国,这不仅是不必要的浪费和挑衅性的,而且实际上也不是切实可行的。敌人总可以保护或隐蔽起足够的核导弹力量,特别是使用更多的潜艇发射的核导弹的话,将会使美国至少有三四千万人死亡。同时,当敌人看到美国增加军事力量时,他们也可能增加本国的军事力量，从而轻易地抵消美国要超过他们的企图。

在认识到先发制人的第一次打击或最大"反击力量"的能力并不可取的同时，肯尼迪和麦克纳马拉比别人更清楚地意识到了一场无休止、无限制的军备竞赛所带来的不安全感。肯尼迪指出："为了使威慑力量奏效……我们需要有个限度，"他说，"当我们谈到能够在核战争中使用百万吨级当量的核爆炸力时，我们实际上就是在谈到毁灭。用核武器去打击目标，难道必须用上许多次才有效吗？"他指望削减防御费用，以便把更多的拨款用于国内需要。但是，核试验还是在按计划紧张地进行。

1962年3月，美国在太平洋约翰斯顿岛至圣诞岛海域进行了一次代号为"多米尼克行动"的核试验，这一系列核试验汇集了美国核科学界顶尖的人才，动用了100多架飞机、40多艘军舰、2.8万名工作人员。世界著名的科学实验室给予了原子能委员会和国防部技术上的支持。负责收集数据的核试验监测站的监测范围超过了15万平方英里。

在"多米尼克行动"系列核试验中，核爆炸次数之多、威力之大令人叹为观止，爆炸产生的火光经常将太平洋的上空照亮，甚至数百里之外也能感受到这片区域的天空比往日要亮许多。这一系列的核试验中，有的核试验爆炸当量较小，有的核试验释放的能量却很大，其中能量最大的一次核试验产生的爆炸当量相当于将广岛夷为平地的核武器（12千吨级）的700倍。美国规划和实施的"多米尼克行动"创下了多项历史纪录，事实证明，"多米尼克行动"是美国历史上规模最大，也是最成功的核试验计划。

核战争将对人类造成一场不可挽回的浩劫，对此，肯尼迪和赫鲁晓夫都有着同样的认识，而且他们知道，仅美苏两国拥有的核武器就足以将地球毁灭好几次。他们还知道，生产更多的核武器有利于进行核讹诈（他们称之为威慑力），而核讹诈有可能变成他们无法控制的战争。

因此，美苏两国在尽情地进行核试验之后，又开始考虑再次进行限制核武器谈判。

美苏两国的核谈判已经进行过很多次。肯尼迪上台后继续为此而努力。早在1961年1月，他在第一次记者招待会上发表的第一个声明中，就曾透露他委派了一个特别小组来研究新的谈判立场，并起草一份合理而有效的切实可行的条约草案。他私下认为，美国在1960年采取一个经过较为充分的准备、各方面较为合理的立场，将会在那年达成一项禁试条约。他把这看作是与苏联"重新"搞好关系的最有希望的领域。可是，这年春天，当他派阿瑟·迪安带着一份经过精心筹划、旨在满足苏联的一切"正当要求"的新条约前往日内瓦时，发现苏联的立场和美方相去甚远。这次谈判反而促使双方加快了恢复核试验的步伐。

苏联部长会议主席在维也纳说，苏联将等着让美国首先恢复核试验。葛罗米柯对腊斯克也说了同样的话。而肯尼迪希望日内瓦谈判继续下去，他在记者招待会上说："事关重大，我们不能放弃做出努力。"他说这番话时，美国核试验的预算和其他准备工作已经就绪。

6月，肯尼迪与赫鲁晓夫在维也纳会晤时，提到对核试验检查的机构设立、现场检查次数以及禁止核武器与裁军问题，但两人各执一词，话不投机。8月3日，肯尼迪给英国首相哈罗德·麦克米伦写信说，准备作更大努力去推动与苏联的谈判，如果谈判不能取得实质进展，他将恢复美国的核试验。

8月间，肯尼迪再次派迪安返回日内瓦，"带着我们的希望和祈祷，而且我认为还带着全人类的希望和祈祷"，再作一次努力。他要求迪安在谈判中的坐功、舌战和耐力要胜过苏联的谈判代表，直到他可以确定是否有可能取得一点进展为止。

谈归谈，核试验照常进行。1961年9月在全美进行的一次盖洛普民意测验，以超过二比一的差数表明，公众支持美国恢复自己的核试验。几乎一贯主张要拥有体积更大、质量更好的炸弹的国会原子能联合委员会也赞成恢复核试验。其中有来自科学家专门小组的论证和建议，有来自参谋长联席会议的意见，有来国会两院的决议，还有来自各种部队长官们的请求。核试验就这样一步步进入高潮。

9月11日，赫鲁晓夫大肆吹嘘说他们有了亿万吨级爆炸力的炸弹。苏联的军方报纸《红星报》说："任何具有超级深度的掩蔽所，也经不起这种武器的全面毁灭的打击。"对此，肯尼迪感到既气愤又无奈。

但肯尼迪是镇定的，他心中有数。通过召开一系列紧急会议，他决定：

（1）由白宫发表一项声明，指责苏联的核试验是危及健康与和平的行动，也是他们伪善与奸诈的证据，这使美国"不得不按照自身利益的需要做出决定"。

（2）由国家安全委员会发表一个声明，指责苏联的行动"主要是一种原子讹诈，旨在用恐怖代替理智……不仅是试验核装置，而且是考验自由世界的意志和决心"。这个声明向所有盟国保证——在随后召开的一次全面情况介绍会上也向国会做出了保证——我们的核能力是充足的。

（3）通过媒体或其他形式，宣传美国拥有更大量级的炸弹。

（4）12月21日，肯尼迪与英国首相麦克米伦在百慕大会晤，一起建议三大国立即禁止大气层试验，以此向赫鲁晓夫提供一个悬崖勒马的机会，并就进行下一步的核谈判做准备。

在谈判准备期间，美苏两国都加快步伐进行核试验，并大肆吹嘘自己的核实力，相互揭露和攻讦对方的诡计。舌战一番之后，两国首脑一起改变口径，强调世界各大国共同努力以使人类免遭浩劫的必要性，开始寻求缔结一项禁止核试验条约的可能性。

1962年，美英正式提出了一项条约草案，规定除地下核试验外，禁止在一切环境中进行核试验。11月6日，联合国大会通过了一项决议，要求所有核武器"应当立刻并不迟于1963年1月1日得到停止。如届时未能达成禁试协议，则应当同意立刻禁止在大气层外层空间和水下的试验，并就进一步停止地下试验作一个时间安排"。同时，要求十八国裁军委员会"努力缔结一个具有有效和迅速的国际核试验安排的条约"。

1962年11月26日，十八国裁军委员会会议在日内瓦重新召开后，8个中立国向美苏施压，要求两国立刻接受部分禁止核试验并暂停地下核试验，但美苏分歧依然很大，会谈无果而终。针对美苏两国在禁止核试验条约谈判问题上陷入的僵局，肯尼迪在后来的演讲中指出："现在双方都陷入了一种危险的恶性循环之中：一方的猜疑引起另一方的疑虑，新武器引出对付它们的武器。"他强调，禁止核试验是打破这种恶性循环的第一步。

肯尼迪嘴上这么讲，实际行动却正好相反。1963年5月16日至18日，也就是亚拉巴马州发生动乱期间，肯尼迪第一次作为总统出行——前往加拿大。他知道此次访问的时机可能会激怒民权活动家，但他觉得渥太华的谈话太重要了，不能推迟。希望加拿大独立于美国"冷战"政策的约翰·迪芬贝克①总理，反对美国强行要求加拿大加入美洲国家组织，以及在加拿大国土上部署核武器的要求。由于没有希望通过私下交谈来改变迪芬贝克的想法，因此肯尼迪利用在议会的讲话机会来阐述美国的政策。他将美国与加拿大的历史关系描述为"平等而独立的国家的团结"，敦促加拿大加入美洲国家组织，从而让"整个这个地区更加安全，能够抵御任何形式的侵犯"。他敦促部署核武器，以便保卫所有北约地区，即加拿大和欧洲，并警告说："我们的对手们正在观察我们西方是否有分歧。在我们有分歧的时候，他们就有了勇气。"

在这样的背景下进行核谈判，显然有点滑稽。6月10日，肯尼迪在美利坚大学演讲时说："为了对这个问题明确表示我们的诚意和庄严的信念，我现在宣布：在其他国家也不这么做的情况下，美国将不在大气层进行核试验。我们也决不首先重新恢复这一种试验。这样一个宣言，并不代表一项有约束力的正式条约……但我希望它将有助于我们使这样一项条约得以实现。"赫鲁晓夫对肯尼迪的讲话表示赞赏。

---

① 约翰·迪芬贝克：德国后裔，第13任加拿大总理，与美国总统约翰·肯尼迪的关系极坏，又对与英国接触模棱两可。1963年他以花费太大为由取消了独立战斗机的计划，被激怒的工业家联合将其赶下了台。1967年又被自己的保守党赶出领导层。

1963年7月,肯尼迪开始他的访欧之旅。经过一场持久而艰苦的谈判,美国、苏联和英国终于在7月25日草签了一项《禁止在大气层、外层空间和水下进行核武器试验条约》。这项有限禁止核试验的条约,是自"冷战"开始以来缔结的第一个武器控制条约。该条约的诞生,加上一度剑拔弩张的美苏关系有所改善,被时任英国外交大臣亚力克·道格拉斯-霍姆[1]赞为"终结'冷战'的开端"。

---

[1] 亚力克·道格拉斯-霍姆:英国保守党政治家,"二战"后自1960年至1963年任外相,1963年10月至1964年10月出任英国首相。在英国历史上,他是迄今最后一位来自上议院的首相、最后一位由英国君主指定委任的首相、首位在20世纪出生的首相,以及唯一一位通过放弃贵族爵位,再以补选途径进入下议院的首相。

第十二章　没有完结的尾声

1. 剪不断理还乱：家事与情史

国内外的事务千头万绪，使肯尼迪忙得不可开交。这一期间，他的家里也发生了不少事情。1961年12月，他的父亲老约瑟夫中风了，虽然医生们提前预警，劝他使用抗凝血剂，但是一向倔强的老约瑟夫不愿"奉命行事"，谢绝了医生的好意。圣诞节后的一天，老约瑟夫在棕榈滩的俱乐部打高尔夫球时突然病倒，被紧急送到了当地一家医院，但医生已经无能为力，只能听天由命了。

事实上，老约瑟夫认为他的人生使命已经完成了，肯尼迪家族的两大目标——财富和权力，都已经实现了。他不知道接下来该做点什么，才能让他留着自己的老命显得有意义，精神上的松懈使他强健的体魄一下子垮了下来。他没想到自己会中风，右半身瘫痪，不能下地行走，说话也不连贯。肯尼迪听说父亲得了中风，有生命危险，立刻乘坐"空军一号"飞往佛罗里达。当他赶到父亲身边时，老人虽然没有失去知觉，但一开始却认不出儿子。接下来的三天，他只有一天认出了儿子，试图与儿子说话，却不能明确流畅地表达。后来又两次心脏病发作使得他的偏瘫更加严重。

父亲的病痛使肯尼迪很难过，对他心理上的打击也很大。老约瑟夫依赖他人照料最基本需求的情形，让肯尼迪痛苦地想到了自己孱弱的身体。他觉得，来日并不方长。以前觉得时光漫长，陪伴家人和朋友的时间会有很多，直到亲人逝去、朋友离开，才发现时间悄然流逝得那么快。快到失去时，才发现有太多的事来不及做，有太多的话来不及说出口，有太多的情来不及表达。作为总统，肯尼迪夜以继日地为国家大事奔劳，似乎忘记他自己也是一位病人。他想到了哥哥小约瑟夫，一位英年早逝的抗战英雄；美丽动人的大妹罗斯玛丽，郁郁寡欢，没有自己的思想，虽生犹死；二妹凯瑟琳，这个肯尼迪家族最高傲的公主，因飞机失事而香消玉殒……每一个生命都是上帝设计的一个玩物，包括他自己。他想到了母亲罗斯，她性格独立、充满幽默感却又那么的高高在上，对每个孩子一视同仁，严厉远多于慈爱，几乎没有什么事情能让她感动。他还想到了自己的孩子，他与杰奎琳所生的第一个孩子，（1956年）出生不久就夭折了。女儿卡罗琳·肯尼迪[①]出生于1957年，让他欣慰的是，她自幼聪明伶俐，活泼可爱，更重要的是她很健康。后来她被人们称为"全国的宝贝"。他们的第三个孩子小约翰·肯尼迪[②]生于1960年。他最大的愿望就是希望这个儿子能健康成长，而其他一切都不像肯尼迪家族数代人想象的那么重要。

有的时候，肯尼迪认为自己是天下最大的不幸者，因为他更多的时间是用来战胜病痛而不是享受美好的生活，这使他从小就尝试过多种获得快乐的办法，尤以拈花惹草最为拿手。当上总统后，他一时忘了自己是个病人，而这一年让他更清楚这个世界离核战争有多么近，离死亡多么近，这一点更加激发了他的欲望——要最充分地享受生活，或者说要尽可能多地享受放纵的私生活。

巧合的是，一向维护他美好形象的父亲病倒了，那些对肯尼迪私下的放纵行为不满的人、那些设法把他打败的政敌，开始给这位年轻的总统找麻烦了。他们把能够搜罗到的所有关于肯尼迪的风流韵事一一抖了

[①] 卡罗琳·肯尼迪（1957— ）：律师、作家，约翰·肯尼迪之女，是肯尼迪家族中形象最好的一位，被美国人称为"全国的宝贝"。2013年10月16日出任美国驻日本大使。

[②] 小约翰·肯尼迪（1960—1999）：约翰·肯尼迪之子，做过检察官，创办了《乔治》杂志。在公众眼里，他在责任心、财富和个人外形上都沿袭了父亲，曾被《人物》杂志评为"美国最性感的男人"。1999年7月16日驾机出行时坠毁在大西洋，飞机失事原因至今不明。

1957年，美国总统肯尼迪与夫人杰奎琳及女儿卡罗琳·肯尼迪合影

出来，一时间，关于肯尼迪的绯闻满天飞。

据称，肯尼迪与数十名妇女有染，已被有心人查证属实的包括他的妻子杰奎琳的新闻秘书帕梅拉·特纳、本·布拉德利[1]的弟妹玛丽·平肖·迈耶、被人们戏称为"闲聊"和"胡扯"的白宫的两个秘书、因与黑帮头目萨姆·詹卡纳关系密切而受到联邦调查局严密监视的朱迪思·坎贝尔·埃克斯纳，以及一个大学二年级"又高又苗条的漂亮"女生，还有两个暑假在白宫新闻办公室工作的实习生。此外，还有总统私人助理戴夫·鲍尔斯花钱请来的包括玛丽莲·梦露在内的好莱坞大明星和小明星以及应召女郎。有人公开指责说，鲍尔斯是个宫廷小丑的角色，为肯尼迪提供放纵的机会，为他在加利福尼亚的各个饭店和游泳

---

[1] 本·布拉德利（1921—2014）：美国《华盛顿邮报》前执行总编，曾负责审阅"水门事件"报道，被誉为美国最伟大的记者之一。在他的带领下，《华盛顿邮报》由地区报纸转型为国际大报，是美国目前最具活力且备受尊敬的报刊之一。

池、在白宫安排幽会。

不过，肯尼迪当上总统后传出的众多情人中，人们能够找到确切"证据"的恐怕也只有三四人而已。其中一位叫米米·艾尔福德，据说她与总统维持了18个月的私情，而这段私情在肯尼迪生前并没有被披露，人们所持的主要"证据"是米米·艾尔福德在69岁时撰写的回忆录《曾经有个秘密：我和约翰·肯尼迪总统的私情和结局》。书中讲述说：19岁的她于1962年夏天进入白宫，找到了一份实习工作，在白宫工作的女性中，她是最年轻的，且出身不错，外表靓丽、身材苗条、举止优雅，所以她对大多数男性很有吸引力。实习四天后的中午，她受邀去白宫游泳池游泳，在那里，邂逅了英俊的肯尼迪总统，整个夏天，45岁的肯尼迪几乎每天都要在这里游泳以缓解慢性背痛。当他得知她是白宫新闻办公室的实习生后，便让自己"最好的朋友"兼私人助理戴夫·鲍尔斯来邀请她参加当天的聚会。在聚会中，肯尼迪像年轻时一样，对她大献殷勤，还表示要亲自带她到白宫各处进行"参观"。

参观了几个房间后，肯尼迪毫无顾忌地将她带进了"第一夫人的房间"。"我注意到他朝我靠得越来越近，我的脖子能感觉到他的呼吸。他把手放在我的肩膀上。"她回忆说。接下来的事情让她感到羞惭万分，他直视她的眼睛，并把她带到床边。"慢慢地，他解开我的衬衣式连衣裙，让它从我的肩膀上脱落……"她能闻到他身上古龙香水4711的味道。

米米已经预感到将要发生什么，她做出了"反抗"的举动，但内心却一点也不抗拒，甚至充满期待。因为"事实上，美国最有名、最强大的男子要占有我，我拒绝他的要求是不可能的"。当狂风暴雨过去以后，肯尼迪问："你以前没有做过这种事情吗？""没有！"她说。她简直无法想象他们的"恋情"竟是从强行发生性关系开始的。此后，米米成了肯尼迪的秘密情人，他们开始了频繁的幽会。幸运的是，她从未与第一夫人杰奎琳相遇，她觉得自己是在初恋，因此并不感到内疚。

米米在她的书中写到，肯尼迪是个多变、有趣的人，他有时很诱人和俏皮，有时"疯狂起来犹如他拥有世界上的所有时间"。他会在浴缸里玩游戏，或者躺着听流行音乐，尤其是托尼·贝内特和弗兰克·西纳特拉的歌曲。游泳池是他们嬉戏的主要场所，偶尔他也会在厨房教她炒鸡蛋。

暑假结束后，米米回到了惠顿女子学校。作为临别礼物，米米送给肯尼迪一张唱片拷贝，上面放着她收集的叶子。她说："总统先生，我想让你记得我。"肯尼迪承诺会用化名"迈克尔·卡特"与她联系。米米常会听到从白宫打来的电话，她接听电话后，就会有一辆专车接她"进宫"。但她每次进宫都是来去匆匆，能感觉到肯尼迪的压力很大，特别古巴导弹危机几乎让他崩溃。

她清楚地记得，那年秋天肯尼迪为排解古巴导弹危机的苦闷开了一次性爱派对，地点是在美国歌星、演员平·克罗斯贝的庄园。米米还提到这样一个细节：有人将一只盛着"催情药"胶囊的碟子在客人中间传递，当碟子传到肯尼迪身边时，肯尼迪问米米想不想尝试一下这种药，据说这种药能刺激心脏，同时增强性欲。"我回答说不，他却不顾我的反对，打开一粒催情药胶囊，并将里面的粉末搁到我的鼻子底下，而他自己并没有尝试这种药物。这是一种全新的感觉，我感到害怕，并哭着跑出了房间。"

但她承认，肯尼迪在与她偷情的18个月里，一直只把她当作"性伙伴"，从来没有亲吻过她，米米也从来没有亲昵地喊过"杰克"这个名字，即使他们在床上时，她也仍然称他为"总统先生"。她甚至无法确认自己算不算他真正的情人，所以半个世纪过去后，她已经成为"奶奶"级人物了，才有勇气将这段铭心刻骨的往事披露出来。尽管不一定与事实真相完全相符，但人们更愿意相信这是真的。

在对待总统情人这件事上，第一夫人杰奎琳是大度宽容的。她似乎对婚姻里的一切都视而不见，她有她的活动圈子。她参加各种政治活动、慈善活动、娱乐活动，生活丰富充实。而且，她总是在维护着肯尼迪的形象，他在白宫之所以受到新闻界和公众的青睐，部分原因是他和杰奎琳给白宫带来的魅力。美国人看到在肯尼迪的领导下，美国不仅正在重新树立世界强国的地位，而且还是进步型高品位的新中心；这个国家不仅生活水平最高，而且总统和第一夫人毫不逊色于欧洲的老牌贵族。但是，肯尼迪身上一直存在着"老毛病"，而杰奎琳谨小慎微地避免与他在他亵玩女性问题上当面冲撞，也促使他将这种担忧抛在了脑后。如果说她对肯尼迪及其情人有过嫉恨的话，唯一能证明这一点的只有一个人，那就是大名鼎鼎的国际巨星玛丽莲·梦露。

肯尼迪与梦露的故事发生在实习生来白宫之前。1961年，在肯尼迪等人结束对加拿大的访问时，肯尼迪和杰奎琳跟迎宾队伍中的人们道别，看到迎宾队伍中有一个"金发小娇娃"，杰奎琳立刻"愤怒地转身"，用法文对站在她身后的总统军事顾问戈弗雷·麦克休和私人助理戴夫·鲍尔斯说："你们为我丈夫招募了这个女人难道还不够糟糕，接着你们还要羞辱我，让我跟她握手吗？"

梦露是全世界人心目中的女神，她头上的光环比第一夫人还要耀眼，这自然也是杰奎琳忌妒她的一个原因。不过，梦露身世坎坷，一生跌宕起伏，即使是在进入演艺圈之后，她的明星之路也是坎坷艰辛多于欢娱幸福。1926年6月1日，梦露生于加州洛杉矶市，本名诺玛·琼·贝克。在她出生前，父亲买了辆摩托车，然后骑上它，一路向北，朝旧金山而去，再也没有回来，因此在她心目中父亲的形象永远模糊。她的母亲是一个贪图安逸的人，丈夫走后她失去了抚养孩子的能力，成天跟一些不三不四的男人混在一起。后来她又生了几个孩子，但并不知道孩子的亲生父亲是谁。

诺玛从小被寄养在博朗代夫妇家。1935年被送进孤儿院。1937年11月，她来到加利福尼亚的安娜姨妈家，这一年她12岁，不久遭到表哥的性侵。1942年，16岁的她与大她4岁的詹姆斯·多尔蒂结婚，第一次有了自己的家。1944年，因为丈夫应征入伍，她进入一家飞机无线电设备制造厂工作以糊口，但丈夫以不满于她的新职业为由与她离婚了。次年，诺玛20岁的时候，当起了泳装模特。她凭借匀称的身材和姣好的面容赢得了人们的青睐，她的靓照在一些好色之徒的手中流传。有位电影导演请她试镜，但嫌弃她的嘴太大，她的经纪人便建议她选择更具规模的二十世纪福克斯电影公司。1946年，诺玛被福克斯电影公司的老板看中并为她取了艺名——玛丽莲·梦露。

有了艺名不等于出了名。梦露最初只演一些不起眼的小角色，因此挣的钱非常少，以至于日常花费都不够。为了不让自己的汽车被拍卖，她答应拍裸照，仅仅为了挣50美元。直到进入20世纪50年代，她才因主演《飞瀑怒潮》《妙药春宵》《七年之痒》而挣得名气，尤其是在《七年之痒》中，她站在地铁口的镂空铁板上，下面刮上来的风把她的裙子吹得鼓胀起来，成为影片里最著名、最具有代表性的镜头，由此，她一步步奠定了银幕性感女神的形象。但她并不满足于演"白痴美人"一类角色，1953年开始新的尝试，在电影《尼亚加拉》里第一次担任女主角，这部卖座率极高的电影使她一跃成为一流明星。

1954年，梦露与著名棒球健将乔迪·马吉欧结婚。可是马吉欧的占有欲特强，想美色独享，不爱受人限制的梦露只能与他分道扬镳。梦露在电影里多次以花瓶角色演出后，开始想追求更进一步的演艺事业及摆脱自己"浅薄金发美女"的形象。从1956年开始，她的事业更上一层楼。她与摄影界大腕米尔顿·格林开创了"玛丽莲·梦露电影制作公司"，后来制作了两部高水准作品《公共汽车站》《王子与舞女》。1956年7月，梦露再嫁著名剧作家阿瑟·米勒[①]。

肯尼迪是在1954年认识梦露的。这年夏天的一个晚上，彼得·劳福德（肯尼迪的妹妹帕特里夏之夫）安排肯尼迪和杰奎琳出席著名经纪人查尔斯·费尔德曼在家里举行的一次宴会。梦露和她新婚六个月的丈夫马吉欧应邀参加了这个宴会。在招待会上，肯尼迪的双眼始终盯着梦露，使她感到非常兴奋。马吉欧注意到了这种情形，他挽住梦露的胳

---

① 阿瑟·米勒（1915—2005）：美国剧作家，与尤金·奥尼尔、田纳西·威廉斯并称为20世纪美国戏剧三大家。主要作品有戏剧《推销员之死》《萨勒姆的女巫》等。他花六周时间写成的《推销员之死》得到了包括普利策奖在内的三大奖项，为他赢得了国际声誉。

脯整整 2 分钟，拉住她要她回家。他直言不讳地说："对不起，我对这一切受够了。"然而梦露却装出一副全然不知的样子。

1955 年年初，肯尼迪与梦露开始交往，当时她正与马吉欧闹离婚。在等待法院做出裁决的时候，她主动与风流倜傥、最有前途的年轻议员肯尼迪约会。肯尼迪对美女从来都是来者不拒，何况是声名鹊起的人们心目中的女神。有过亲密接触之后，肯尼迪发现她的金发、红唇、唇边的小痣、说话唱歌的腔调都是那么的特别和迷人，尤其当她嘟着一张阔嘴时，全世界都在这种坦率、直露的性感面前发晕了。肯尼迪身陷情网之中。梦露虽然有了第三任丈夫阿瑟·米勒，但很多时候她却会离开他们的康涅狄格州农场，驾车去纽约曼哈顿与担任国会议员的肯尼迪约会。

那个时候可能只是婚外偷偷情，两人真正走出实质性（谈婚论嫁）的一步，则是从 1961 年劳福德在圣莫尼卡举办的那次豪华圣诞晚会开始的。那时肯尼迪已经就任总统，忙里偷闲去西海岸洛杉矶的圣莫尼卡海滩休假放松一下。第一夫人杰奎琳则在东海岸海恩尼斯港。当时正是梦露最消沉的时候，劳福德跟她是同一个圈子里的朋友，自然也邀请了她。据说，当晚梦露从灯火辉煌的客厅中溜出来，与肯尼迪双双进入劳福德家中最大的一间卧室。沐浴之后，两人同床共枕欢爱了一个小时。这样私密的事情是一个叫弗雷德·奥塔什的私家侦探窃听到的，他在劳福德家中安装了窃听器，捕捉到了他们之间极其火爆的调情和做爱场面。他还暗示说，他们不仅讨论了结婚大事，还谈到了国家机密。

正因为如此，美国情报部门开始关注梦露与肯尼迪的幽会，想探知他们到底是什么关系，梦露有没有可能是搞情报的特工。肯尼迪似乎也察觉到了什么，不断变换与梦露幽会的地点。在东海岸的海恩尼斯港别墅，在南海岸的棕榈泉，在西海岸的圣莫尼卡海滩，都留下了他们的浪漫故事。可是，越是这样躲来躲去，那些搞新闻的狗仔和搞情报的特工对他们越感兴趣。在棕榈泉，梦露给按摩师打电话被窃听了；在卡莱尔大酒店，化了装的梦露还是被人偷拍到；在圣莫尼卡沙滩，他们偷欢的细节被情报部门所掌握。有报纸开始披露一些相关消息，虽然大多只说是"一夜情"，却使得第一夫人也开始关注事态的发展了。

1962年5月19日，在肯尼迪庆祝45岁生日的庆典上，梦露不顾众人反对，穿一件价值1.2万美元的华贵的低胸礼服出场，在麦迪逊广场舞台上倾情奉唱《生日快乐》。"总统先生，祝你生日快乐。"她沙哑的嗓音攫住了所有人的心，千百人的目光注视着她。白宫摄影师斯托顿拍到了肯尼迪与梦露在一起的照片，将时间定格在了那一刻。

梦露还送给肯尼迪一块劳力士金表，在背面镌刻下自己的心声："杰克，梦露永远爱你。1962年5月19日"。表盒上有一首情诗："让相爱的人呼吸他们的叹息，让玫瑰盛开、音乐响起，让激情焚烧我们的嘴唇和眼睛。让我爱你，否则不如死去！"还有人看见他们站在一个书房里交谈了很久，梦露脸上露出灿烂的笑容，可见他们的关系非同寻常。

庆生会之后，流言四起。有关肯尼迪与梦露之间的风流韵事，令白宫甚为尴尬。肯尼迪让现在在他的政府里任职的一个记者发起了一场制止流言的运动。但是，劳福德亲口证明肯尼迪与梦露的关系已经远远超出了一夜情，梦露已不能自拔，"几乎迷上杰克。她给自己编织了许多梦幻，有的简直是妄想：她想取代杰基（杰奎琳）成为第一夫人，想跟肯尼迪生孩子。她除了是妄想狂外，还是个卑鄙的小娼妇。她曾直接打电话给杰基，要杰基把位子让出来"。据说，杰奎琳第一次对肯尼迪的情人做出正面反击："玛丽莲，你要嫁给他，好啊！那你搬到白宫来，你来承担第一夫人的责任，我走，把所有问题留给你！"

直到这时，肯尼迪才意识到事情的严重性。他的妹妹帕特里夏说："她（梦露）与总统的这种关系是她一生中最严酷、最可怕的关系。梦露没有搞清楚，肯尼迪和她共眠不是出于爱慕而是出于虚荣，他想拥有当今最性感的电影明星，她对他只是一个性象征，别无他求。"肯尼迪想尽快解决因此事带来的麻烦，便请他的弟弟罗伯特去说服梦露，让她就此结束他们的关系。罗伯特真的去找梦露谈了，至于谈了什么，罗伯特有没有陷进梦露的情网，或者罗伯特有没有顿起杀心，再或者梦露有没有被黑社会所利用向肯尼迪探听政坛内幕和其他国家机密，这一连串的疑问都是一个谜。尽管有人言之凿凿地说已经破解了这些谜底，仍让人难以相信。

1962年8月5日，一代性感女神梦露裸死在洛杉矶布莱登木寓所的卧室里。人们根据现场留下的药瓶，初步断定她是服用安眠药自杀。但很多人不愿接受这一事实，又使疑窦丛生。人们把梦露的死因说得很诡异很神秘，留下了很大的遐想空间。

肯尼迪在决定与梦露断绝关系时，曾向夫人杰奎琳表示准备改邪归正，撇清与所有情人的关系，为的是"让白宫保持洁白"。他与杰奎琳的关系渐渐好转。他与那些乱七八糟的情人确实很少来往了，仅在白宫找了一个性伙伴，也就是那个实习生米米·艾尔福德。

梦露死后不久，杰奎琳又怀孕了，这证明他们已不像以前那样长期相互躲避。1963年6月26日，他们的第三个孩子（早夭的不算在内）帕特里克·布维尔·肯尼迪出生，这个男婴早产了五周半，出生时仅重4磅10.5盎司，也患有哥哥约翰出生时同样的呼吸系统综合征，两天后便夭折了。

儿子夭折对肯尼迪夫妇的打击很大。杰奎琳已进入高危妊娠年龄，不大好再孕了，此后她变得忧郁起来。为了调节情绪，她接受希腊船王亚里士多德·苏格拉底·奥纳西斯①发出的邀请，准备在夏季结束之前到希腊游览各岛。

在这场磨难中，肯尼迪几乎从未向身边的人流露出感情。但他的一名随从后来回忆，松开孩子冰冷的小手，返回医院的休息室后，泪水无声无息地铺满了这位父亲的面庞。肯尼迪生前最后几个月，被丧子之痛

---

① 亚里士多德·苏格拉底·奥纳西斯：希腊海运巨子，被称为希腊船王。与其巨额财富相比，他的风流史更为出名，他与杰奎琳·肯尼迪的一段婚史为人津津乐道，他与著名女高音歌唱家玛利亚·卡拉斯的爱情也被很多人讲述，并被多次搬上银幕。直到今天，他遗留下来的庞大事业还在运转。

折磨得心力交瘁。而这个时候，国家依然处在非常危险的紧要关头。

2. 与死神相会于达拉斯

1963年，肯尼迪显得比任何时候都要忙碌，几乎要成为一个"飞行总统"。

为总统配置专机始于罗斯福，第一架总统专机是波音314"飞剪"号（绰号之一）水上飞机，于1943年载着罗斯福秘密飞往卡萨布兰卡与英国首相丘吉尔会晤，制订了盟军进攻欧洲大陆的计划。1944年，美国军方为罗斯福设计改装了一架新专机——将道格拉斯公司生产的C-54四引擎螺旋桨飞机加装自动升降梯，绰号为"神圣的母牛"。

在罗斯福之后，杜鲁门总统的专机为"独立"号，在这架专机上发生的重大事件是签署了《国家安全法》。为了炫耀一下自己的专机，杜鲁门让飞行员冲着白宫做了两次"俯冲-投弹"动作，他的妻子和女儿在白宫楼顶观看了这次奇特的"飞行表演"。

艾森豪威尔就任总统后，使用的第一架专机（据说他有两架专机）是普通的四引擎螺旋桨驱动的"星座"号飞机。他有个疯狂的想法，企图做一次影响全世界的环球飞行，为期18天。

进入肯尼迪时代，即使是飞机也给人焕然一新的感觉。肯尼迪的专机是喷气式的，型号为波音VC-137，尾号为26000。更为炫目的是，在这架飞机的涂装上，书写的"美利坚合众国"的字体与美国《独立宣言》的字体一致。同时在机头附近两侧都涂上了美国总统的徽记，机尾则喷涂一面大比例的美国国旗。在杰奎琳的建议下，机舱以艺术品装饰，机身也涂成了更加柔和的蓝白相间，直到今天，"空军一号"的外表仍沿袭杰奎琳的设计。肯尼迪首次将"空军一号"之称公开，并使总统出行全面走向现代化。但从来不允许记者拍摄"空军一号"总统专机的内景，因为这看起来"像有钱人的飞机"。此后，"空军一号"成了总统专机的代名词，成为联系总统与大众的一条重要纽带，电视上经常播出他的专机起降的精彩镜头。如今"空军一号"已经成为美国权力的象征，美国领导力的国际图腾。美国总统从登上那架飞机的一刻起，那架飞机（不管任何型号）就成了"空军一号"。

肯尼迪的专机被公开后，人们若想知道他的行踪，大部分时间只要跟踪"空军一号"就够了，这也给肯尼迪的出行安全带来了隐患，但肯尼迪似乎并没有想那么多，有太多的大事要事等着他去做，他还从来没有为自己的出行安全考虑过。他只为自己的疾病担忧，尤其在他的父亲中风后，他对疾病的恐惧远远大于包括核武器在内的其他任何威胁。有一次，他在看望瘫痪的父亲后，对一位要好的昔日同窗好友说："我自己宁愿速死，也不愿像父亲那样因中风而半身不遂，苟延残喘。你永远不知道什么会击倒你。一颗子弹是最好的解决办法。"没想到竟一语成谶，不到五个月，这句话就灵验了。

1963年下半年，肯尼迪显得格外忙碌。

6月10日，肯尼迪在白宫签署男女同工同酬法令。同日，他在美国大学发表"和平方案"演说，促进美苏终止核武竞赛。

6月11日，肯尼迪在白宫召开圆桌会议，与幕僚们商谈推动国家警卫计划，强制阿拉巴马大学让黑人学生入学；还讨论了欧洲之行的相关事宜。

6月26日，肯尼迪在西柏林发表著名演讲，题为"我是一个柏林人"。

6月28日，肯尼迪飞往爱尔兰访问了科克市。

8月28日，首都华盛顿举行了25万黑人和白人同情者参加的争取就业、争取自由的"自由进军"。马丁·路德·金在林肯纪念堂前发表《我有一个梦想》的演说。当天，肯尼迪接见了集会人员代表。

8月30日，美俄热线开通，肯尼迪接通克里姆林宫与赫鲁晓夫对话。

10月7日，肯尼迪在和约厅签署美、苏、英三国共同签订的《禁止在大气层、外层空间和水下进行核武器试验条约》。

10月26日，肯尼迪在阿美士德学院发表演说："我期待一个优雅美丽的美国……它对艺术与商业同样重视。"

11月13日，肯尼迪和夫人杰奎琳与1700个华盛顿区的儿童一起在白宫草坪上欣赏苏格兰风笛表演。

11月16日，在佛罗里达州卡纳维拉尔角航天中心，冯·布劳恩博士向肯尼迪及佛罗里达参议院的乔治·斯马瑟斯介绍土星火箭。

11月22日，在得克萨斯州福特沃斯，肯尼迪接见了支持自己的民众。

11月22日上午11点40分，肯尼迪的专机"空军一号"到达达拉斯-沃思堡国际机场，副总统约翰逊夫妇搭乘另一架飞机同时抵达。

达拉斯是得克萨斯州第二大城市，是美国西南部金融和工商业中心，素有"西南部的纽约"之称。然而，达拉斯贫富悬殊造成种族矛盾尖锐，抢劫、盗窃、暗杀事件层出不穷。肯尼迪此行的主要目的是促成喜争好斗的得克萨斯州民主党人的团结。

这天达拉斯的天气非常好，秋高气爽，风和日丽。数百名支持者早就等候在机场，人们尽情地喊着总统夫妇的名字："杰克！杰基（杰奎琳昵称）！"好天气和热情的气氛让肯尼迪夫妇也不禁开心起来，他们和人们握手致意，在机场停留了约10分钟。

11点50分，肯尼迪一行乘汽车从机场去达拉斯市区，他将在世界贸易中心发表一篇演说。

总统车队由16位骑摩托车的警卫开道，肯尼迪夫妇和得克萨斯州州长约翰·康纳利①夫妇同乘林肯特装版豪华敞篷汽车，肯尼迪坐在后座的右侧，杰奎琳坐在后座的左侧。在中间一排可以折叠的两个座椅上，右面坐着州长康纳利，左面坐着州长夫人。驾驶员是联邦政府特勤局特工处特工威廉·格里尔，他的右侧坐着特工处的头目罗伊·凯勒

---

① 约翰·康纳利：美国政治家，在肯尼迪政府历任海军部部长、得克萨斯州州长。后在尼克松政府任财政部部长。1979年竞争总统提名失败，开办某石油公司，后公司破产。

曼。在专为总统座驾设置的两侧踏板上,各站着两名特工。副总统约翰逊夫妇坐在后面的一辆轿车上。

达拉斯市并不大,总统车队将要经过的路线是东西向的中央大道与南北向的休斯敦大道垂直交叉处的迪利广场。过十字路口沿中央大道斜坡向西,路口东南角是"第一家园"大楼。路口东北角,相距两座楼,有一条小街道与休斯敦大道相交,这条街叫埃尔姆街。在休斯敦大道与埃尔姆街交叉口的西北角,是一座七层的红砖楼房,是教科书仓库(后更名为"第六楼博物馆")。整体来看,休斯敦大道南边由美茵街、埃尔姆街和商业街并行,构成了迪利广场。

车队进入市区后速度减缓到15~20公里,大街上人头攒动,气氛极其热烈,超过30万市民在街道两旁欢迎他们。车队从欢迎的人群中间缓缓驶过。肯尼迪满面春风,不断向人群挥手致意。看着路旁热情的民众,杰奎琳对丈夫说:"你看,你看,达拉斯人多爱你呀!"肯尼迪回答说:"这很明显嘛!"这成了美国第35届总统肯尼迪的最后一句话。

不一会儿,总统车队由东向西驶至中央大道和休斯敦大道的交接处,可以看见两个三角形地面空旷的草坪——迪利广场。欢迎的人越来越多,车速逐渐放缓。12点28分,总统车队向右拐驶上休斯敦大道,向北经过两栋楼,到十字路口又向左,拐上埃尔姆街,沿斜坡向西南以每小时大约11.2英里的速度前行,如果通过了前面的铁路立交桥,只需4分钟,就将到达肯尼迪要参观并发表演讲的交易中心。

12点30分,肯尼迪乘坐的林肯车已经驶过了教科书仓库前面的那棵橡树,这时在嘈杂的人声中,突然响起尖厉而令人震惊的声音。保护总统的特工们在5秒钟的时间里,听到连续几声枪响,却搞不清枪声来自何方。

一听到枪声,林肯车上的州长康纳利立即转身向后看,他不知道枪手开了几枪,只觉得背上被锤子击了一下。他低头看到自己的膝头溅上了自己的鲜血,知道自己受了伤,于是绝望地喊道:"啊,不,不!不!

我的天啊！他们要杀死我们大家！"第一声枪响时，肯尼迪也没有反应过来，第二声枪响后，他才感觉到自己的后颈被击中了，正想要躲避，就在他抬手去摸后颈（也可能是想用手保护头部）时，接着又一枪击中他的脑壳，他一声未吭地倒在杰奎琳的怀抱里，头部与颈部的伤口血如泉涌，洒满她那玫瑰色的长外套，鲜血溅到康纳利夫妇身上，溅到了司机格里尔和特工凯勒曼身上。杰奎琳惊恐地喊道："我的天啊，这是怎么回事！我的天啊，他们杀死了杰克，他们杀死了我的丈夫。杰克！杰克！"她吓得手足无措，慌乱中试图爬上汽车后盖，伸手去够一块被炸飞的头骨。特工克林顿·希尔朝总统座驾飞奔过来。

总统侍卫车临时加座上的警察切尼站起来，朝总统座驾看了看，冲着特工头目凯勒曼大喊："总统中枪了！"凯勒曼终于有了自己的判断，立即命令司机："离开这儿，我们遭到了袭击！"司机格里尔加快车速。接着，凯勒曼用无线电通知前面的向导车："立即带我们去医院！在林肯车上，总统受伤了，康纳利州长也受伤了。"负责警卫的警察和特工们立刻分成三拨，一拨跑向枪声传来的方向——背后的楼房，一拨冲向前面的草坪，其余的人展开紧急救援。在群众惊慌尖叫之际，总统车队警笛长鸣，向4英里外的帕克兰医院全速驶去。

肯尼迪被送进了帕克兰德医院一号手术室。杰奎琳扶着他的头走在旁边，她的粉红色长外套上沾满血迹。医生们紧急行动起来，参与抢救的医师和护士达15人。杰奎琳被请出抢救室后，对一位白宫助理说："找一位神父来。"这位助理立即把这个要求告诉院长助理普赖斯，普赖斯给附近的圣三一罗马天主教堂打了电话。

与此同时，特工们对枪声传来的方向展开了严密搜索，在一座七层楼房（得州教科书仓库）第六层的一个房间里发现了一支步枪，型号是意大利产卡尔卡诺M91/38手动来复枪，上面装有瞄准器，旁边还有几个弹壳。冲向前面草坪的特工认为那里也有枪声传出来，但搜索后一无所获。

在帕克兰医院，神经外科医师威廉·克拉克赶到后，仔细察看了肯尼迪的头部，然后对另一位医师马尔科姆·佩里说："太迟了，麦克。"

监视输氧装置的医师无奈地关掉了氧气阀门，随后，一个医护人员用一张白色床单轻轻盖住了肯尼迪的身子和脸。抢救工作到此结束，其余的事交给牧师去做。两个白宫助理搀扶着杰奎琳走进手术室，站立在丈夫躺着的手推车边。他的脚露在外面，杰奎琳伸出手摸了一下肯尼迪已经冰冷的脚，随后俯身吻了一下。匆匆赶来的神父则走向肯尼迪的头部旁边，用拉丁语吟诵临终诵词。杰奎琳揭开床单，俯下身子吻了一下丈夫的额头，然后拿起丈夫的右手，用双手握住它，把它贴在自己的脸颊上。1点35分，合众国际社的电传打字机向全世界敲响了丧钟。

差不多同一时刻，嫌疑犯李·哈维·奥斯瓦尔德在影院中被警方抓获，初步认定他为刺杀总统的凶手并由得克萨斯州警方监管。

1963年11月22日，在美国前总统肯尼迪遗孀杰奎琳的见证下，副总统林顿·约翰逊在"空军一号"上宣誓就职

下午3点38分，副总统约翰逊在"空军一号"飞机上宣誓就任总统之职，杰奎琳穿着那件沾有血渍的粉色长外套站在新总统身旁，看不出她是极度的悲痛忧伤还是惊异悲愤。9分钟后，专机起飞前往华盛顿

的安德鲁斯机场。两个半小时后,约翰逊在安德鲁斯机场发表了他就任总统后的第一次电视演说,然后乘直升机飞往白宫。

当天晚上,杰奎琳与肯尼迪的部分随行人员跟着灵柩来到贝塞斯达海军医院,等候尸体的解剖结果。过了大半夜,尸检结束后,肯尼迪的灵柩于11月23日清晨4点34分运进白宫,停放在东厅的灵柩架上。灵柩上面覆盖着一面美国国旗,杰奎琳跪在它的旁边,她的脸深埋在星条旗上的星群中。这一天听到噩耗的华盛顿市民、全体美国国民,和杰奎琳一样,都沉浸在无比悲痛之中。

法医的尸检报告和现场勘查报告很快出来了,分析做出的结论是:疑犯奥斯瓦尔德在总统座驾右背后80多码的得州教科书仓库六楼开枪射击,第一发子弹射空,第二发子弹——一颗6.5毫米的子弹从肯尼迪的后颈射入,穿过他的气管,从喉咙下方穿出,在他的领结上开了个小口子。这颗神奇的子弹又沿着发射轨迹穿过康纳利州长的后背、前胸、右手腕和左大腿(超惊人的一发两中)。但这并不是造成肯尼迪致命的伤,导致他立刻死亡的是击中他脑壳的第三颗子弹。但医生发现一个疑点:一个小孔(弹入点)在离总统前头骨很近的地方,子弹贯通这个小孔在其右后脑的脱出点(弹出孔)造成了很大的伤口。细心的人马上会意识到,肯尼迪乘坐的轿车由东向西南行驶,射击点在他右侧背后的西北角,那么,无论枪手作怎样的瞄准,子弹都只能从肯尼迪的右后脑或者正后脑射入,而不可能出现子弹从右后脑脱出的情况。也就是说,子弹极有可能是从左前方射入的,这也是为什么有特工冲向前面的草坪。但是,一些关于尸检的报告并没有引起太多人的注意,或许是因为人们当时都太悲痛了。后来人们想找到最初的报告,一些被称为"不可理解"的音像资料却被销毁了。

11月24日早晨,覆盖着星条旗的灵柩从白宫大厅中移出,放在四匹马拉的炮车上,沿着宾夕法尼亚大道前往国会大厦。前面走着一匹没有人乘的马,马镫里放着一双倒悬的皮靴,象征着一位死去的首领。前来悼念的亲友走在队伍的前面。这天,从早上一直到深夜,成千上万的群众从四面八方赶来，排在大厦外悼念被严密看守着的棺柩里的亡魂。

这个时候，又传来一个令人难以置信的消息：凶手李·哈维·奥斯瓦尔德在被转移到另一个监狱去时，遭到一个名叫杰克·鲁比的达拉斯夜总会老板枪击而毙命。这让所有爱动脑子的美国人疑窦丛生，要求政府对整个事件给一个说法。总统约翰逊便成立了一个以最高法院院长厄尔·沃伦为首的调查委员会。

11月25日，在国会大厦圆形大厅，超过90个国家（包括苏联）的代表和超过25万群众，前来向肯尼迪致以最后的敬意和哀悼。其中包括8位国家元首、10位总理（首相）以及大批各国政府要员。杰奎琳和6岁的女儿卡罗琳向肯尼迪的灵柩跪拜吻别。就在灵柩即将移走的那一刻，让人无比心碎的一幕出现了：3岁的小约翰·肯尼迪挣脱母亲牵着的手，举手向父亲的灵柩行军礼，向父亲作最后的告别。

上午11点，肯尼迪的灵车开往圣马修斯大教堂。枢机主教理查德·库欣做完追思弥撒后，灵柩被送到阿灵顿国家公墓，并被安葬在一个特制的地下墓穴里。肯尼迪将一大堆未竟的事业和未了的心愿留给了后来者，但愿他能在此放心地安然长眠。

3. 多余的一声悲叹

年轻的肯尼迪总统虽然回归尘土，但在美国民众心目中，他作为美国新一代国家领导人的朝气蓬勃、谈吐优雅、精明干练的形象却不可磨灭，最终作为一个时代的偶像永远定格在了美国国民记忆中。

从肯尼迪遇刺的11月22日到26日整整四天，美国三大电视网不惜代价中断包括商业节目在内的其他节目，24小时连续报道这一事件。80%以上的美国人几乎一直守在电视机前观看这一连环谋杀案的重播，观看阿灵顿国家公墓为肯尼迪举行的葬礼以及有关肯尼迪的纪录片。"对这一突发事件的报道使美国人第一次认识到电视的魅力。"

专题报道经过当时最先进的媒体——卫星电视，传送到了欧洲和日本共13个国家，无论是传播技术手段还是内容都令全世界大受震撼。对于美国民众来说，不仅是表达他们的沉痛悼念，也表达了他们心中的疑虑和困惑，他们迫切地想知道他们想要的答案。

肯尼迪去世后10个月，沃伦的调查委员会提交了多达4600页的800份报告。委员会最后的报告长达912页，洋洋洒洒共29.6万字，再加上照片和图表，以及证据、证言和其他文件共25册，总字数达百万之多。但是，包括美国国内和国外关注此事的许多人在内都不相信这份官方的报告是绝对真实的，他们通过各种方式和途径对肯尼迪被刺杀一案展开了调查考证，从中找出了许多疑点和悬念，并进行了深入透彻的分析及推演论证，得出了各自的结论。但是，哪一种才是这一事件的全部真相呢？至今仍没有哪一种版本真正令人信服。虽然时间过去很久了，但人们无不对这位英年早逝的总统深感惋惜和遗憾，对这个震惊世界的悲惨事件恐怕还会演绎出更多传奇的故事来，现有肯尼迪遇刺内幕详细细节描述的版本至少有36个。

但是，美国联邦政府于1964年下达一项法令，所有有关肯尼迪遇刺的资料将被封存至2039年。也就是说，政府希望民众随着时间的推移，渐渐将此事淡忘，即使将来公布的剩下最后一部分能被称为"最后内幕"，那也有可能真正的内幕早已被清理干净。因此，不妨将悬案的推测，也可能是接近真相的演绎略作介绍。

(1) 有关凶手李·哈维·奥斯瓦尔德

1939年10月，奥斯瓦尔德出生于新奥尔良，祖籍为古巴。父亲早亡，由于家境贫困，他曾在孤儿院生活，其母则与继父住在一起。18岁时已有22次搬迁，可谓居无定所。官方提供的资料显示，他因学习障碍只完成了初中，但一本宣传共产主义的小册子打动了年少的奥斯瓦尔德，他认识到，自己童年的悲苦并非因为家庭，而是"万恶的资本主义"带来的，实行社会主义制度的苏联则是全世界受压迫者的"避难所"。他17岁便加入军队，成为美国海军陆战队队员，并且是一名优秀射手（但没人肯证明这一点）。

1959年10月15日提前退役的奥斯瓦尔德以旅游者身份去了莫斯科，申请加入苏联国籍，但遭到拒绝。眼见留苏无望，奥斯瓦尔德欲自我了断，可割断静脉的他又被抢救过来。出院后，他径直跑到美国驻莫斯科大使馆，声明放弃美国国籍。被他"以死明志"打动的苏联当局同意了他暂留苏联的请求，安排他到明斯克无线电厂当电工。但他被同事们视为无用之辈，在射击俱乐部中测试的成绩总是最后一名，又爱跟人吵架，人缘很不好。苏联克格勃开始怀疑他来苏的目的，他的一举一动都逃不过克格勃的监视。奥斯瓦尔德觉得苏联并没有他想象的那么好，而且在无线电厂的生活枯燥单调，于是，他于1962年6月带着妻子玛琳娜·普鲁斯科娃和女儿，离开苏联回到美国。1963年3月，奥斯瓦尔德夫妇提出要回苏联探亲。苏联拒绝了他们的签证申请，因为苏方知道美国FBI（联邦调查局）也在调查这个人跟苏联的关系，并将其列为被监控人员之一。

由于奥斯瓦尔德与苏联有这些关系，因此有人认为，他是受苏联克格勃的指使实施暗杀。在举行肯尼迪葬礼时，苏联派米高扬和多勃雷宁前去悼念，当米高扬跟杰奎琳握手并转达赫鲁晓夫哀悼时，她哭了起来，说当天上午肯尼迪还在跟她聊起与苏联的关系，她说总统很少跟她聊政治话题，她相信美苏关系会继续和平向前发展。葬礼之后，杰奎琳给赫鲁晓夫写了一封亲笔信，重申亡夫对美苏关系的期望，苏共政治局传阅了该信。莫斯科当时为了应对最困难局面，准备了一份绝密报告，一旦美国官方指控苏联，那么就抛出报告。苏联的结论：这是一起美国国内的政治谋杀，有人想上台。1999年6月俄罗斯赠予美国的一摞"刺杀肯尼迪档案"显示，克格勃确实对此完全不知情。

苏联一直想撇清与这次刺杀事件的关系，美国人开始相信这是国内的一次重大政治事件。作为直接受益者，继任总统林登·约翰逊首当其冲成为被怀疑对象。

（2）有关副总统林登·约翰逊

对副总统持怀疑态度的人认为,在 1960 年的总统大选中,约翰逊就是肯尼迪的竞争对手,肯尼迪-约翰逊组合在执政期间,二人的政见又多有不同,而且,美国总统历来是垄断资本集团的代言人。肯尼迪的身后是北方马萨诸塞州的大财团,而约翰逊的支持者是南部的大财团和大农场主。1963 年 10 月,肯尼迪宣布要对税收政策进行改革,又触犯了石油垄断集团老板的利益,这也许就是他们决心干掉肯尼迪的重要原因之一。

人们由此联想到案发前后的很多细节。

其一,行车路线的改变是预谋还是临时决定?如果是临时决定,那么做决定的人是谁?达拉斯警察局的戴维斯警官曾表示,警方为总统此行做了该市历史上最严格的城市治安防范工作。虽然有人闯到中央大道——美茵街主路上拦车,但不能成为改变总统车队既定行车路线的理由;如果不改变行车路线,那么埋伏在埃尔姆大街北角教科书仓库的杀手就没有射中目标的可能。难道杀手事前已经知道了总统车队会改变路线?答案肯定的话,就不难判断这是一个设计周密的阴谋。再进一步推测,能作此周密设计、调动很多人来实施计划的,绝不可能是特勤处的特工和州警察。人们自然会联想到幕后黑手必定是一个极有权势的大人物。

其二,奥斯瓦尔德真是一个神枪手吗?他行刺的动机是什么?事发后,据奥斯瓦尔德的一位同事说:"11 月 22 日早晨,奥斯瓦尔德走进教科书仓库大楼的电梯中,带着一包包裹得严严实实的长长的东西。他解释说:'这是窗帘。'"警方指证,那里面是用来刺杀总统的步枪。奥斯瓦尔德的妻子证明,她曾在家中见过这支步枪。弹道学家证明,杀害总统的子弹就是从这支枪中射出的,枪托上留有奥斯瓦尔德的指纹。在奥斯瓦尔德的房间中还发现了一张地图,图上从教科书仓库大楼到总统被害地点被划上了一条粗黑的杠。还有一位公共汽车司机作证,总统被刺几分钟后,奥斯瓦尔德乘坐他的车逃离现场。他对司机说:"总统遭到了枪击。"说完,他发出了一阵得意的笑声,令人毛骨悚然。司机记住了乘客的特征，并向警方描述。后来在奥斯瓦尔德的裤子口袋里发现了汽车票。

这些"证据"与特工在现场的发现相符，都证明了奥斯瓦尔德是杀害总统的凶手无疑，但人们仍不忘在"铁证"中寻找破绽。首先是对奥斯瓦尔德的枪法表示怀疑。他在短短的5秒钟里向移动目标连发三枪（官方说法），这是一个专业狙击手都感困难的。况且，奥斯瓦尔德第一枪放空了，他必定需要足够的时间对移动目标作瞄准矫正，如果没有这个矫正过程，就不可能射出第二发"神奇的子弹"——它穿过总统和州长两个人的身体，造成七处伤口。有人根据各种弹道学上、辩论上及视听资料上的证据反推之，得出此人还有同谋的结论。

然而，导致总统迅速死亡的并不是这颗"神奇的子弹"，而是第三发。用心理学分析，凶手确定他击中了目标，正常举动是稍作观察后迅速逃离现场。而奥斯瓦尔德却又立刻向移动目标开了第三枪。从尸检结果看，无论奥斯瓦尔德的枪法多么好，都不太可能造成弹入处——后脑壳崩飞，而弹出处——左前额只有一个小圆孔。由此，许多人得出结论：肯定不止一个持枪的人，他们通常会把第二个射手安排在肯尼迪前面的长满草的小山丘上。其中黑手党和中央情报局有嫌疑，但缺乏证据，以后也一直没找到证据。一些现场特工后来回想事件经过，说他们在5~6秒里听到四声枪响。据说还有一个记者在案发现场拍摄到了一名警察正捡起第四颗子弹的画面。第四颗子弹的发现推翻了沃伦调查委员会的结论，这说明存在两名以上杀手，但这颗子弹后来不见了。尸检的文字报告也被作为绝密封存起来（最真实的东西可能已销毁）。总之，刺杀肯尼迪的极有可能不止一个人，而是由一个行动小组完成的。那么，这个组织者肯定非一般人物，怀疑的矛头直指副总统，其次是中央情报局、联邦调查局，再次是黑手党，还有可能是大财阀。

其三，事发后对凶手的审讯处置情况的调查，似乎也对副总统不利。据沃伦委员会调查报告称，奥斯瓦尔德行刺仅是一个"孤立的事件"，他开枪没有纯粹的政治动机，而奥斯瓦尔德本人是一名精神病患者,他从车队后面开了三枪。从仓库逃离后,搭乘过一辆公共汽车,后又坐出租车回到了家,约 4 分钟后,又离开了家。15 分钟后,警官 J. D. 提比特在 1.6 公里外被杀(未说明是何杀人工具,可能只是想证明奥斯瓦尔德有精神病)。下午 1 点 40 分,在离该警官被杀现场六个街区的地方,一个多疑的鞋店老板看见奥斯瓦尔德进了得克萨斯剧院,于是就报了警。10 分钟后,奥斯瓦尔德被拘捕。根据联邦法律,案子司法管辖权属得州,首先应当让得州警方侦办,由当地法院审判。约翰逊副总统却命令 FBI 接管,到底是新总统不信任得州警方还是胡佛要求这么做?审讯时,当奥斯瓦尔德面对得州审讯专家弗尼茨,情绪还算稳定,对话正常。FBI 特工进来问话,把奥斯瓦尔德激怒,审讯中断。更令人不解的是,官方向全美国直播:在狱警的押解下,刺客奥斯瓦尔德迈步出监,走出地下室。人群骚动起来,群情激愤,几名警察走过去,簇拥在凶手周围。在电视摄像机强烈耀眼的灯光下,奥斯瓦尔德神情自若,脸上隐隐露出一丝嘲讽的冷笑,昂首走向囚车。此时人群中奋力挤出一个人,当他闯入奥斯瓦尔德的视线中时,奥斯瓦尔德神色大变,惊恐万状,嗓音都变了调,大叫道:"啊!不!"此人冲了上去,枪口正对着奥斯瓦尔德,"砰"地开了一枪,同时愤怒地骂道:"你这个狗娘养的!"有人透露了直播中没有显示的情节:奥斯瓦尔德在临死之前神秘地说道:"我只是一只替罪羊。"但他仍然是沃伦调查委员会"孤独的怪人"(精神病)理论的焦点。而对枪杀凶手的凶手——杰克·鲁比(夜总会老板),官方没有阐明他的动机(爱戴总统、仇恨凶手之说难以令人信服),并说他与国内外任何暗杀组织都没有牵连(以证明不是为了灭口)。不久,鲁比因患癌症死于监狱。因此,不少人推断,是约翰逊与胡佛合谋导演了这场悲剧。

其四,约翰逊在案发前后,有异常的言行举动。据得州警察回忆,案发前,约翰逊曾与警察局局长杰西·柯里和达拉斯市市长厄尔·凯贝尔讨论过总统车队行车路线,除了此三人和负责引导、保卫的警察,普通市民不可能提前得知车队行车路线,更不会得知在迪利广场入口会改变路线。一位巡警说:"当肯尼迪在机场忙着和欢迎的人群握手时,约翰逊的秘密特勤走过来给我们下达最新安全工作指示(指更改行车路线)。他们还给我们下了一个闻所未闻的命令,通常情况下,我们四个摩托护警应该紧靠总统座车的四周,但是他们这次让我们全部退到车后,任何情况下不得超过总统座车的后轮。说这是为了让大家有一个'没有遮拦的视野'……我的另一位朋友(负责保护副总统)看见他(约翰逊)在听到第一发子弹前30或40秒时,在车里弯下身来,甚至在车队拐上休斯敦大街之前。也许他在车里的地毯上找什么东西,但是他看起来就好像预感到会有子弹飞过来一样。"案发后,当肯尼迪还在抢救时,约翰逊就下达了清洗敞篷汽车的命令。宣告肯尼迪死亡后才两小时,他在"空军一号"上举行不许采访的宣誓就任总统仪式,似乎显得迫不及待。而且,凡是参加当夜尸体解剖的医生都收到不准随便发言的警告。

(3)有关黑手党之说

当时的黑手党头目是加恩卡纳,被人们称为芝加哥"黑手党教父",他以贩毒、赌博、勒索等恶行发家。有人写书试图证明肯尼迪从政后,一直与黑手党有来往。还言辞凿凿地说,加恩卡纳保证,作为回报,肯尼迪在就任后对黑手党采取宽容政策,并任命加恩卡纳为司法部长。最终,加恩卡纳制造了11万张假票使肯尼迪当上总统,但是肯尼迪就任后竟全部变卦。他任命了自己的弟弟罗伯特·肯尼迪担任司法部长。后者一上任,立即开始对黑手党进行严打。肯尼迪"过河拆桥"的行为让加恩卡纳恼羞成怒,他向黑手党成员下达密令,暗杀肯尼迪。但是,这只能说明黑手党有行刺的动机,要利用政府重要权力部门组织实施对总统的暗杀,仅靠黑手党的势力恐怕难以办到。况且,整个事件中,没有发现一个黑手党的关键人物,甚至与黑手党有密切联系的人也没有。因此,此说的可信度是非常不足的。

(4)有关中央情报局之说

美国中央情报局隶属于国家安全委员会。有人认为,这个直接听命于总统的情报机构之所以"反叛",源起于1961年4月突袭古巴的

"猪湾事件"。流亡的古巴人在美国中央情报局、五角大楼支持下在猪湾突袭古巴,遭到古巴军队的猛烈打击而失败。指挥猪湾行动的负责人、中央情报局副局长查尔斯·凯贝尔及其同僚多次向肯尼迪要求派遣美国军队直接干涉古巴,遭到了总统的拒绝,这些人气急败坏。凯贝尔就曾公开谩骂总统是"叛徒"。而在迪利广场入口,下达临时改变总统车队路线命令的是拉达斯市市长凯贝尔,他就是中央情报局副局长凯贝尔的孪生兄弟。但这样来解释中情局的"反叛"与行刺动机似乎太牵强了。作为市长,因为弟弟对总统的某一决策不满而策划一起惊天谋杀,谁能相信?

但若干年后,中央情报局老特工埃弗里特·霍华德·亨特在给儿子写的两页纸中这样陈述:约翰逊原计划在迈阿密刺杀肯尼迪,但后来决定改在达拉斯下手。他说出了约翰逊与中情局合谋的一些内情。他说,负责制订具体行动计划的是科德·迈耶,他是美国中央情报局负责国内宣传造势的特工。戴维·阿特里·菲利普斯也是参与者之一,他是中情局特工,曾经直接介入过"危地马拉暗杀总统事件"和入侵古巴的"猪湾事件",曾是美国中央情报局驻墨西哥情报站站长。此外,参与者还有威廉姆·哈维和安东尼奥·维西亚纳。老特工指名道姓一说,人们又开始相信约翰逊与中情局合谋的可能性极大,只是没有人敢下最后定论。

(5)有关联邦调查局之说

美国联邦调查局隶属于司法部。之所以敢公开与顶头上司罗伯特·肯尼迪部长叫板,是因为肯尼迪家族最直接最凶险的敌人胡佛长期掌控着联邦调查局。胡佛经历了几代总统,很多地位很高的政治家和总统都因为有隐私和把柄握在胡佛手中而让他三分,只有肯尼迪总统不买账,不仅没有升任胡佛为司法部长,反而任命自己的弟弟罗伯特·肯尼迪当司法部长,迫使联邦调查局完全服从司法部的领导,限制了胡佛的权力。因此,肯尼迪与胡佛势如水火。但是,人们不敢相信一位精明强干的司法部长会对属下的阴谋一无所知,除非他们与副总统合作。也有人认为，即便如此，合谋成功的可能性也不大，因为白宫特勤局对胡佛专横跋扈一直不满，不可能不时时提防他们的各种小动作。绝大多数人相信，联邦调查局即使没有直接参与，至少在事件发生后的调查中，起过维护新总统利益的作用，包括证人证据等麻烦的处理。

此外，还有美国国内外大财团"买凶"之说，以及越南吴庭艳余党的报复、以色列秘密暗杀组织的行动、古巴的暗杀组织的行动、苏联克格勃的幕后操控等说法，但这些都只能说明一些人富于联想。如果某些国外势力能那么轻松地决定一个美国总统的命运，那美国早就不成在了。

由于代表官方的沃伦调查委员会没有给出令人们信服的真相，所以才有了数不胜数的演义。在肯尼迪之前已有3位总统因暗杀身亡，但还没有哪一次总统被暗杀事件澄清过真相，沃伦调查委员会只不过是为了平息民众一时掀起的怒潮而已，就连肯尼迪的弟弟罗伯特部长也曾对调查委员会说，不要过于纠缠细节。

真正想得到真相的人，除了那些尊敬爱戴和崇拜肯尼迪的民众，那就是曾经的第一夫人杰奎琳·肯尼迪了。但她在苦苦等待的3年时间里，又有18位相关证人离奇死亡（其中6人被枪杀，3人死于车祸，2人自杀，1人被割喉，1人被拧断了脖子，5人"自然"死亡），这令她感到困惑和恐惧。让杰奎琳彻底失望的是，1968年7月，肯尼迪的弟弟、总统竞选人罗伯特·肯尼迪被暗杀。杰奎琳认为肯尼迪家族已经成为暗杀的目标，为了保护儿女，在一片质疑声中，她选择了离开美国。

1968年10月20日，杰奎琳嫁给了对她倾慕已久的希腊船王亚里士多德·苏格拉底·奥纳西斯，因为奥纳西斯有足够的金钱和势力可以保护她。为此奥纳西斯放弃了他的情人、歌剧演员玛利亚·卡拉斯，同时杰奎琳也失去了美国当局对她进行保护的特权（或许她根本不相信联邦政府会真心实意地提供保护）。

1975年3月15日，奥纳西斯临去世前填了一张离婚书，当时杰奎琳和她的孩子们正在纽约。根据婚前协议杰奎琳没有能得到奥纳西斯的遗产。但杰奎琳始终对船王心怀感恩，她说："奥纳西斯在我的人生被黑暗淹没时拯救了我，对此我将终生感激。"

奥纳西斯的女儿用3500万美元换取杰奎琳放弃全部遗产的声明。46岁的杰奎琳决心回归自由的生活方式，重新开始工作。她先后在维京出版社、双日出版社做编辑，直到1994年去世。